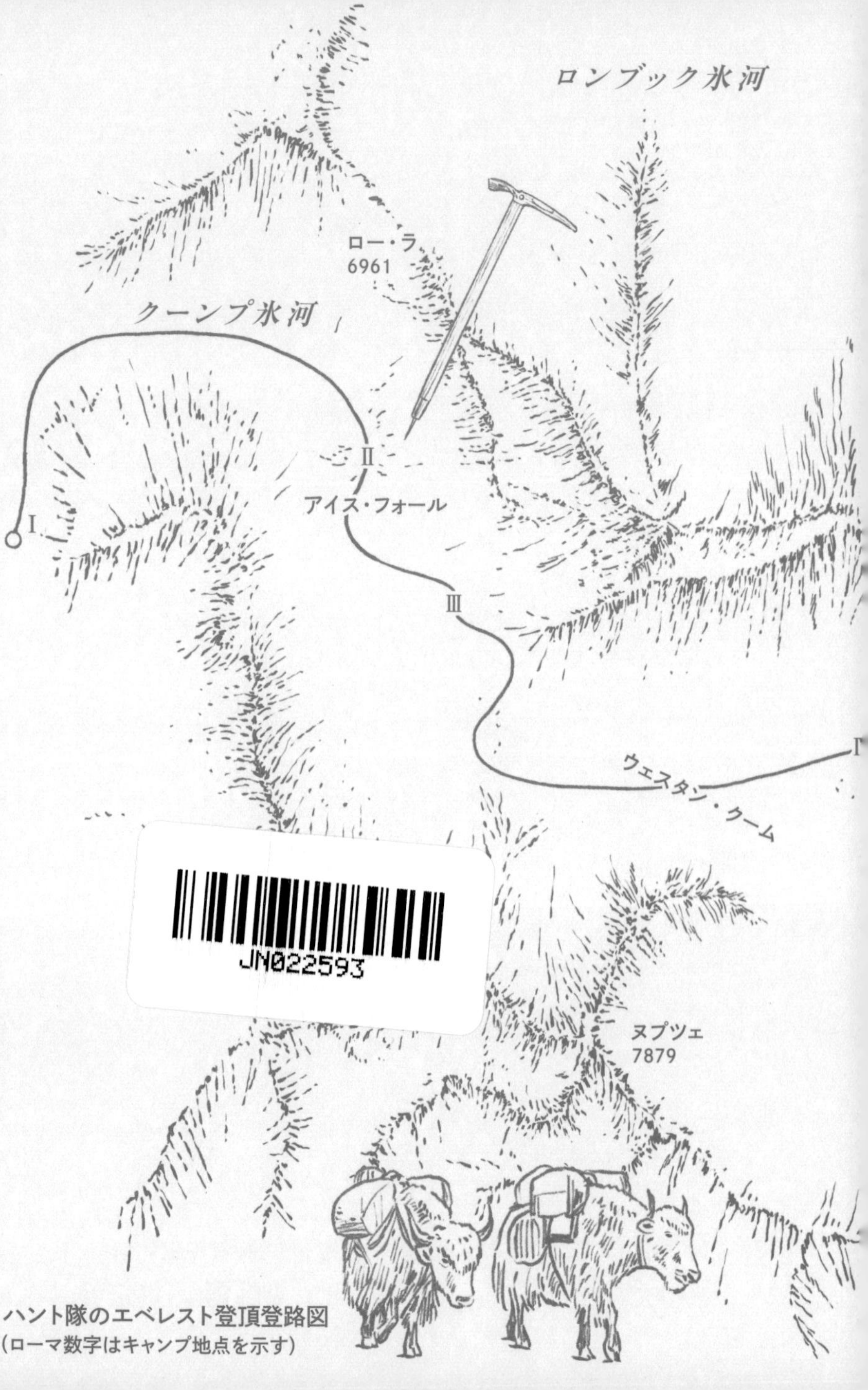

ハント隊のエベレスト登頂登路図
(ローマ数字はキャンプ地点を示す)

世界探検全集—15

エベレスト登頂

The Ascent of Everest

John Hunt

ジョン・ハント

田辺主計・望月達夫 訳

河出書房新社

①エベレストの頂上に立つテンジン（1953年5月29日）。

②エベレスト（サウス・ピーク）（上）。
③クレバスを越える（第二キャンプ付近）（左上）。
④クーンブ・アイスフォール（第三キャンプ付近）（左中）。
⑤ローツェ・フェイス（第六キャンプへの途中）（左下）。
⑥第一次アタック（5月26日。ボーディロンとエバンズがサウス・コルの第八キャンプへ戻るところ）（下）。

⑦疲労に耐える（サウス・コルに到達したアン・テンバ）（右上）。
⑧南東山稜（5月26日、ハントとダ・ナムギヤルとが荷をおろした地点。後方はマカルウ）（右下）。
⑨ヒラリーとテンジン（大任を果たしアドバンス・ベースに戻ったところ）（上）。

⑩帰還（5月31日。アドバンス・ベースにおける隊員と高所シェルパたち）。

ナビゲーション

第三の極地　エベレスト山頂とイギリス

服部文祥

北極点、南極点、エベレスト山頂で三極点といわれている。最高峰の山頂が極点なのかは議論の余地があるものの、三つの地点が一九世紀から二〇世紀にかけて、人類がたどり着けそうでたどり着けない「極めつけの場所」だったことは間違いない。

地理的探検の目標地点として最後に残ったエベレストの山頂にイギリスの登山隊が初登頂した登山記が本書である。イギリス隊だったというところが、極地探検史を俯瞰《ふかん》したときの重要なポイントだ。

そもそも、探検隊や登山隊に国の名前が冠される、組織だった地理的探検はいつ始まったのだろう?という議論は結論を出すのが面倒くさそうなので、ここではざっくり大航海時代とする。となると組織的探検とは帝国主義の先鋒《せんぽう》である、という事実に行き当たるが、その議論も置いておこう。一五世紀ごろからヨーロッパでは造船技術が高まり、海洋国家のポルトガルとスペインが世界の海に乗り出して、植民地を手に入れ、統治していった。オランダやイギリス、フランスがこれに続く。アフリカ、アジア、南北アメリカ大陸がなぜやすやすとヨーロッパ諸国の支配を許したのか。それは、ヨーロッパだけ戦争の歴史が圧倒的に長く、素朴な先住民を暴力的に制圧することに長けていたからである（なぜヨーロッパは有史以来戦争ばかりしていたのかについてはジャレド・ダイアモンドの『銃・病原菌・鉄』が説得力をもって説明している）。大航海時代に全盛を誇り無敵艦隊といわれたスペイン（そしてポルトガル）が弱体化するにつれ、イギリスやオランダが頭角を現し、なかでもイギリスは世界中に統治する地域が散らばって「太陽の沈まない国」と豪語するようになった。

同時に科学の先鋒として世界を分類する博物学が台頭し、（ヨーロッパ的に）未知の動植物や鉱物や未開の文明の工芸品をコレクションすることに価値が見いだされていった。イギリスには王立地理学会が設立され、イギリス人の探検をサポートする後ろ盾として力を持っていくことになる。王様が「世界中を探検せよ（そしてイギリスの植民地を増やし、お宝をかっさらってこい）」と後押ししたのである。世界各地から略奪してきた品々で埋め尽くされた大英博物館がその名残だ。なお王立の地理学会はベルギーにもオランダにもあったが、現在、王立地理学会といえばイギリス王立地理学会を指すほどに今でも探検界で影響力を持つ。

大英帝国海軍は世界最強の艦隊になったものの、世界規模の陣取り合戦もおおよそ終了し、やすやすと手に入る地域もうなくなっていた。存在意義の消失を自覚し始めた大英帝国海軍軍人は、未開の地である北極圏に目を向け、他の西欧諸国もそれに追随していく。

イギリスは精力的に探検隊を出したが、なかでも有名なのが一八四五年に出発したイギリスの北極圏探検航海のフランクリン隊である。英国海軍の軍人だったフランクリンは四度目になるその北極探検で遭難し、一二九名の隊員が全滅した。南極へも、海軍軍人のロバート・F・スコットが探検をしていた。スコットは一九〇二年一二月に南緯八二度まで、同じイギリス人のシャクルトンが一九〇九年一月に南緯八八度まで到達していた。

この頃、大英帝国探検界にとっては目の上のたん瘤《こぶ》であるノルウェーの探検師弟コンビ、ナンセンとアムンセンが極地探検界に台頭してくる。

結局、三極点のうち、北極点は一九〇九年四月にアメリカ海軍のロバート・ピアリーが到達したと（暫定的に）されている。南極点は一九一一年一二月にアムンセンが到達した。先述したイギリス海軍のスコットも南極点到達を目指して同時期に活動していて、アムンセンに遅れること三四日で南極点に到達し、帰路、悪天に翻弄《ほんろう》され全滅した。本シリーズ一〇巻の『世界最悪の旅』はそのスコット隊の報告である。

ようするに北極点も南極点も、イギリスは国を挙げて初到達を勝ち取るべく活動していたうえに、南極点に関してはレースの先頭を突っ走っていたにもかかわらず、最後の最後で苦杯をなめた。しかも、アムンセンの南極点到達は、そもそも北極点を計画していたところに、ピアリーが到達したという連絡が入ったため、急遽《きゅうきょ》、南極点に目標を変更したものだった。現在ピアリーの北極点到達そのものが疑問視されていることを考えると、虚偽による突然のライバルの出現、そのライバルへの敗北、さらには遭難死という不運と不幸が重なった探検だったことになる。

こうなったからには、最後に残った第三の極地であるエベレストの初登頂だけは、イギリスはなんとしても成し遂げたかった。エベレストがどうやら世界最高峰らしいと確認したのは、インドを植民地にしていたイギリス人たちでもあった（一八五〇年頃）。ネパールもチベットも当時は外国人の入国が難しかったが、隣国インドを支配していたイギリスは、他の大国に比べればエベレストはお膝元といってよかった。イギリス山岳会とイギリス王立地理学会は力を合わせてエベレスト委員会を組織し、世界に先駆けて地上最高地点への到達を目指した。

南極スコット隊の遭難から、第一次世界大戦を挟《はさ》んで、九年後の一九二一年秋、イギリスのエベレスト委員会はチベット政府の許可を得て、最初の遠征隊（登頂の可能性を探る調査隊）を出し、翌年春、本隊（二次遠征）を送り込む。ジョージ・マロリーの登場である。高高所が人体に及ぼす影響や気象に関する知識は乏しく、ヒマラヤ登山に適した装備もほぼない状態で、偵察時に北側のノース・コルにたどりついて、登頂の可能性を見いだし、二次遠征では、酸素ボンベなし、ウールの背広、脚はゲートル巻きで八二二五メートル地点までたどり着いた。

この頃のネパールは鎖国していたうえに、飛行機は一般的な移動手段ではなかったため、一時遠征から一九三八年の七次遠征まで、イギリス隊はまずインドのダージリンを出発し、北に向かってチベットに入り、世界三位の高峰カンチェンジュンガ（エベレストが測量される前は世界最高峰と目されていた）の北側を回り込んで、エベレストの北側のロンブク氷河にベースキャンプを構えた（山岳地帯を歩く全行程は二週間ほど）。

マロリーが新聞記者から「なぜ登りたかったのか」と聞かれて「そこに山があるから」という名言を残したのは、三次遠征の出発前のことである。マロリーはその三次遠征の登頂アタックで行方不明となり、七五年後に遺体が標高八一六〇メートル地点で発見された（登頂した可能性もある）。

「そこに山があるから」

もし、誰も登ったことがない山が目の前に聳《そび》えていて、それを自分なら登れるかも知れないと感じたとき、自分の肉体でそれを証明したいと考えるのは、登山を志す者にとっては、当たり前の自己表現欲である。マロリーの言葉は、そんな登山者の思いを過剰なほど簡潔に言い表しているため、名言となった。

世の中には、山岳小説や山岳映画など、登山を題材にした作品は多い。だが、恋愛ドラマやミステリーなどの舞台として山があるばかりで、人はなぜ山に登るのか（登らずにいられないのか）という登山者の心意気に迫る作品はわずかである。マロリーの遺品を小道具にしたミステリー仕立ての『神々の山嶺《いただき》』（夢枕獏）では、主役の一人がマロリーの名言を受けて、そこに山があるからではない、ここに俺がいるからだ、と登山者の内面をより強くえぐり出すように語っている。「なぜ登るのか」への見解を明確に示した日本の小説はこれだけである。マンガまで広げると『岳人《クライマー》列伝』（村上もとか）、『おれたちの頂』（塀内夏子）の二作は登山者の心意気に迫る傑作といえる。少年マンガというジャンルの方が登山を友情（人情）とスポ根というシンプルな切り口で捉えやすいのだろう。

探検的な活動を志す者にとって、探検の発想（たとえば未踏峰を見つけて登ろうと考えること）は人格そのものである、と看破したのは角幡唯介である。ある山を登ろう（登りたい）という発想は、その人のそれまでの経験や知識、身体能力、指向性、時代、社会環境などなど、その人物にまつわるすべての要素を合わせた先で生まれるものだからだ。何かをしたいという意志には、よくよく考えると、それまでの自分のすべてが詰まっているのである。

自分はあの山に登れるかもしれない、という発想を得てしまったとき、行動者はそれを実践してみないと気が済まなくなる。発想とはまだ証明されていない仮定（仮説）と同じため、発想が具現化できることを自分で証明しないということは、自分で自分という人格を否定することと同じだからだ。

できるかできないかわからない挑戦の方が面白い。簡単にできることでは自己表現にならない。工夫して、奮闘して、ようやく成し遂げるクリエイティブな行為に人は興奮する。だがそんなギリギリの登山には、もちろんリスクもたっぷり含まれている。マロリーはそんなギャンブルに負けて、頂上アタックから帰ってこなかった。

エベレスト初登頂

マロリーの遭難後もイギリスは、一九三八年の七次遠征まで、北面から登山を繰り返すが、登頂できずに世界は第二次世界大戦に突入する。探検という切り口から二つの世界大戦を見ると、植民地獲得競争に出遅れた国が、一からゲームをやり直すべく、ゴネて暴れた、帝国同士の喧嘩に見えなくもない。英米は常にナチとヒトラー（とムッソリーニと東条）を世界の悪として描いて来たが、自分たちが負け組を作り出し、追い詰めたために第二次世界大戦が勃発したという可能性を考察することはあるのだろうか。

第二次大戦のあと、ネパールが開国し、チベットが閉鎖されたこともあり、イギリスはネパール側へ調査隊を出し、登頂の可能性を探った。ここで山岳国の自負を持つスイスが顔を出してくる。本書の前半で触れられている部分だ。北極はアメリカ（暫定）、南極はノルウェーに先を越され、エベレストまでスイスに先を越されてしまうのか？　結論を急ぐと、紆余曲折のすえ一九五二年の春と秋にスイス隊がネパール側のルートに挑んで、山頂に肉薄するも登頂を逃し、翌一九五三年に、本書で報告するイギリスの九次遠征隊が同じくネパール側から初登頂した。

　最後の最後に三たび初到達（初登頂）を他国に取られそうになったところで、危うくイギリスはその栄誉を勝ち取ったのである。だが、初登頂者はイングランド人ではなく、（当時イギリスの自治領だった）ニュージーランド人のエドモンド・ヒラリーと、ネパール人（シェルパ族）のテンジンであった。報告からは、隊員の出身地が登山タクティクスや登攀チームの編成に関与したことはうかがえないが、登頂したヒラリーは二次アタック隊であり、本書の著者であり隊長のハントとしては、一次アタック隊のイギリス人に本当は初登頂して欲しかったのではないだろうか。

　後年、テンジンは「本当の本当に最初に山頂を踏んだのは、あなたなのかヒラリーなのか」と息子に問われたものの、「そんな些細なことはどうでもいいことだ」と笑うだけだったという。

その後のエベレスト

アンナプルナ（八〇九一メートル）　フランス　一九五〇年
エベレスト（八八四八メートル）　イギリス　一九五三年
ナンガ・パルバット（八一二六メートル）　ドイツ・オーストリア　一九五三年
K2（八六一一メートル）　イタリア　一九五四年
チョー・オユー（八二〇一メートル）　オーストリア　一九五四年
マカルー（八四六三メートル）　フランス　一九五五年
カンチェンジュンガ（八五八六メートル）　イギリス　一九五五年
マナスル（八一六三メートル）　日本　一九五六年
ローツェ（八五一六メートル）　スイス　一九五六年

大航海時代の植民地獲得競争と同じように、八〇〇〇メートル峰は大国が初登頂を奪い合ってヒマラヤ登山は展開していった（日本もかろうじてマナスルに初登頂した）。アメリカ合衆国が一九五八年にガッシャブルムI（八〇八〇メートル）に初登頂し、一九六四年に中国が最後に残った自国の八〇〇〇メートル峰であるシシャパンマ（八〇二七メートル）を初登頂して、八〇〇〇メートル峰初登頂レースは幕を閉じる（中国はシシャパンマを初登頂するため、外国の登山隊に登山許可を出していなかった）。

その後のエベレストと日本のことを最後に俯瞰しておこう。一九七〇年に日本隊はバリエーションルートである南壁からの初登攀を狙ったもののうまくいかず、結局、サポートのために許可を得ていたイギリス隊初登ルートの南東稜から三人が登頂し、日本人初登頂が成された。このなかに後に日本探検界のアイドルになる植村直己が入っていた巡り合わせが現代から振り返ると面白い。世界的には五隊目の登頂であった。

七三年にアフターモンスーン期の初登頂、七五年に女性初登頂、八〇年に北壁初登攀、八二年に冬期初登頂とその後も日本人登山家のエベレストでの活躍が続いていく。

世界最高峰が登られた時点で、登山文化には終止符が打たれた、という見解も一部には存在した。最高峰が登られたということは、それ以上、登山的な創意工夫が必要な山はない、という理屈である。だが、登山者はより美しいルート、よりフェアなスタイル、より個人的な楽しみで登山を求めるようになり、登山行為は文化として世界中に浸透していった。

北極南極への探検も続けられたが、登山のように一般大衆が自分の趣味として行うことはほとんどなかった。山は世界中の至る所にあるが、北極南極はそれぞれ一カ所しかなく、極地探検は極地まで行かなくてはできないという制約がある。そして現代文明によって移動手段が発達したことにより、北極や南極が飛行機や砕氷船で、肉体を酷使しなくても到達できる場所になり、探検的な価値が薄れていった（高額な観光旅行が実施されている）。

エベレストにもエアバス社の高性能ヘリコプターが降り立ち（二〇〇五年）、第三の極地にも航空機で到達できることが証明された。だがそのフライトはネパール政府が許可をしたフライトではなく、公式には認められていない。実際に安定的に最高峰の山頂にフライトすることもまだかなわない。エベレスト山頂は地球上でもっとも高い場所として人間社会の関心をいまだに集めている。

多くの日本人が一回は富士山に登ってみたいと思うように、一回は世界最高峰に登ってみたいと思う人は多い。高所登山も時代とともに装備やタクティクスが洗練されていき、エベレストは現在、登頂をビジネスとするガイド登山が全盛となった。探検的な挑戦としてノーマルルート以外を登る登山者が訪れることはほとんどない。一人およそ七〇〇万円が相場になっている。カトマンズ集合解散で、一人およそ七〇〇万円が相場になっている。

服部文祥（はっとり・ぶんしょう）

一九六九年、神奈川県生まれ。登山家、作家。九六年から山岳雑誌「岳人」編集部に参加。同年、世界第二の高峰Ｋ２登頂。日本では劔岳や黒部で冬期初登攀を記録。やがて簡素な道具だけを携え、食料を現地調達する「サバイバル登山」に傾倒。二〇一六年、『ツンドラ・サバイバル』で第五回梅棹忠夫・山と探検文学賞を受賞。著書に『サバイバル登山家』、『狩猟サバイバル』（ともにみすず書房）、『サバイバル登山入門』（デコ）、『獲物山』（笠倉出版社）、『息子と狩猟に』（新潮社）、『お金に頼らず生きたい君へ』（河出書房新社）など。

エジンバラ公殿下　序

　諸君はこの書のうちに世界最高峰の登攀《とうはん》についての詳細な記述を見出すであろう。それ以上に、なぜそこへ登ろうとしたかという理由や、また今回の成功が、どれほど従来の遠征とか、周到な計画とか、緊密なチーム・ワークに、そして考慮を必要とした幾多の細かな諸点に、負うところ多かったかをも知るであろう。

　これら万般のことの故に、というよりはそれらを措《お》いてもなお、今回の遠征が一つのチームとして、また一人一人としてもたらした成果に、私は深い讃嘆の念を禁じ得ないのである。人間としての肉体的な努力と忍耐の一面だけをとっても、これは全人類の卓越した範として歴史に残るであろう。

感謝のことば

この本は私が書いたのではあるが、むしろ、一九五三年のマウント・エベレストへのイギリス国遠征隊の隊員全員、すなわち私と共に暮し、この物語を作りあげる成果をもたらした人々のものであり、したがって、私の感謝は当然、まず第一にこれらの仲間の人たちにおくられる。私の原稿に対し有力な助言を与え事実の訂正をしてくれた人々、また付録の部分を執筆した人々、多数の写真のコレクションを分類し、そのうちから適当なものを選ぶ仕事に助力を惜しまなかったグレゴリーとロウ、また、ペン画のスケッチで私の不十分な描写にさらに生気を与えてくれたエバンズ、そしてこのエベレスト登山の最後の部分に当る、感動に満ちた一章を執筆したヒラリーに、とくに感謝したい。

私は、同じく、妻に負うところが多い。この物語の全期間を通じて、妻から受けた啓発と励ましは、私にとってこの上ない力であったし、また妻の口添えによってこの物語を進めていけた。

B・R・グッドフェローは合同ヒマラヤ委員会に代って、私の原稿を読み、事実についてあるいは文章の起草について、幾多の的確な忠言を与えた。同じく、ジョーン・ケンプ＝ウェルチ、ナイトンのハロルド・ハリー博士、ストウ教区のジャック・ウィリアムズ師、ならびにランペイア・ウォタダインの諸氏からも援助をうけた。A・W・ブリッジは酸素補給装置の製作に関する見事な覚書を作成した。これは貴重な報告資料であり、その仕事の記念ともなるものと思う。

インド空軍は、われわれがエベレストを去った直ぐ後で、この山の上空を飛んだ時に撮ったすばらしい写真数葉の転載を快く許可した。また包表紙《カバア》の意匠（本書では割愛せざるをえなかった——訳者）とローツェ・フェースのスケッチが、私の友人W・ヒートン・クーパーの手になるのはとくに有難い。彼はこの山の輪郭と性格とを鮮かに捉えている。英国地学協会のホランド氏の画いた地図も優れている。シェルパたちの姓名を綴るに当ってはスイス山岳研究財団の世話になった。テンジン以外のものは、本書ではもっぱらそのスペリングによった。テンジンのは、彼の望む呼び方に従って綴った。

この物語が早く発刊されるようにとののぞみに応じ、私は一カ月以内でこれを書いた。このことは、刊行書店ホダー・アンド・スタウトンからあてがわれたミス・エルシ・ヘロンの非常に見事な助力がなかったら、とうていなし得なかったところである。彼女は原稿をタイプし、読み合わせ、校正、本書に関する往復文書の整理、そのほか執筆に当って、いろいろの方面で私を助けたのであった。

私はこれら総《すべ》ての人々に感謝する。

ジョン・ハント

日本版に寄せて

私ならびにわれわれの遠征隊全員の心からの御挨拶を、田辺、望月両氏の訳になる本書を読まれる日本の皆様へお伝えすることは、私にとって無上の喜びであります。日本で冒険《アドベンチユア》の精神がどれほどに評価されているかを、私たちは知っております。そして貴国の若い男女が参加している、いろいろのスポーツ活動についても耳にしております。

山登り、その他のスポーツについての私たちお互いの関心を通じて、他の分野でも、より深く理解し合える一致点を見出したいというのが、私たちの望みであります。

一九五四年二月一〇日

英国地学協会にて

ジョン・ハント

目次―世界探検全集15―エベレスト登頂

世界探検全集15—エベレスト登頂

この企挙の実現に
援助された人々の
すべてにささげる

第一部　背景

歴史的概観

ここに述べる物語は、一九五三年五月二九日に、ともに豊かな精力と卓越した技能とに恵まれ、ひるまない決意に燃えた二人の男が、いかにしてエベレストの頂上を極め、無事にその仲間のなかへ戻ってきたかを物語るものである。

しかし、ここに述べるものだけが全部の物語ではない。なぜというに、エベレスト登頂は、一日になるものではなく、また、われわれが準備を整え、そしてついに登ったあの心労の多かった、忘れられない数週間だけの所産でもないからである。これは、まことに、数多い人々の長い年月にわたっての一貫した粘り強さを物語るものである。この長い間続いた劇の全部を、本書のなかで説明することは、膨大な叙述となり、読者を倦ませるか、でなければ実際に事にあたった人々の幾人かに、公平を失することになると思う。ことに、初期の出来事は、すでに他の人によって、十分に詳しく、またまとめて述べられているので私は今までの偉業は、あらましだけを略記するに止めたい。

＊

この山、エベレストへ、引き続いて登攀を試みるという真剣な考えを持って、第一回の探検隊が送られてから、三〇年は十分経過している。第一回、すなわち一九二一年以来、一一回におよぶ大規模な遠征隊が次々と送られたが、そのうち八回は頂上に到達しようというはっきりした使命を持っていた。また八回のうち三回は少なくとも四人のイギリス人が一九二四年と一九三三年とに、そして昨年は一人のシェルパと一人のスイス人とが共に、頂上をさる三〇〇メートルの地点に達したが、体力の限度あるいは天候、雪の状態という理由だけで、引き返さなければならなかった。これらのほかに、数回の小規模の遠征隊がエベレストへ少人数で出かけているし、また個人で行ったものさえある。また頂上へ到達の企てに当って、少なからぬ人命を失っていることも銘記しなければならない。

過ぐる大戦以前には、すべてのエベレストへの企ては北方から行なわれてきた。それはインドから出発して、チベットを横断する長い飽き飽きする旅を続けた後に行なわれるのであった。当時、この辺境の国境は、われわれに開かれていた。そしてチベットの信仰上および実際上の支配者ダライ・ラマが、チベット人のチョモルンマといっている巨大な山塊に対するわれわれの関心について、好意をよせていたのであった。もっとも、このわれわれの関心などは、彼にも、その住民にも理解できなかったのだが。はじめのうちの登山隊はいずれもロンブックにあるあの有名な仏教の僧院の僧主から祝福の祈禱《きとう》儀式を受けるのが例となっていた。ロンブックはエベレストの北側を眺められる間近いところにある。そのあと、一九五一年にチベットの政治上の支配権について、根本的な変化が起ったので、その方面からエベレストへ再挙を計ろうという希望は、当分の間失われてしまった。

当時は、この山の南側については、きわめて僅かしか知られていなかった。すでに一九二一年には、北側からのエベレスト第一回遠征の時、マロリーがクーンブ・アイスフォールを見下している。この山の西側および南側は見られなかったし、アイスフォールのむつかしさを強く感じたので、これを足場とする望みを抱かなかった。マロリーの受けたこの印象は、後一九三五年の偵察隊員たちも認めたところであった。

エベレストの南側は、ネパールにある。そしてやっと最近、一九四九年に至って、この王国の支配者たちがこの国境を外国人に開いたのであった。このように不十分な観察によった右の印象にこだわらないとしても、この南側の調査は、それまでは不可能な事情にあった。それで、この方面からはいれるようになったのは、登山の歴史にとっては、革新的で重大な出来事なのであった。南側に対する過去の結論は悲観的ではあったのだが、登攀者たちは、エベレストのこの側を調査する機会を捉えるのに時を移さなかった。粘り強く前進し、どんなことがあっても、思わしくない印象には負けてはいないというのが、とくに山登りの世界での黄金律といっていいだろう。——障害と親しく顔をすり合わせるという意気である。

一九五〇年にイギリス、アメリカ合同の一隊がこの側をのぞきに行った。それには、一九三九年のK2（八六一一メートル）のリーダー、チャールズ・ハウストンと、戦前でのエベレストへの最後のイギリス隊（一九三八年）のリーダーだったティルマンも参加していた。日数もかぎられていたので、十分の調査を遂げることができず、当然の疑問を残して帰った。——エベレストが巧妙にもその姿を鎧の中にかくしていたせいでもある。そこで、さらに別の遠征隊が送られることになった。M・P・ウォード、W・H・マリ、C・セコードが首唱し、戦前の幾回かのエベレスト遠征で令名の高いベテラン、エリック・シプトンがリーダーとなって、一九五一年の夏、小規模の偵察隊が、南側の防衛の調査とそれを実地に当ってみるために送り出された。彼らは成功をほとんど予期しないで行ったが、山頂への登路を想定できたばかりでなく、その最も手強い部分を押し登りさえした。事実この想定路は、彼の経験によっても、最も実行性のあるものであった。

この確実性のある登路の発見は、全世界の登攀者に大きい刺戟を与えた。スイス隊は、この新知識を敏速に利用した。昨年の春季と冬季とに行なわれた二回の目ざましい試みの間に、とびぬけた困難と闘って、隊員中の二名、スイスの山案内人ランベールとシェルパのテンジンとは南東山稜の上に、ノートンが二八年前にこの山の北側で到達し得た高さと同じ地点にまで登ったのであった。

その間にも、われわれは、もしスイス隊が失敗した場合、その後に続く用意に怠りなかった。来たるべきエベレスト隊の予想隊員たちからなる訓練のための一隊は、エリック・シプトンをリーダーとして一九五二年の夏ヒマラヤへでかけた。主要目的は、隊員がエベレストに馴れるためと酸素補給装置の実験、高所での生理学上の諸問題を研究することであった。そしてこの企挙中に、ヒマラヤの巨峰の一つチョー・オユー（八一五三メートル）への登攀を試み、それと共に、荒れた、未知の谷への探検を行なった。この酸素補給器の実験は、今年使用した装置の改善に重大な影響を与えたし、また生理方面の研究から得た知識も今回の独自の準備計画を立てるのに役立った。チョー・オユーにおいて、シプトンとその隊はエベレストを成功させる、もう一つの重要な寄与をもたらしたのであった。

一九五一年の偵察登山とスイス隊の二回の企挙、そしてチョー・オユーでの実地の試み、これらのものが今回のエベレスト山頂までの最終的な旅を可能にした直接の里程標だった。右の四つの遠征からあたえられた知識、なにが困難か、どんなに苦しい山であるかなどという事柄が、今回の計画に当って、きびしい心持となって私を圧したが、また同時に究極のゴールへアドベンチュアの旗じるしを進めよと、われわれを鼓舞したのであった。

これらの如実に示された過去の事実によって、私は、われわれの役割に、正しい位置をあたえることができた。今度のわれわれの遠征は新しい冒険《アドベンチュア》ではないのであった。つまるところ、われわれ以前に、すでに大部分書きあげられた物語のクライマックスに過ぎないのだ。昨年スイス隊がエベレストの挑戦に応じるに当っても、従来のイギリス隊の経験に負うところが多いことを十分わきまえていた。ことに、その前年、南側から山頂へ到達する可能性のある登路を、初めて踏査したシプトン隊の成果に助けられた。スイス隊の人々は、帰還するとさっそく、自分たちの貴重な経験とこの南側登路の報告とを自由に役立てるようにと、われわれに提供したのだった。こんなわけで、スイス隊の後に続いたわれわれは、山頂までのこの困難な登路の半ば以上は、知っていたといえるのである。

*

われわれはエベレストの一一回におよぶ遠征のうち、九回がイギリスの首唱によるものであったことに、きわめて当然な誇りを持っているが、同時に、つぎのことも心に留めていなければならない。われわれは当時インドにおいて、特権を享有していたので、前大戦と今度の大戦との間に、エベレストを訪れる許可をインドから得るには、なにかしら他の国よりも、恵まれた地位にいた。また、ヒマラヤの広大な競争場裡で、この山、エベレストに、くりかえした苦闘のなかでなにものにもかえ難いわれわれの関係を認めていた他の国々の登攀者たちに、感謝をしなければならない。当時は、ある国の登攀者が、ある一つの巨峰を手がけて特別の関係に結ばれることを暗黙のうちに了解し合うような時代であった。

われわれが企てた使命は、従来の遠征隊の努力に打勝とうと張り合う大きなスケールの競争とでもいえば、劇的だし俗受けもしようが、そんなものではなかった。まことに、一つの困難な山へ登るために繰返し行なわれる試みは、他の競技とは本質的に異なっている。また、そうでなければならない。強いて類似の例を求めれば、リレー競走がそうだといえる。リレー競走では、各走者は自分の担当距離の終りで、つぎの走者にバトンを渡す。そして、最終走者によってこの競走は終る。スイス隊は、昨年数多い一連のイギリス登攀者たちから、最新の知識のバトンを引きついだ。そして目ざましくそのラップを走った後、われわれへ再びバトンを渡した。われわれは、たまたまゴールに駆けこむ最終の走者となったのだ。しかし、われわれも、これの完了に成功しないかも知れなかった。その場合には、再びこの挑戦に身構えているフランスの仲間たちに、われわれの知識を手渡すことになったろう。ともあれ、われわれ人間と、一つの山との組打ちは、肉体的な面から見て山登りの限界を越えている。それは人と自然力との争いを現わすものと思われる。だからこそ、この闘いは長く続けられ、またこれに加わったすべての人々が力を合わせてきたのである。すなわち、敵手は他のパーティではなく、まさにエベレストそのものなのである。

＊

この物語も頂上に到達したあの二人だけに関したものではない。今回の、また他のどの山登りの冒険においても、健全な、成功を得る登攀はチーム・ワークいかんが根本となる。イギリスの岩山とかアルプスのような山での特定の登路は、他のサポートなしでも二人だけで登れる。それなのに彼らは一つのチームを構成し、ザイルで結び合う。このザイルは、お互いの安全を確保する以上の役割を果たす。――すなわち、彼らが一つ目的に向って結合することを示すのである。先頭に立ってリードし、登路を見つけ、足場を築くものだろうと、またザイルの二番目で、荷物を担ぎ、足場を固め、先頭の安全を計り、注意をうしろから与えてゆくものにせよ、各自が与えられた大切な役割を演じる。規模が大きくなり、かつまた、技術的にむつかしさが加わるにつれ、このチーム・ワークはいよいよ大切なものになってくる。そして、そのチームが大きければ大きいほど、任務の完遂がつよく要求される。エベレスト――最大の山であり、また見方によってはすべての登山の問題中、最も手強いものであるこの山で目的を遂げるには、この一致、融和の精神を、過去とのつながりのみでなく、われわれ自身の間に持っていなければならない。

どんなルールにも例外はあるが、エベレストは、そのような例外の一つかも知れない。恵まれた好機がつかめた時には、山頂への最後の短い距離をただ一人でがんばって行くことも許されるし、事実、必要なことでもあるということに、われわれの意見は一致していた。この考え方は、従来支持されていたし、また初期の遠征隊の方針でもあったようである。一九二四年にノートンが、また一九三三年にもスマイスが、ザイルに結ばれた仲間の前進不能となった地点から先を、単独で登り続けたのであった。エベレスト山頂に最初に到達するという好機は、あまりに特殊であり独自なものであって、先に私の述べた山登りの黄金律を破ることも是認していいだろう。しかし、これはこの企図全体として不可欠なチーム・ワークの問題とはなんの関係もない。

＊

エベレストから帰って間もなく、われわれのある者は学生の一団からインタビューを受けた。そのうちの一人が、私に向って『エベレスト登攀の主眼点は何でしたか。何か物質上の目的がありましたか。それとも、何か気狂い沙汰に類するものですか』と尋ねた。われわれや先輩たちが、エベレストへ登ろうとして出かけて行ったのは、いったいなんのためだったのか、と不審に思う人もあるだろう。それで、この物語の冒頭に、この疑問に答えようと試みるのも、あながち無駄ではないと思う。

物質的目的を求める人々に対しては満足な解答がみつからない。まったくそのような目的はなかったし、またそのような物質的報酬というものは期待もしていないからだ。ヒマラヤは探検と科学調査の宝庫である。そして新しい場所を開拓しようとするものや科学関係の人たちにとっては、エベレスト周辺と同様に役立ち、もっと未知な地域がたくさんある。エベレスト登攀へのたびたびの努力の間に、この地域は比較的よく知られてきた。従来のたいていの遠征では、登攀の他にも、いろいろ多くの関心が払われていたが、どの場合にも、これらの関心は登攀に対しては、第二次的のものであった。そのうえ、過去の遠征から得た教訓の一つは、科学研究と山登りは容易に両立させることができないということであって、私は、常にわれわれは、登るという主要目的に専念しなければならないと確信していた。

また、山へ登る情熱だけではこの質問には答えられない。そう答える人々にとって、スポーツというものは喜びの源であろうし、また、それでもいい。われわれは山が好きだから登るのだ。しかし、われわれの隊員のうちの誰にしろ、祖国での身近な山々で味わうような楽しみが得られるとあてにして、今度のエベレストへ出かけたとは思わない。ヒマラヤよりも、ずっと近づきやすい山々で習得した山登りの技術も、ヒマラヤへ行っては、きびしいテストに欠けているため、とかく難渋する。われわれの大部分は、かつて、ヒマラヤに入ったことがある。ヒマラヤでは、小規模の遠征においても、登山技術そのものの問題は、アルプスなどに比して、多く起らないし、また深刻ではないが、そこでは、ある限られた期間に実際登れる機会は、いちじるしく少ないことを、われわれは知っている。

そういうものの、今まで他の人々が手腕と忍耐をもって解こうとして解けなかった問題を解決しようとすることは、人間活動のどの分野においても抗し難くわれわれを引きつける一つの力である。かのマロリーが同様の質問を受けた時に、あの率直な回答を与えたのは、まさに、このせき立てられる気持をいおうとしたからであった。――“Because it's there”（その山が、そこにあるから）と。そして、一九二四年、彼のエベレストへの三回目の遠征中、北東稜の尾根高くアービンと共にその姿を消したのは、このマロリーだった。彼ののち、たびたびこの山頂への到達が試みられ、なお成功は見られなかった。しかも、アービンとともに示した範によって、その不成功の後をうけて、われわれを駆り立てるのもマロリーだったのだ。

未踏の地に達する可能性、ただ地球上の最高地点という単純な事実――このことが、われわれを駆り立てる。問題はいっさいのくだらぬ比較を超越したものだ。このことは、一つのチームとしても、また個人としてのわれわれにとっても身近な問題であった。そこに山の挑戦があった。他のいっさいを捨ててこれに応じよう。

問題

なにがエベレストの問題であるか。どんな武器によって、この山が、かように長い間、決意の固い多くの人々をさえ、よせつけなかったのか。この山の攻撃準備を進めていた昨年の秋までに、何をもって、この山に当るべきかの問題は、いちじるしく明らかになってきていた。僅かに最後の三〇〇メートルばかりが未登なのであるから、ある意味では、ほとんど解決していたともいえる。この最後の根城のまわりに一種の妖気が漂っていると考えたり、その障壁はすでに約八五〇〇メートルにまで登攀されているにもかかわらず、ノートン、スマイス、ウィン・ハリス、ウェイジァそしてランベールとテンジンのような強者でさえ、この一線は乗り越せなかったのだと考えると伝奇的な気がする。問題は、この謎を破ること、この目にみえない音の壁にも比すべき空間における障害を乗りきるところまで追いつめられたといいうる。これは生理学的の意味では納得できても、この考えを推し進めると、まったく間違った印象をあたえるだろう。それは、今年の登攀が終ったら、今後山頂到達を目ざす人々にはもう問題がなくなると考えるのが間違いなのと同じである。われわれの先輩たちは、すでに反対側から最後のピークを、ほとんど同じ高さにまで登っている。しかし彼らは、技術上の手腕では乗り切れぬ自然の障害で、引きかえさねばならなかったのではない。その地点は、地形的には乗りこえ得るものだった。山登り仲間での慣用句で言えば、"it would go"（やればやれる）ものだった。このえりぬきの隊員中の幾人かは、時の不足さえなかったら、もっと高く登れたと主張しているのだ。この点については、後で再び述べるが、ここでは、彼らは高く登るにつれて増してくる影響、登攀者にも、そのサポートをしている仲間にも、もっと前からひとしく強くひびいてきていた、この影響によって敗れたのだ、とだけ述べれば十分である。

これらの高峰へ冒険を敢行する人々が直面する畏怖は三つある。すなわち、この高度の問題と天候の状態、そして登攀そのもののむつかしさである。まず高度の問題について考えてみよう。

エベレスト、または他の巨峰の高所における空気の稀薄は、容易な地点ででも、行動をいちじるしく困難にする。酸素の不足は、同時に精神作用をも鈍らせ不鮮明にする。ある限界を越えれば、生命の維持さえできない。ところが一方、登攀者におよぼす高度からくるこの悪影響はわれわれが「アクライマタイゼイション」（馴化）といっている慎重な手段で、つまり一定日数にわたってしだいに高度に対し馴らしてゆくことで、少なくとも引止めうることは現在十分証明されている。山において、めいめいの機能の働きは、当然、一様ではない。しかし高山への登攀に最も適している人たちが、この馴化の方法をとれば、高度約六四〇〇メートルでは、大した影響なしにいられる。少なくとも、さらに高い地点へ到達する最後の大努力を傾けるには十分なだけとどまっていられる。もっとも、最後の目的地点が、そこからあまりに遠く高くない場合をいうのであるが。

問題はこの高さを越したところから始まる。これは八〇〇〇メートルおよびそれ以上の高峰が、それ以下の高さの山々とは、困難さにおいてまったく異なっている一つの主要な理由である。漸進方式も、ここで破綻をきたす。筋肉組織もかなり急激に衰退し始め、登攀者の寒気への抵抗力、強風と天候の変化に直面する忍耐力も弱ってくるからだ。ややもすれば、食欲や渇きに対しまったくにぶくなる。睡眠からくるくつろぎもあたえられない。事実、六四〇〇メートルあたりから上になってくると登攀者は行程を大いにスピード・アップする必要に迫られ、いわゆる「ラッシュ」の戦法を用いようとする。しかもこれは不可能だ。それどころか、高度につれてますますその登高は痛々しいほど遅鈍となってくる。精神上の苦闘は、肉体のそれに劣らず烈しい。高くなるにつれ低所では問題でないことも困難となる。ちょっとした傾斜の変化さえ大事をひき起すもとになることがある。まずエベレストが八八〇〇メートル余あることを頭におき、馴化を十分に身につけた地点（六四〇〇メートル）から上の二四〇〇メートルを登らなければならない場合、われわれに課せられた問題の一つの面が、明らかになってくる。これがまた従来の遠征の敗れた主な理由なのだ。肉体の衰退を僅少にするため、この二四〇〇メートルを一日か、せいぜい二日で登るとすればきわめて望ましいが明らかに問題外である。なぜというに、登攀者は他の助けをかりず、自分一人の体力で、緩速度に登って行くから、四日か五日かはここで費してしまう。後につづく下山をまったく論外とし、かつまた最長約四日かかったとしても、そこで肉体、精神共にすでに弱体になっていて、とうてい最後の段階で最も要求される体力も決断力も持つ見こみがなくなる。これが従来八五〇〇メートル辺の高度で起ったものであった。

しかし現在の問題はこれよりもはるかにこみいっている。現在では六四〇〇メートル以上に幾つかの高所キャンプを設けねばならぬ。このキャンプの中にはテント、シュラーフ・ザック、マットレス、食糧、炊事用具および燃料、それから登攀用具も含まれている。これらの用具をすべて担ぎ上げなければならぬ。幾分かは居心地よくせねばならず、寒気に対する手当はいっそう大切なので、これらの荷物はどうしてもかなり重くなってくる。荷は山頂を目指すことになっている隊員が負担できる重さをはるかに超す。登頂隊員はその使命のために、できるかぎり負担を軽くしてやらなければならない。荷はサポートする任務のものによって担ぎ上げられる。これらの高所用キャンプの大きさと貯蔵品をできるかぎり少量にするため、荷上げ隊は時間的にはお互いに入れ替っておくれないよう上下し、荷上げは、幾日かの間にわたって行なわれなければならないし、しかも、この高所では、各人の担ぎ上げられる分量は減少してくるので、この期間は、とかく長びいてくる。エベレスト登攀が長い日数を要するのは、ある地点まで馴化を順次進める必要があるためばかりではなく、この最後にかかってからの努力が、酸素の不足のため、鈍らされてくるからだ。ことに最終の段階に至っては時日の節約が緊急となる。肉体の衰退を避けるためばかりではなく、ほかの要因にもよる。そのうち最も重大なものは——天候である。

さして困難でない山や低山は別だが、天候は山登りの計画において大きな部分を占める。天候はむつかしい場所を行くときの登攀者の能力に、いちじるしいハンディキャップをつける。そしてまた、進行を鈍らせ、寒気と烈風に曝《さら》す。登攀者は道を失い、いっそう困難な境地へと追い込まれ、夜に入ってしまう。山での悪天候の危険については多言を要しない。しかも、私がここにそれらの危険なことを述べるのは、もっぱら、これが超特級の高い山岳において、いっそう恐ろしい影響をもたらすことを知らせたいからである。エベレストの山頂へ向っての、一回の懸命な登攀を試みられるような天候がつづく期間は、一年を通じて短期間、しかも、回数も少ないばかりでなく、幾年かを通じても、そのような機会は確かにまれだと思われる。冬の間、一一月から三月までの間すさまじい疾風はほとんど絶え間なく北西から吹きつける。風は秒速三〇ないし四〇メートルはあるだろう。そして救いのない寒さである。風はエベレストの尾根の北方山腹を吹きはらい、南側山面に雪をためる。この古い雪の上へ、さらに吹きためられた雪は、ややもすれば、剝がれ落ちて雪崩《なだれ》となるので、不安定で危険なのが常である。冬の間、この強い西風が、この高く孤立した場所に至高のものとして君臨している。この期間に、ヒマラヤの巨峰に登攀することは、とくに例外的に風にさらされず、かつ真っすぐ登れる登路ででもないかぎり、まったく望みはないといってよい。

夏の初め、——この山脈上のその山の位置によるが、五月上旬あるいは六月初めに——南東の方向からモンスーンの形で吹き上ってくる、このベンガル湾からやってくる暖かい、湿りをおびた風は、ヒマラヤ山脈の高い側面に大雪をもってくる。ことにヒマラヤの南東部分において強烈である。モン

*

スーンはベンガル湾の奥に達した後、まもなく、この部分で暴力をふるうのだが、エベレストが聳《そび》え立っているのは、まさにこの場所である。モンスーン状態は通常、この地域では九月末までつづく。この期間中に行なえる登攀もあるだろうが、すべての高峰、とくに南東ヒマラヤにあるものでは、登攀は深い雪の危険によっていちじるしく困難を増す。エベレスト登頂の機会は、この間隙または小康期、これは一つの猛威の退去と他の猛威の来襲との中間であるが、おそらくそこに限定されることであろう。小康は五月と一〇月初旬とに、すなわちモンスーンの始まる直前と、終る時にえられる。昨年スイス隊は、秋に再びこの山に戻って行ったが、ほとんど全部のエベレスト登攀の企ては、モンスーン前に行なわれてきた。決定的なことはいえないが、この第二期、すなわちモンスーン後には、成功のチャンスはきわめて少ないと思われる。西からの風によって、山面の深雪は、まず吹き払われることになるが、この風が猛威をたくましくする時には、到底人間は耐えられないからだ。モンスーンの前にしろ後にしろ、期間は短い。事実、冬の状態とモンスーン開始との間に、小康期間があるという保証もいっこうない。一九三六年および一九三八年のエベレスト遠征隊はいずれも、こうした状況にぶつかっているのである。

＊

この二つの要素、すなわち、高度と天候は個々に、または、いっしょになって登攀者を打ち負かそうとする。高度が体力を弱め、登りの速度を鈍らせる。そのため、彼は頂上への登攀を試みる途中で、幾日幾夜を過さなければならない。天候は、人間の体力と精神とを消耗させるばかりでなく、その使命を果すに必要な時間をも、奪い去ろうとする。もっと低い山々または容易な場所では、天候は単に一つのハンディキャップに過ぎないが、ヒマラヤでは、地形におかまいなく、まさに決定的要因なのである。

この二つの要因からの推論はきわめて明瞭だ。自然馴化の限界以上のところに精力を損うことなく、生活がつづけられるように、自らを強化してゆくか、あるいは速度の問題を解決する必要がある。つまり、われわれはこれら両方の要求に応じ、山頂攻撃に選ばれた人びとおよび支援の人びとのために、天候の急変にそなえるなんらかの手段を講ずればよいのである。それは、山登りにおける安全性は足の確かさと同様に、足の速さによるからだ。このうち、どっちか一つ、または双方に効果をあたえるには、空気の稀薄を補うに十分な酸素の補給を行なって、すでに奏功した馴化の限界から、もっと先への旅をつづけるより他に途はない。いいかえれば、酸素の補給は、高度を低減したのと同じ効果があると考えてもよい。

エベレストでの酸素補給の必要は、新しい問題ではない。ずっと前から人のよく知っていることであった。しかし、かならずしもすべての登攀者たちが、これを必要欠くべからざるものとは考えていなかった。ある人々は、登山の精神から考えて、望ましくないとさえ思っていた。酸素補給器は、山頂を目ざした最初の遠征（一九二二年）で、すでにフィンチとブルースとが使っている。従来使用した装置では、これを使用して山頂にせまる高所にまで登った者も、使用しないで登った者に比べて大して良好な状態におかれなかった。それは、重量の割に補給される酸素の量が少なかったからだ。この高所での重量の問題は、酸素の補給量によって、失うより得る方が多いという利益がない限り、重大な問題となる。初期の装置は、緊張、疲労、衰退からくる影響を緩和するところが比較的少なかったようだった。それで、従来のものよりも、格段に優れたものを造りだすということが、われわれに課された問題であった。装置が軽ければ軽いほど、これにはもちろん、登攀者が相当長い距離を、酸素を新たに補充しないでもいいことを条件とするのであるが、これによってわれわれは、いっそう敏速に登って行くことができる。

＊

さて、私はここで、いよいよ山頂へ突進する登路上にある山そのものの障害について語るところへきた。つまり、登山の技術と経験を必要とする山のむつかしさの問題である。エベレストを知らない人々が、よくこの山は技術的には容易だという。しかし私は、エベレストの場合には他にもっとむつかしい登山上の問題のあるのは事実だが、けっして山として容易なものではないことを強調したい。エベレストの地形構成の問題には、私は遠征準備に当って直面した問題の中でいままで触れずにいたが、それは一つにはこの地形の問題をあらためて認識したいのと、同時に高度と天候によって、登山の技術的困難もいちじるしく支配されてくることを頭においたからであった。

エベレストの南面の構成を、三九ページの図をみながら、ここでよく考えてみよう。この図だけで、読者は、スケールのことをのぞいては、十分理解できると思う。われわれは、しばしば、山の大きさを自分自身の経験の尺度で判断する傾向がある。そしてヒマラヤによく通じていない人びとは、とかく写真から、その巨大さを知ろうとして失敗する。いや、初めて実際に接した人びとでもそうなのだ。

エベレストはネパールとチベットとの国境に跨っている三つの巨大な山からなる一群の中の一つである。これらの山の間、西側に抱かれて一つの隠された谷間がある。まさしく山岳構造の驚異といえるこの高所における谷間の床は、約六七〇〇メートルから五八〇〇メートルへと西方へ向い、なだら

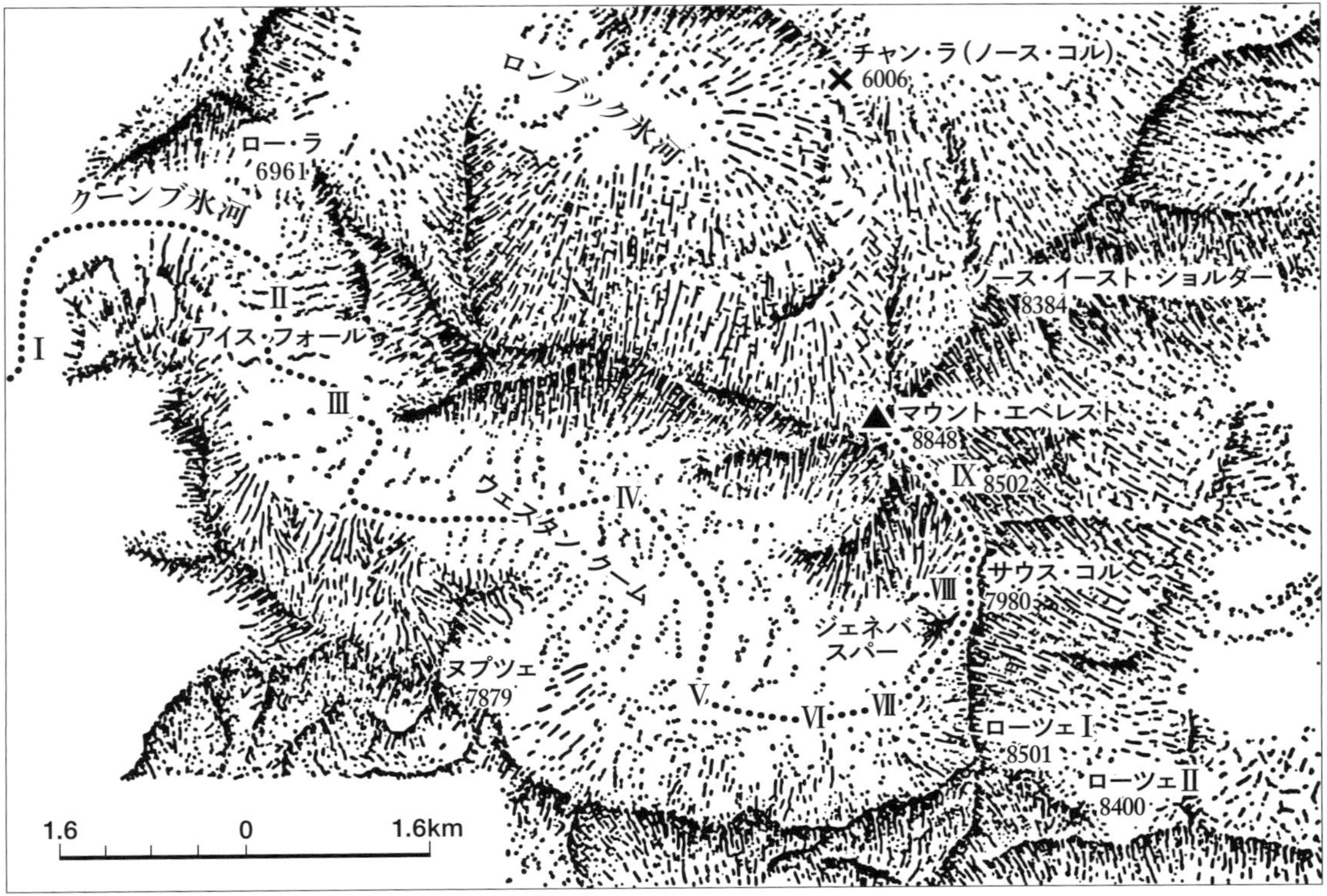
チャン・ラ（ノース・コル）
6006
ロンブック氷河
ロー・ラ
6961
クーンブ氷河
Ⅰ
Ⅱ
アイス・フォール
Ⅲ
ノース・イースト・ショルダー
8384
マウント・エベレスト
8848
Ⅸ
8502
ウェスタン・クーム
Ⅳ
サウス・コル
7980
Ⅷ
ジェネバ
スパー
ヌプツェ
7879
Ⅴ
Ⅵ
Ⅶ
ローツェⅠ
8501
ローツェⅡ
8400
1.6
0
1.6km

かな傾きで延びている。かのマロリーが一九二一年の第一回エベレスト偵察の時、この谷間を眺めて、「ウェスタン・クーム」（"Western Cwm"）と名づけた。これは疑いもなく、彼がしばしば訪ねたウェールズの山々への愛着からであろう。この谷間の突きあたりに、前記の三対の山の中央の一つとして、八二〇〇メートルを越す巨大な岩山ローツェが聳え、その西面はこの谷間の頭部へ向け急峻に切り落ち、谷の上部の出口を塞いでいる。ウェスタン・クームを見上げる時、エベレストは左方にある。そしてその西方尾根が北側への防壁となっている。エベレストの反対側にヌプツェが聳え立つ。山というよりも尾根といいたいくらいな、その鋭いぎざぎざした尾根は、ローツェの胸壁から発し、七六〇〇メートルを越す高度を保ちながら、三キロの長さにわたって横たわっている。このように、エベレストとヌプツェとの間に挟まれ、行く手はローツェの山面に遮られて、この驚くべき造化の戯れが登攀者たちをエベレストの基部にまで誘う。ここのところが南側からの登攀の焦点なのである。

まずはじめに、このクームに入って行くのだ。しかも、その入口は十分に防禦《ぼうぎょ》されている。クームの床にはおそらく二〇〇〇―三〇〇〇メートルの厚さはあると思われる氷の層が敷かれている。クーンブ氷河の源泉となるこの谷は、少なくとも五キロ、わりにおだやかなコースをとった後、突然、高さ六〇〇メートル以上の大きな階段となって落下する。そこでおよそ五五〇〇メートルの高度に落ちて、クーンブ氷河は、九〇度に左廻りをし、傾斜をおとして約一三キロ先にある末端まで緩やかに流れてゆく。この階段またはアイスフォールが、ウェスタン・クームからの出口なのであって、クームおよびその先へ入る登山者にとって、侮りがたい問題となる場所なのだ。アイスフォールとは、氷結した瀑布《ばくふ》であるが、しばしば広大なスケールを持つ。クーンブ・アイスフォールは、まことにこの種の中の大化物といっていい。急傾斜の岩床の上のこの氷河の表面は、裂け破れ、そこには深い割れ目の迷路や不安定によろめく氷塊ができている。それはたえず移動し変化する。ヒマラヤにおける氷河の動きは、たとえば、われわれの欧州アルプスのものよりも顕著である。今まで滑らかであった表面に、一晩にしてクレバスができる。また、そのクレバスの幅は驚くほど急激に広くなったり狭くなったりする。そして、何トンという重さの氷塊が瞬時空間に危っかしく立っているかと思うと、次の瞬間には崩壊落下して、そこにあるものをことごとく抹殺し、大きな氷塊をスロープ一面に撒き散らす。一九五一年にシプトン隊、また昨年はスイス隊が二回、ここに突入したが、明らかにこの場所が最も厄介な障害だった。ここの状態にも、一九五三年われわれが到着するまでには、きっと見ちがえるような変化が起っているに相違ないと思っていた。

さて、われわれの想像をウェスタン・クームの頭部にまで延ばして、ローツェの西面を瞥見《べっけん》しよう。ここは最終のピラミッドの基部に到達するには、ぜひとも乗り越えなければならない砦なのだ。われわれがまず直面する目標は、ローツェとエベレストとの間にある鞍部あるいはくぼみ、すなわち、サウス・コルとして知られているものである。このサウス・コルに達するには、垂直距離にして約一二〇〇メートル、このコルとローツェから落下している氷と雪との急斜面を登らなければならない。われわれにとっては、ここにエベレスト登攀の鍵があると思われる。サウス・コルは高度約八〇〇〇メートル、しかも、今年までに人類の登頂し得た最高の山頂、アンナプルナの高さよりわずかに低いだけで、この法外の高さに到達できたにしても、さらに九〇〇メートル以上のものがわれわれに残されている。コルに登り着くことさえ、非常な困難と努力を要すると思われるのに、そのうえ、最後の登攀とこれに必要なサポートをするために、かなりの人数のものが大量の貯蔵品と装具を、そこまで運びあげなければならない。さきにスイス隊も、あのすばらしさにもかかわらず、全登路中のこの部分で敗北したのだった。テンジンとランベールとがサウス・コルの先、あんなに高くまで登ったのではあったが、その驚嘆に値する彼らの努力に対して、後方のサポートが不十分だったのだ。装具、貯蔵品ならびに十分働けるサポート隊からなる後方掩護《えんご》をエベレストのサウス・コルまで上げ得るかどうか、これが幾カ月か先に、われわれを待っている最大の問題なのであった。

昨年の秋には、われわれはその春のスイス隊の遠征によって明らかになった知識を入手していたのだから、われわれの想像を飛躍させ、サウス・コルに到達してさらに上方を研究しよう。エベレストの山頂に到達するには、登攀者は山頂からサウス・コルへ、またはその方向へ向って下りている南東山稜の下から出発して、これを伝う。その途中、高度八七五〇メートルのサウス・ピークとして知られているやや小さい高みがある。今までにわかったところによれば、この南東山稜は、サウス・ピークまでは登山上の困難はない。この山稜の最後の部分の謎は、二つの山頂、すなわち、サウス・ピークと山頂との中間に何があるかという点である。スイス隊もこの点の解決はできなかった。われわれの手にある航空写真からは、雪か氷かの狭い尾根が東側の断崖へ重い庇《ひさし》となって不吉にもたれかかっているのではないかという印象をうける。この雪庇は、西からの季節風のためにできたものである。この写真が撮影された時には、その頂点はこの気味悪い雪庇の末端におそらく八メートルもオーバーハングしているのが見える。昨年の秋、その頃になってさえ、この地点こそ控え目にみても登攀の成否を決定するものと、われわれは考えていた。そして、この地点にまで迫った登攀者を退ける最後の防塁として、エベレストが残しているのはまさにこれだと、口に現わせない不安の念にかられていた。サウス・ピークとエベレストの間の五〇〇メートル、垂直距離にして一三〇メートルを登るには冴えて迷わぬ精神が要求されること、また、とくにサウス・ピークまでの降りが、登りにほとんど等しいものを登攀者に課して来ることを考えると、力の余裕を残さなければならぬことは明白であった。山頂攻撃に当る者に、これらの大切な力をどうして保証することができるか。実に、この問題の解決こそ、全計画を最終的に集中せねばならぬ課題だった。

きわめて大きくいえば、エベレストの問題は三つの大きな要因、すなわち、高度、天候および地形に帰する。これら三つの問題を細かく研究し、かつわれわれの先輩達の経験に照してわれわれの準備は進められ、最後には作戦計画そのものもたてられた。しかし、これらの事態にも、おそらく、新たに変化した状態で、またもっと困難な事情のもとで、今度はわれわれ自身が直面するのだ、ということを十分自覚していた。最後に、エベレストの山頂をきわめるに当って、われわれはなんとかして、従来われわれの先輩中の最も優秀、強靭な人々さえ陥った苦境を避けなければならないことは知っていた。その人達は、二人で、ときにはたった一人で、山頂から三〇〇メートルの圏内へと、山頂に達するに十分な余力を持たずに苦闘をつづけねばならなかったし、いずれにしても、その地点にまで達し、そしてまた仲間のもとへ帰って来るために苦闘しなければならなかった。

この神秘の領域へ、われわれが今一度入りこむには、侵入者を永久に氷のうちに人質として捉えようとするあのエベレストの妖気を追い散らしながら、あの惑わしの防塁を乗り越えねばならないのである。

第二部　計画

準備1

大規模な遠征隊を組織するということは、それがヒマラヤへのものにしろ、極地あるいは暗黒アフリカへにしろ容易ならぬ仕事である。私の経験したのは、ヒマラヤへの数度の遠征についてだけではあったが、他の探検または調査においての計画、準備にたずさわる人々の苦心は、身にしみてわかったのであった。かりに今、地球上のどこか遠隔、無人の境、気候の激化するところへの長期にわたる困難な使命を満足に果すため、その任務を人々と共に引受けたとする。この使命の成功如何は、まずなによりも、人の問題、すなわち任務に当る各人の力がうまく一致するかどうかによると思う。精神的にもまた肉体的にも、一人でも二人でも失敗落伍《らくご》すれば多大の困難が加わってくるに相違ない。当事者は責任をもって、各人各様の人々の間に、円満な結合を期待することができるような、そういう人をまず求め、さらにそのうちから選び出さねばならぬ。しかも多くの場合、これらの人々の素質を試すことはむつかしい。平素、自分が接触している人に似通っている人ならとにかく、たいていは、はじめて近づきになる人なのだから。想像にあまる酷烈な事情のもとで行動する隊員のために、適当な衣服、装具その他の必需品一切の供給を確実にせねばならぬ。連絡は遠く切り離されて困難となり迅速は望めないのだから、隊が使命を果す期間中、まったく他に頼れないことを覚悟して必要品を整えねばならぬ。これらの装具のうちのある物は、いちじるしく専門化したものであり、外装と分量とのむつかしい問題も解決しなければならない。この文明社会から遠く離れている全期間中に備えて、用品の必要量を算定し、注意深く選ぶ必要がある。食糧は気候と任務の性質によって、適当なものを選定する。数多い装具、食糧の一つ一つの製作注文に当っては、大部分のものは、事前に実施の要求をみたすに足りるかどうか、できる限りの試験を行なわなければならない。包装、記帳、それと同時に、パーティそのものを遠隔の地の発足点にまで移送する準備を整えなければならぬ。そしてその発足点から、さらに原始的輸送方法によって作戦地域へ向うのである。最後に、これら数多くの頭痛の種のなかで、あとになったが、最も大切で、全企図を左右するものは資金の問題である。ここで、その費用の予算を作る仕事が起る。以上のことだけではまだ十分ではなく、遠征隊を送るには、ぎりぎりいっぱいの期間しかなくて、しかも、準備が着々と進んでいる時にも、いつなんどき中止になるかもしれない場合をも考慮に入れていなければならない、という事態さえあるのである。また、失敗の場合に送る第二回目の遠征隊に要する用品の準備が必要なことも了解できると思う。この苦境にあったら、人々はおそらくこんな仕事は、これまでにやったことがあるか、将来また経験することがあるかどうかを疑うほど、困難なものと思うのではないかと私は想像する。

ともあれ、これが一九五二年九月一一日に五三年春のエベレスト遠征隊リーダーとしての招電を受けとった時の、私の印象であった。当時、私はドイツでの西欧連合軍演習に深くまき込まれていたので、少なくとも一カ月はなにごともできない事情にあった。私はふるいたつ興奮と恐れとを半々に抱いたのだった。しかし、この事情は心配したほど悪くはなかったことを述べ、早く読者を安心させたい。

一九一九年、最初のエベレスト探検が心に抱かれて以来、いずれの企挙も、山岳界の長老であるアルパイン・クラブと、探検事業の助成を主な目的としている英国地学協会との合同委員会によって後援され、資金の調達や激励を受けている。この同じ委員会が、一九五一年以来、今回の遠征の準備についての援助をつづけていた。一九五一年のエベレスト偵察および昨年のチョー・オユーの遠征は、スイス隊が失敗した場合、一九五三年にエベレストへ向う全活動を展開するための準備として企画されたものだった。したがって、すべての分野において準備がつづけられていた。この合同ヒマラヤ委員会の主な仕事の一つは、エベレスト遠征の意義を人々に理解させ、政治上の交渉を行なうことなどに加えて、資金を調達することである。この仕事に実際たずさわった人でなければ、この種の企挙に対して莫大な資金を集める心労はわからないと思う。しかも、今までのつづいた失敗によって、どうしても、不利な印象を一般の人々にあたえていることだし、また委員たちは、自分のポケット・マネー以外には使える資金は持っていない。私はこの委員会の人々、ことに名誉書記のB・R・グッドフェローと英国地学協会主事L・P・カーワンの助力に対して、私個人としての感謝を満足に表明する言葉を知らない。幾多の団体と個人とから、遠征基金の寄付をうけたが、とくに、初期の遠征以来、引続いて援助を惜しまなかったタイムズ社の力は大きい。医学研究協議会は、装具、食糧研究のために従来の遠征の時と同様、高所委員会を設けた。この会の生理学者L・G・C・ピュウ博士は、一九五一年に、シプトンと共にヒマラヤに入っていたので、その成果である報告から幾多の有益な教えをうけた。シプトン自身すでに基本計画を立てていたし、そのヒマラヤに関する豊富な知識をいつも役立ててもらえた。組織委員が指名されて、装具について予備折衝に忙しかった。事実、私がドイツからロンドンに帰った時には、これらの予備的な仕事はすでにかなり進んでいた。

しかし、非常に多くの仕事を、きわめて少ない日数でやらなければならないことは明らかだった。この機関の活動をいっぱいに開始させるには、熱心な、経験に富んだ助力者をもっと揃える必要があった。これらの助力者はできるかぎり、今度の遠征に実際参加する者が望ましかった。後にこの遠征に加わる人々であれば、準備についても自分自身のこととしての興味を深く抱くからだ。なによりも緊急を要することの一つは、隊員の人選だった。このことでも、すでに基本的な仕事はかなり進んでいた。まず一九五一年の偵察およびチョー・オユー遠征の隊員たちがリストにのぼった。彼らのとくに優位なことは、エベレスト地域の最新の経験を持っていることである。他にもヒマラヤへは、戦後、幾つかの私的遠征が行なわれている。各山岳会にも、その会員を推薦してくるように依頼した。それで希望者のリストは、相当大きなものになった。それらの多くは、登山の経験に富み、またかなりの人々は過去数年の間に、アルプスで幾つかの登山に目ざましい技倆《ぎりょう》を示していた。これに加えて、全国から遠征参加の申込みを多数受けた。なかには資格において不足のものもあったが、だれもアドベンチュアの純粋な精神に燃えている人たちであった。まったく、どこから選ぶかとなると、当惑するくらいに多すぎたのだった。

任務を分担する必要上、私は一一月一日をもって、委員会へ隊員リストの案を提出する日限と決めた。正式招致状は、委員会の名によって発送される。ロンドンへ戻ってから三週間の間に、私は多数の参加希望者の名前を選り分けてリストを簡略にするほか、希望者に面接したり、その知人たちから、親しく推薦の言葉をきいたりする仕事に、実に多忙な日を送った。最上のチームを選ぶという事に成否がかかっていたので、いろんな点で最もむつかしい仕事だったが、これこそ成功への最大の要因だと私は確信していた。また、同時に多くの期待のもてる熱烈な競争者をふるい落してゆくのはまことに苦しいことだった。事実、私自身、かつてエベレスト遠征にいちおう選ばれた後、医事部の診断で除外されたことがある。私は、この短縮されたリストをいよいよ最終的なものに決定するに当って、四つの条件を求めた。すなわち、年齢、気質、経験および体力の四つである。そして、私はチームの全員が「サミッター」すなわち、頂上攻撃の資格のあるものであってほしいと考えた。

年齢については、二五歳から四〇歳までの間の人を求めた。私や他の人々の従来の経験によって、二五歳以下の人には、ヒマラヤの巨峰、八〇〇〇メートル級のものを目がけることは、荷が勝ち過ぎると考えてきていた。これには、並々ならぬ忍耐と図抜けて強い耐久力を必要とする。忍耐力は、普通、年と共に強くなってくるものだ。現にいくつか顕著な例外もあるが、四〇歳以上の方は断定することがむつかしい。しかし私は、四〇を越した登山家で、常に登攀をつづけて体力を維持している人がえられる場合はむしろ少ない、と考える方が賢明だと思った。

年齢の尺度は簡単だった。しかし、気質の問題はずっとむつかしかった。同一人の中で、容易に合致しない二つの別々の素質を私は求めたから、ますますむつかしくなった。隊員のだれもが頂上をふむことを真に望んでいなければならない。このせつなる望みは、個人としてまた同時に隊としてのものである。隊員各自に登頂の使命をうける資格が要るということは、すなわちエベレストの急迫した事情を語っている。それだから、私はいわゆる「イクセルシア」、あくまで進む人を求めたのである。しかも、このことと対照して、エベレストは、同時になみたいていでない大きな没我と忍耐を強要する。山頂へ達する最後の登攀は、われわれ全員の一致により、まったく個人的感情を超越して選出される。選にもれた人たちは、遠征が最高潮にあるこの時にあたって、割の合わない、報いられない任務に就いていなければならない。気質の問題は、大規模の遠征には執拗に強要されるものである。一人の隊員が全隊員の一致と士気を危うくすることがある。一致協力こそエベレストにおいてはなによりも大切なものに相違ない。

経験については、参加する者は、アルプスにおいて、フランス人が「グランド・クールス」とよぶ雪、氷、岩を経験した者が望ましかった。この登山経験は、長いほどよかった。というのは、一度か二度のアルパイン・シーズンでは、天候状態や雪についてすべてを学ぶことはできない。イギリス国内での登攀は、主として岩場に限られている——雪や氷の登攀も、冬季にはわが国内の山岳地方、とくにハイランドにおいて結構行なえるが。一般に、わが国の若い人たちに、岩登り技術が、国内で会得できるので、勢い、この方面でアルプスへ出かける傾向がある。しかし、岩登りにとくに優れていても、ヒマラヤへ向う資格にはならない。不幸にして、わが国内の多くの登攀者たちは、アルプスでの雪や氷の大きな峰に親しむ機会はあたえられないので、この点で応募者の域は大いに狭められた。このようにして、残った応募者に最も望ましい資格はヒマラヤでの経験の有無であった。これは登攀の状態が根本的に異なるからで、かつまた高所登攀の能力いかんにかかってくるからである。したがって、希望者でこの範囲内に残されたものは少なくなった。私は、当時も、また今でもイギリスの若い人々がもっと多く、このヒマラヤの巨大な山脈でのわれわれの経験を体得できればよいがと願っている。

体力についての意見も一様ではない。一部では、エベレスト登攀の素質のあるものは、短身でずんぐりした体格の者という意見を持っている。他では、実際に長身のものが多数エベレストでも他の山ででも、高所にまで登ったことを指摘している。一論としては、確かに体格が大きいほど、その活動に要する精力の消耗もそれだけ大きいわけであるから、高所では不利だといえる。私の考えでは、実地の証明は欠いているが、大切なことは登攀者の体格の釣合い——身体全般の構成であって、身長には関係ないと思う。身長が低くても、不利に重々しい体格もあり、精力はたぶん体格に応じて与えられるものだろう。それで、体の大きな男は、それだけ余計に酸素を消費するだろうという点を考えるよりも、私は候補者については、身長よりも身体全体の作りに重きをおいた。事実、われわれ隊員の大部分は、だいたい一・八メートル、中にはもっと高いものもいることになった。

最後に、私は候補者の一人一人につき、まだ会ったことのない人々には、ぜひ親しく面接しようと考えた。そのために、国外からの希望者で、当時イギリスにいなかった人々には、優れた資格を持っているものもあったが、採用できなかった。他のいろいろの資格条件はとにかくとして、隊員の各人がうまく「一致」し、調和するということが、われわれの企挙にとって最も大切なので、この点について私が自分で会って決めるより他はなかった。この方針に対して、ただ一つ例外があった。それは二人のニュージーランドの登山家の参加であった。この二人は、一九五二年にシプトンと同行した人たちで、今度隊員に決った他の連中も知っていた。その一人のヒラリーは、一九五一年の偵察にも参加している。そして彼らは隊員として実に適格なので、その判断を、日頃私が尊重している人々を通してえた間接の材料によって決めたのだった。

最初に決定を要した問題の一つは、遠征の性格を国際的にするかどうかであった。それは、登攀の資格が十分ある希望者が、外国にもあったからである。事実、外国から遠征参加について、種々の申し出もあった。それらすべてについて、合同委員会では、まじめに考察した。

原則は承認済であった。もし隊員をイギリスの登山家のうちから選ぶ場合、英本土だけではなく、英連邦、とくに非常に熱心な志願者のいるニュージーランドおよびケニヤを含めるのが当然と考えた。国際的隊員を支持する意見も多く唱えられていた。というのは、エベレスト争奪という競争的な面が、ことに登山社会以外のところで喧《やか》ましくいわれていたからだった。しかし私には、隊員の選抜を英連邦以外に拡げてはいけないことが、はっきりしていたし、またこの方針は、委員会も承認したところだった。このような独自の遠征においては、隊員間の調和結合がとくに大切である。私には、ただでさえむつかしい団結を作り上げるのと同時に、これを国際交歓の試みとするだけの余裕はなかった。われわれはエベレストを各国の登攀者たち相互の嫉視《しっし》、競争の対象物と考えたことはけっしてなかったが、世間では、多くの人々にこの競争意識があり、いっそう拍車をかけていることはわれわれにも感じられた。いずれにしろ、エベレストに対しては、イギリスの登攀者たちは多年にわたり、身近な関心を持ってきている。一九三八年にティルマンとその隊員とが、エベレストを引き揚げたとき以来の挑戦を、われわれがここに取り上げようとする意味は、十分うなずけることであろう。

隊の編成について、いろいろの忠言の手紙をたくさん受け取ったが、なかにヒマラヤ委員会は、チェコスロバキア政府に、チェコの有名なマラソン走者ザトペクをイギリスへ「移住」、帰化させる交渉をしたら、と言ってきた人があった。彼の考えでは、こうすれば隊員中の一人はかならず頂上に立てるというのであったろう。

一一月一日までに隊員は決定、その名簿は七日にヒマラヤ委員会に提出された。それは一〇人の登攀隊員、遠征隊付医師一人、それから数人の予備隊員とであった。一〇人という数は、最初の計画の結論に一致したところであった。

最終選考によって決定した隊員は、次の通りである。

チャールズ・エバンズ。イギリス外科医師会会員。三三歳、短身、がっしりした体格、薄茶色の頭髪、当時ウォルトン病院の外科医。職務の間に、ヒマラヤへ三回の遠征に参加——すなわち、一九五〇年ティルマンとアンナプルナ山群へ、一九五一年クルの山々へ、一九五二年シプトンとチョー・オユーへ。アルプスおよび国内の岩場で多くの経験を積んでいる。

トム・ボーディロン。二八歳。シプトンと共に一九五一年偵察、チョー・オユー遠征に参加。チョー・オユー遠征中、酸素補給器実験。ヒマラヤ以前にもすでに傑出したロック・クライマーとして知られている。フランス・アルプスで、当時のイギリス登攀者の水準よりも、はるかに困難な登攀を敢行。これに刺戟《しげき》されて、イギリスの若い人々も、欧州大陸の最上級アルピニストに匹敵する域まで進んだくらいであった。供給省でロケット・モーターを研究する物理学者。巨大、屈強、ラグビーでのセカンド・ロウのような身体つきである。

アルフレッド・グレゴリー。ブラックプールの旅行社の重役。チョー・オユー遠征に参加。三九歳。私をのぞけば、登攀隊員中の最年長者。身長は一番低く、痩身《そうしん》だが筋金のしっかり入った感じで非常に頑強。多年、アルプスならびに国内の山々で各種の経験をつみ、チョー・オユーでは、高度馴化の能力を実証して見事な業績を残した。

エドマンド・ヒラリー。三三歳。ボーディロンと共に、今回の幕を開いた二度の遠征に参加。中央ヒマラヤへのニュージーランド遠征隊の成功後、エベレストの偵察（一九五一年）に参加。登山経歴は、今次大戦直後からであるが、たちまちニュージーランドで最上位の登山家として認められた。ヒマラヤでの実績は、エベレスト山頂攻撃隊員の有力候補者たる資格を示している。昨秋、シプトンに会った時、彼が今回のヒラリーを予言したことを私はよく覚えている。まさにシプトンは正しかった。図抜けて強く、溢れるばかりの精力を持っていた。未知の障害を撥ねとばす強固な精神など、ヒラリーの人となりは、チョー・オユーおよび偵察行に同行した彼の友人から、また彼自身から私への手紙によって、すでに会うずっと前から私の心に刻まれていたのだった。瘦身長軀《ちょうく》、オークランド近傍での養蜂業が家業である。

ヒラリーと同じニュージーランドのジョージ・ロウは、同じくシプトンのチョー・オユー遠征の有力な隊員だった。ニュージーランドでの登山経歴はヒラリーよりも古い。彼はそこの山々へヒラリーを案内して、むつかしい山登りを共にしたことがある。彼の氷雪技術は、ヒラリーと同様、ニュージーランドの山々特有の恵まれた機会でえたものである。長身、均衡のとれた体軀。二八歳。ニュージーランドのヘイスティングスにある小学校の教師。

チャールズ・ワイリーの参加承認は、すでに九月に陸軍省から送達済だった。私がロンドンに帰るまでの暫定期間、彼は組織委員として働いていたが、準備期間の終るまで、私の有力な助力者として引続きこの仕事を担当した。チャールズは、グルカ旅団付士官で、大戦の大部分は日本軍の俘虜収容所で過した。よくこれに耐えたのは、明らかに彼の没我心と他の仲間への心遣りと誠実、快活な気質の賜であった。遠征隊の装具が、詳細に至るまで考慮、準備されたことが語るように、実に細心の注意をもって整理、記録されていったことは、まことに感謝にたえない。彼もグレゴリーと同様、アルプスや国内での山登りの経験に富んでいたし、大戦直後、ガルワールでの登山も行なっている。年齢は三二歳。

マイクル・ウェストマコットは二七歳。大戦の終期に、極東で工兵士官の勤務にあったが、まだヒマラヤの経験はない。かつてのオックスフォード大学山岳会会長。第一級の登山家であり、近年アルプスで幾つかのとくに優れた登山を行なっている。ロサムステッド実験所の統計部に勤務。

ジョージ・バンド。長身、眼鏡をかけ、熱心な勉強家。隊員のうち最も若い。選考当時二三歳というのは、私がエベレスト登攀者として考えていた最低年齢よりも若いわけであったが、登山経歴はとくに優秀であったし、若年にもかかわらず、年輩の人に期待するいろいろの資格をも等しくもっていた。ちょうどケンブリッジの卒業学位をとったところだった。同大学の山岳会会長だったことがある。

ウィルフリッド・ノイスは教師であり著述家である。三四歳。ロウと同じような体格。大戦開始当時、わが国の第一級の青年層登山家として、アルプスや国内の岩場の困難なルートに、その手腕を示している。大戦中一時、カシミールで航空兵たちへの登山技術指導に従事。短期間だが、同じ仕事で私を助けたこともある。ガルワールで登山。シッキムの一高峰パウフンリ（七一二五メートル）にも登っている。

最後に、残ったのは私だが、私は一九二五年、一五の時はじめてアルプスの高峰に登って以来、折にふれ山へ登ってきている。アルプスでは一〇回、夏季のシーズンを過したし、そこでスキーも相当やった。また国内のロック・クライミングもたびたび楽しんだ。両大戦間、幸い、インドに駐在できたので、ヒマラヤ遠征には三回参加。ノイスと同様、軍隊に山および雪に対する訓練を施していた。かように軍籍にあったおかげで、世界の各地で、かなり多くの登山を行なった。年齢は四二歳。

マイクル・ウォードは二七歳で遠征隊付医師。同時に、非常に優れた登攀者でもある。二年前にエベレスト南側の偵察を提案、彼自身も参加している。われわれ一行の保健についての重大な責任がその使命であるが、必要な場合登攀隊員として立つ最も有力な予備隊員の一人である。

隊はこのように明らかに大きなものになったが、この大きさはわれわれの計画から理論的に出てきたものであって、つぎに簡単にこれを説明したい。右の登攀隊は、医学研究協議会とカントリーマン映画会社とからの申し出によって、さらに大きくなった。その一人は右の協議会の人体生理学部勤務の生理学者グリフィス・ピュウである。彼は山岳生理学ともいうべきものに、多年の経験をもっている。大戦中、レバノンにある山岳および氷雪戦術の中東訓練学校で働いていた。最近はチョー・オユー遠征で貴重な研究を遂げた。チョー・オユー以前にも、幾回かの登山経験があり優れたスキーヤーである。トム・ストバートは、遠征のフィルムを撮るために参加。この方面の優秀な技能者であり、すでにヒマラヤにも入っているし、南極圏、アフリカおよびノース・クイーンズランドへの遠征隊にも参加している。

この最後の二人の参加については、合同委員会で、いろいろ討議があったのだが、要するに方針に基づくものであり、遠征隊員としての個人の選出とは関係がなかった。もとより隊が大きくなるほど、隊にとって最も大切な調和を作り維持する点で、リーダーの任務は、困難を増すことは明らかである。追加される人々の目的が、他の隊員の目的と違う場合、この困難はさらに増えるものなのだ。しかし、過去においてもエベレストに関する生理学上の研究の貢献は否めないものだったし、この方面で、まだはっきりさせたいこともたくさんあるのである。少なくとも失敗の場合を考慮して、この生理学者の参加を是認することができようし、将来、この企挙を繰返す必要も結構考えられるのであったから。ストバートについてだが、今回のエベレスト遠征は、一般の人々の、かつてなかったほど大きな興味をそそっていた。それで委員会でも、われわれが帰国して、多数の人々に報告するには、フィルムを撮っておくのがおそらく一番雄弁であろうと考えたのだった。かつまた、今回の遠征の資金を賄うという点でも、フィルムの契約をすることは、大きな助けとなる。事実、ピュウもストバートも、みごとに他の隊員と融和ができたし、一方ならず隊の助けとなったのであった。

以上で隊員は一三名になった。この一三という不吉な数字を、なんとか避けたいと考えていたが、数カ月後に、テンジンをわれわれ登攀隊員に加えることができたのでホッとした。このテンジンの参加は、なみなみでない幸運をもたらすことになるのだった。彼はしばらく後に、エベレストの舞台に登場する。

私は、委員会に対して、これらの隊員のほかに、候補者リストに最後まで残った人びとのなかから幾人かを予備隊員としておきたいと申し出た。万一、隊員のうちで、その時になって遠征に行けない者ができた場合の補充は、すぐ間に合うように準備しておいたのだった。すなわち、J・H・エムリン・ジョーンズ、ジョン・ジャクスン、アンソニー・ローリンスン、ヘイミシュ・ニコル、ジャック・タッカーの諸氏であった。

遠征参加の大宿望が実現する見込みもまずなく、しかもきわどいところでじらされていたこれらの人々が、それにもかかわらず、依頼された準備事務に全身を投じてくれたことは、まことに私の心を打つものがあった。

大変幸いなことには、私の選考意見を出す前に、全候補者をあらかじめ試験しようというホーダー卿の親切な申し出をうけた。初期の遠征では、応募者各人の高所登攀能力について厳重な試験を要求したこともあった。私自身の経験によると、これはとかく見当を誤ることがあると思っている。高所登攀の適不適は、山へ行ってみてはじめて、ほんとに証明される。ホーダー卿が試験した人々の身体ならびに気質についての種々の意見は、私にとってこのうえない貴重なものであった。

＊

選考の進捗とともに、計画および準備を軌道にのせることが急務であった。私がここで直面するこの問題は、前章を読んだ人々には、よく了解されると思う。これにしたがって、翌年に行なう遠征計画の結論をえたのであるが、その要点を述べると次の通りである。

第一に、エベレストそのものにとりかかる前に、登山の訓練期間をおくこと。その期間中に、高度に馴れたり、装具の使用に熟練すると同時に、仕事をともにし、お互いをよく理解するようにする。これはいっしょに行動し、一つのザイルに結ばれるお互い同士が知り合う優れた方法である。

第二に、モンスーン来襲前に期待できる好天候はあっても、短期間と思わなければならないから、従来の経験によっても、山頂攻撃のあらゆる機会を狙い、ただちに、それを摑めるように身構えている必要がある。

第三に、山での登攀以外の期間を長びかせないようにすることが肝要である。初期の登山隊員は、山にいる間に起るばかりでなく、山にかかるまでの、低地での不自由、難渋な環境での飽き飽きするやっかいな仕事からくる肉体の衰弱と無気力に悩まされた。したがって、われわれは、いざという時、ただちに発てる準備は整えていなければならないが、いたずらに早くエベレストでの行動を開始してはならないと考えた。これには、正確な時日《じじつ》の計算、判断、そして幸運が伴わなければならないのだが。

第四に雪、風および天候のよい状態を狙ってチャンスを摑むのであるから、二回、場合によっては三回の山頂攻撃を、いずれも物的、人的の十分な支持をもって、敢行できるように、的確な地点、的確な期日に十分な登攀者、装具および食糧を備えなければならない。したがって、隊の編成は大きくなるし、かつまた三回にわたる十分な山頂攻撃に必要な万端のものを運び上げなければならない。しかも、山頂攻撃にあたっての活動を敏速に運ぶことがきわめて緊要なのは、計画においても強調されていたが、このためには十分な訓練と、装具が軽いということが大切である。

第五に、われわれは、運びうる酸素の量には限りがあるが、その限度内で依存する。登攀にも、また最高所キャンプでの高度衰退の防止にも使用するばかりでなく、山頂攻撃期間中に夜間、酸素マスクをつけて睡眠をとるためにも使用する。

最後に、われわれは、ウェスタン・クームおよびそれから上部へ、大量の荷物をかつぎ上げる作業によって当然制限を受けることを考慮に入れていた。したがって望むだけのサポートは得にくいという不利がある。まずアイスフォールの危険からくる制約があると思われるから、そこの通過をできるだけ短縮してやりたい。われわれのポーター、シェルパたちの各高度に応じてなしうる担荷力の如何、また彼らのうちの熟練者が何人、サウス・コルへの運命を決する「荷上げ」を進んでやろうとするかにもかかっている。そして最後にはこの荷上げを完了するに当って、天候状態によって許される時間の制約がある。

ここで食糧について一九五二年の練習行ならびに同年のスイス隊の経験からえた大切な結論があるが、このことは、別に述べよう。

以上のような結論とか原則によって頂上をめざす登攀の理論上の計画が生れた。エベレストの山頂に最後の登攀が試みられる遠いさきの計画図を、ロンドンで作っていることもおかしな気さえする。しかし、このような計画を立て、細部に入りまた種々不利な条件が重なる場合も想像し計画を立ててこそ、われわれは成功を得るに必要な隊の編成、食糧、装具などの数量、なかんずく、酸素量を詳しく算出することができる。事実、一九五二年一〇月に五三年五、六月のエベレスト登山のために、いろいろ悪条件を考慮に入れての、最大の必要量を予知しなければならなかった。この「計画」はまったく、仮定、理論上のものであって、実際、山で行なわれるむつかしい戦術としてではなかった。これらは後日、実地において、はじめて決定されるものだ。計画というよりも、基礎方針を立てたわけだ。そこからつぎつぎに詳しい計画が生れて、最後に登攀隊員の決定、酸素供給方法、装具の研究の発展、携行食、テント、登攀用梯子、その他、幾多の用品が決定されるのである。この関係の文書「基本計画」の第一版は、一〇月中旬に、準備担当の直接関係者の手に渡された。これの、さらに修正された改訂版は一一月初めに配布された。これまでに隊員も選出されていたので、この書類にしたがい各自担当の仕事に着手することができた。この書類はそれら必要品の予想と実際の結果とを比較してみるのに、まことに興味深い。

私はこの書類によってまず第一に登攀隊員と必要なシェルパの数を定めることができた。三回の頂上攻撃に、各回二名を要するとし、他はサポートの任務に就くものとして、総計一〇名が最良と思われた。次にウェスタン・クームへ持ち込む荷と、さらにローツェの山面、それからさらにサウス・コルへ運び上げる荷の分量を慎重に計算した結果、シェルパの人数は三四名ということになった。そのうち、一四名はアイスフォールで活動してクームの入口まで荷を運び、他の一四名はクームを「アドバンス・ベース」のキャンプにまで上げる。スイス隊の経験に徴しても、このキャンプがだいたい、頂上登攀行動を開始する地点と思われる。残る六名は、当時の考えでは、二名ずつ組んで、アドバンス・ベースからサウス・コルへ、さらに最終リッジまでへと、登攀者に同行して行く。

ヒマラヤ遠征の歴史は、頂上への試みが、隊員の病気によって弱められることがあるのを語っている。かように、多数の隊員の力の集合によって、目的を達しようとするのであるから、ひとしく登攀者ではあるが、医師としての責任を明瞭にしておかなければならないと考え、マイクル・ウォードの参加を依頼するにあたって、彼の参加には、われわれ一同の健康を保持するという重責のあることを、とくにはっきりさせたのであった。事ある時には、彼も登攀隊員の一員として、最も有力な予備員であることは確かであったが、ウォードは即座に彼のこの任務を承諾したのだった。

登山は二期に分ちうると思う。第一期はベース・キャンプからクーンブ氷河の下部あたりへ、次にクームの頂へ、さらにサウス・コルへと荷を上げる時期、第二期は頂上を目ざす登攀の期間である。第一期は、本書の「攻撃準備」に当るところであるが、第一段に三週間を見込んだ。しかし、このコルまで荷を上げる仕事は、きわめて困難であり、不時の状態の起ることも考えられるので、所要日数を正確に予想しようとは考えなかった。登頂期は、第三回目の登頂隊がはじめて成功するとし、天候その他の事情が不利だったと仮定しても、もしその三隊のうちの一隊が迅速に行動し得たと楽観的に予想した場合、ベース・キャンプから出て、全隊が再びそこへ戻るまでを七日と予測した。

この計画書には、途中に設けるキャンプについての予想、すなわち、この荷上げをやり攻撃準備をつぎつぎに前進させる期間および登頂期に往来する人数の変化によって、各期間に設けるテントの型ならびに数の予想が出ている。最も大切なことは準備を進める都合上、酸素使用についての想定ならびに決定であった。酸素については、次のことだけを述べよう。酸素問題に関係していた人々にとっては、はっきりした決定がきわめて急がれていたので、私は、ドイツから帰って、僅か六日後の一〇月一四日に、高所委員会の会議でその理論的計画の概要の説明を求められた。

現地練習と高度馴化とのために、十分な時日をとることの緊要も強調された。頂上をねらう絶好の機会は、おそらく五月中旬以後にだけあるだろうという考えのもとに、所定の地点への荷上げは、その前に完了を必要とするから、この練習期として、主として四月をあてなければならないことになった。遠征の時間割は、イギリスにおいて行なわれる全準備を、二月中旬までに完成する予定のもとに作成された。インドへの旅行は、主として船を用いる。したがってエベレストの近くへは、三月の終りを目標に到着する。そしていよいよエベレストにかかる前に、少なくとも三週間の練習期をおく。この練習期を、あまり高くない峰や峠が多数にあるエベレスト山塊の南側の谷あいで過すことにする。というのは、興味と変化を求めるためと、また一つには、この季節には、六〇〇〇メートル以上へ向うことは早すぎるからである。

この計画期間に、私はエベレストの先輩たちに、多くの助言を求めた。そして「基本計画」を決定する前にこの計画をそれら先輩のある人々に送って、批評をあおいだのだった。数々の適切な助言の中でも、私はノートンの言葉がとくに忘れられない。『今までのヒマラヤ登攀の歴史を考えてみると、どの企挙においても、最後の登攀のためのキャンプの位置が、低過ぎたことがとくに強く私には感じられる。……従来の最終の選手は、最後のその日、長すぎる登攀をやったために敗れている。……あなたの登頂用キャンプは、ずっと高く上げ給え、サウス・サミットの直下あたりまで。サウス・サミットから先では、多数のステップを刻まなければならないと思うから、最高キャンプをそのように設けない限り、私は成功に大きな期待を決して寄せていない』。ロングスタッフからも同じく、この最高キャンプを、とくに私自身の重大な責任と考えるように、と強く言われていたことだったので、この言葉は、いよいよ最高キャンプの設置をやり遂げる日まで、たえず私の心の中にあったのであった。

遠征計画の基礎はすでに設置された。隊員の選出も終り、この遠征の実施機関もすでに完成されて今や全速力をもって、前途へ突進のスイッチを切るばかりになっている。次の章で私はこれらの準備について語ることにする。

準備2

われわれの準備は目まぐるしいばかりに多忙な時期に入った。どんな細かい点もみのがされないような、また各項目がよく連絡されるような準備行程表が、細心の注意をもって作成され、すべての仕事が、荷物船積みの大詰めに向ってしだいに進められていった。一一月一七日、私ははじめて遠征隊の全員を集めたが、この会合は、以後出発まで、だいたい、月に一回行なわれた。いうまでもなく、隊の準備には各種各様の才能が必要だが、これはまたエベレスト攻撃の際にも、十分生かされなければならない。装備、食糧その他万般にわたる必要物資の調達は各隊員および補欠員の手に分散された。この重大な仕事が、熱心で有能な担当者にゆだねられたのを知って、私は非常に安心した。準備のテンポは、こうしてだんだん速度をましていった。

ワイリーは、装備品全般をひきうけていたが、いまや各種細目の調整に入った。アンソニー・ローリンスンは登山装備をうけもち、助力者のノイスは遠征時も引きつづきこれを担当した。若い有望な登山家エムリン・ジョーンズは進んで準備に参加したが、彼はラルフ・ジョーンズの助けを得て衣類の装備をひきうけ、これはあとでエバンズに引きつがれた。工兵将校の経験があるウェストマコットには、野営関係の装備が割り当てられ、また彼はテント部門も分担した。通信隊の兵役をおえたばかりのバンドは、当然無線電信が担当だったが、ピュウと共にだれもが手を出したがらない食糧の部門をしょわされた。アリポアのインド測候所からの気象通報に注意をくばるのもバンドの仕事だった。われわれはオール・インディア・ラジオとBBCから五月一日以降、毎日気象通報を放送してもらうことになったからだ。ボーディロンは、ストーク・マンデビルの電気医学研究会で研究を重ねられた、試験的の閉鎖式を含む酸素補給器全般に没頭していた。ヒラリーに打電して、寝袋《シユラーフ・ザツク》の発注に助力をたのみ、同時に遠征隊が出発した後には炊事用具係を引き受けるよう依頼した。炊事用具には著名なヒマラヤ登山家のC・R・クックが助力をあたえ、炊事場の諸物品は全部私の妻がそろえた。旅行の手配と写真関係は、グレゴリーの仕事で、ワイリーは庶務係のほかに、シェルパの手配をし、また遠征中は、輸送指揮官の役目をもった。医者のウォードには、医薬および医療具調達の仕事がまわった。その他数々の諸雑品はエムリン・ジョーンズ、ラルフ・ジョーンズ、私の妻が調達した。こうした仕事を、すべて担当者にばらまいてしまったあと私にはなにも仕事が残らなかったかというと、けっしてそうでなく、すべきことは無限にあった。

この準備過程で書いておきたいことは、一一月半ばまでには、各部門ごとにかなり準備が進んでいたことだ。携行食《ラツシヨン》と酸素の準備はすでに着手されていたし、ピュウは、私がロンドンへ帰着して以来、登山食糧の問題に余念なかった。

酸素に関しては、一〇月初めの状況は、まだ満足の域に達していなかった。酸素はわれわれの成功に重大な関係があったので、合同ヒマラヤ委員会は一〇月九日の会合で、その準備に万全を期せられたいという私の懇請を承認した。同委員会のメンバーであり、一九三八年のエベレスト遠征の経験者でもあるピーター・ロイドは、登攀に際して信頼できる開放式補給器の改良と調達を監督し、またこの仕事に対する委員会の責任をもってくれた。その職業からも、またティルマン隊で酸素補給器の係をやっていた点からも、この仕事は彼にうってつけだった。彼は一九三八年の最高到達地点まで酸素使用に成功したのである。一〇月半ばまで、彼は酸素の問題と取り組み、その装置と瓶《ボンベ》の充塡のための特殊な部分を製作する工場の作業を指導し、またケンブリッジ大学の優れた生理学者サー・ブライアン・マシュウズ教授を委員長とする高所委員会との連絡係をつとめた。また私や何人かの隊員の古い山仲間であるアルフレッド・ブリッジが、この重要な仕事のためロイドの手足となって協力した。この立派な老練者を知っていたわれわれにとって、ブリッジが援助に参加したことは、この遠征史上の大きな事件であった。彼の熱意、精力、確固とした信念——さらに彼が従事したどんなことにも、他の者を奮いたたせて協力させる力——はまったく類がなかった。ブリッジは、酸素が発送されるまでは、けっして仕事をやめるような男ではない。彼がわれわれの実際の支援者の列に加わって以来、酸素についてなんら心配する必要がなくなった。ピーター・ロイドの有能な指導の下、ノーマレアのメンスフォース、ジーベ・ゴーマンのサー・ロバート・デヴィス、酸素マスクの製作を引受けたカーディフの肺囊子病研究室のジョン・コーツ博士らの援助により、またブライアン・マシュウズおよびその委員会の経験ある助言により、われわれは遠征に欠くことのできない酸素を十二分に装備することができた。

普通の装備——何百メートルもの「ザイル」、ピトン、カラビナ、アイス・ハンマー、ピッケルなどのほかに、スイス隊がぶつかったアイスフォールやローツェ・フェースの悪場を考えて、普通では使わないような登山道具を用意した。われわれは、普通の山のクレバスとは、桁はずれの巨大な割れ目があることも、またウェスタン・クームの氷がクーンブ・アイスフォールに落ち込み、その傾斜を急激に変化させるようなことも想像していた。スイス隊は、その谷から長い丸太がえられなかったので、巨大なクレバスにはザイルの橋をかけた。彼らは一組のザイルを渡し、「チロリアン」テクニークとよばれる方法で、登攀者とポーターをわたし、もう一組のロープで荷物をひき上げた。この悪場を越えるため、われわれは一〇メートルの軽金属梯子——二メートルの長さに分離される——を用意した。これなら携行や結合に便利なばかりでなく、一つのクレバスから他のクレバスに移すこともできる。これはちょうどアルプスの初期の登山で行なわれた方法に似ている。また、垂直の氷壁につかう一〇メートルの縄梯子は、ヨークシャー・ランブラーズ・クラブの人々が贈ってくれた。

氷の割れ目のことを、ロンドンで論じたとき、一種のカタパルトを工夫し、対岸の氷にしっかり食い込むような錨に、ザイルをつけて飛ばす方法はどうだろう、という意見が出た。そこで、このおもしろい実験が英国地学協会の庭内で行なわれることになった。その装置は一本のゴム・ロープの両端に、とっ手がついているだけの簡単なもので、錨というのは、大きな木製弾丸にたくさんのひっかかりの釘が出ていて、これに長いナイロンの紐がついている。ワイリーと私がとっ手をにぎりながら、約二メートルの間隔で位置につくと、実験者はゴム紐をうしろにひっぱり、それに武器の頭をくくりつけた。二人の足許がぐらつくほどひっぱられた刹那、その飛道具が射出された。それはナイロン紐をひっぱりながら、空中高く飛びあがり、塀を越えてエキジビション・ロードの大通りに出たので、タクシーか通行人につきささりはしないかと心配になったが、幸いなことに、一六メートルも高い木立にぶつかって無事に終った。結論として、あの名だたるアイスフォールやクームはこうした装置では、とうていうまくゆくまいということになった。

しかし、ローツェ・フェースの危険な雪のことを考えて、五センチの臼砲を携行しようと思い、これを雪崩砲の名の下に軍から借りることとした。この小兵器は、その型に似合わずべら棒に大きい音を発するのだが、炸裂によって周囲にひそむ雪崩が誘発されるだろうと思われた。これを使うという考えは、もともと軍人のワイリーと私がいい出したが、同じような方法が、この目的のために、アルプスでも使われているのを知っていた。しかし、この臼砲を持ちこむ許可を申請すれば、ネパール政府に不要な刺戟をあたえ、許可にならないかもしれぬと思った。後日、新鮮な獣肉を獲るため二梃のライフル銃をもっていったときも、ネパールを訪れるわれわれの本当の目的を非常に疑われたのである。

登頂のための補助用具は、このほかにも真剣に考えられたが、結局取りやめとなった。ローツェ・フェースの危険な状態や、サウス・コルへの困難な荷上げを顧慮して、軽い橇《そり》や巻揚機を携行しようという考えは強かったが、巻揚機のエンジンを動かす方法がむつかしく、人力で巻揚げるにしては、その労力が大きく、また橇に適したような地形があまり想像できなかったので、この考えは捨てることになった。もう一つの独創的な、しかしあまり実用にならない構想もまた謝絶された。この考案者は、ゼンマイじかけの銛からヒントを得て、ピッケルにゼンマイを取りつけ、それをエベレストのサウス・コルから一〇〇〇メートル高い、一・六キロはなれた頂上へ射ち上げることを考え出した。そうすれば、固定綱となって頂上まで攀じ登るに便利なばかりでなく、ザイルに発光ペンキをぬっておけば、万一夕闇におそわれても登降しうるからだ。そのうえ、念が入ったことには、烈風が登攀者に危険をおよぼすようなときは、高所の烈風の程度をザイルの動き具合でわからせようとするものだった。

衣類、テント、寝具などはとくに入念にしなければならなかった。烈風や高度によって増大される寒さの影響は、凍傷のような肉体上の障害をもたらすのみでなく、登攀者に消耗を与え、士気を蝕む。それは危険な、目に見えない敵なのだ。この危険と戦うための衣類のデザインは、あの初期のエベレスト登山者が、ツイードの服やフェルト帽や普通の山靴でノース・フェースの非常に高所まで登った時代から考えると、長足の進歩をとげたが、最近においても、細かい点では特殊な衣類の不完全さと共に、まだ相当のハンディキャップがあったことは事実だ。しかも、問題のむつかしさは、その重量を最小にする点にある。われわれは、ケンブリッジの極地研究会を訪ね、多くの構想と有益な助言を得、さらにイギリスおよび外国の製作会社の協力を求めた。

結局、衣服は普通の型に似たもので、そのデザインと材料に改良を加えた。防風衣は、コットン・ナイロンの防風材料を用い、上衣にもズボンにも、ナイロンの裏地をつけた。目方は上下で一・七キロくらいである。上衣には風と雪を保護するひさしのついた頭巾がついている。この防風衣の下に、高所では羽毛服の上下を着る。上衣の方には、防風衣と同様な頭巾がついている。この羽毛服のおかげでたくさんの毛織を減らすことができたが、なお一人に二枚の軽いジャージのスウェターと厚いかぶり式のスウェター一枚を用意した。

ヒマラヤでむつかしい問題の一つは足の装備である。一般に用いられる山靴では、靴底からも上部からも、寒さを通してしまう。非常な高所でさえ雪は融けるから、湿気が足からも雪からも吸収されて、靴は岩のように固くなる。最近のアンナプルナの例を考えて、私は寒さに対し、特別に保護された二種類の靴を準備した。一つは、軽量のきっちり足にあった、アイスフォールをふくむ山の下半部の困難な登攀にむいたもので、耐久性をもたせた。もう一つは山頂攻撃時に極度の寒気から隔絶するようにしたもので、山の上半部にしか用いないものだ。

第一の靴は、重量約一・七キロ、型は普通の山靴とあまり違わないが、上部の革を二重にし、その間に柔毛を入れてある。靴革は凍結しないよう特別な処置が講ぜられた。第二の特殊な高所用山靴の上部は、一番上層がきわめて薄いキッドの革、次に「トロパル」(カポックの繊維をかためたもの)の二・五センチくらいの層が寒気を遮断し、その内側に防水地がはってある。靴底は普通の重いゴムではなく、微粒子ゴムでできていて、軽いばかりでなく、寒気を防ぐにも効果がある。この靴一足の重量は約二キロであった。

次に手の保護はどうかというと、カメラを操作したり、アイゼンを取りつけたり、ピッケルを振ったりするいろいろな手の仕事があるから、これも大切な問題だ。研究の結果、一番上にはめる長手袋は、防風用のコットン地とし、その内側には羽毛の手袋を用いることにした。一番下、つまり手にじかにはめるものとして、ゆるい絹の手袋を選んだ。これは保温を増す以外に、細かい仕事のため、暫時上の手袋をぬいだ場合にも役だつと思われたからだ。

テントの材料を考える場合も、風に対して耐久力がある材料はもちろん、できれば保温と軽量につとめた。高所では、一般に軽量と、はこびやすいことのほか、せまい場所にたてるために、二人用のテントが便利だ。しかし、それより大きいテントの方が、保温力があり適当であると共に経済的な場合もある。シェルパは群居の風習があり、すしづめになって寝ても、不平をいわないことも知っていた。

標準型のテントは、伝統的な屋根型二人用で、両側に突出し式の丸い入口をもち、これをつなげばテント間の連絡が内側からできるようになっていた。その付属品に若干の改良をほどこしたほか、ほとんど新しくしたのは、その布地である。それはコットン・ナイロン地にミストレンの加工をしたもので、実験室と山地でのテストでは非常に丈夫で耐風性があり、また軽いことが証明された。この標準型の「ミード」テントの重量は約六・八キロである。

そのほか、主要なキャンプ地でゆっくりできるよう、一二人用の大ドーム型テント二張を携行することにした。目方は、一つは五〇キロもう一つは三八・六キロで、比較的重いのだが、どれか一つはアドバンス・ベースに張りたいと思った。ウェスタン・クームより上の荷上げの苦労を顧慮して、小型の攻撃用テントを三張準備したが、その中の一つは、南東山稜の最後のキャンプに考えていた。三張のうちの一つは、伝統的な「ミード」型を小さくしたもの、次は新しいデザインでアメリカへ注文したもの、第三は、キャンブル・セコードが考案した菱型の、あるいはブリスター型のものである。この小型のテントの重量は、だいたい三・七キロである。荷物の経費や重量をできるだけふやさぬため、テントの数量はほとんど余裕がないので、各段階でテントを移動させる複雑な計画が、ロンドンですっかりたてられた。

寝袋は、アルプスにおける実験の結果、決定したデザインで、カナダ、ニュージーランド、イギリスなどで製作された。一人の登攀者には、外側用と内側用二枚の羽毛の袋があてがわれる。その表地はナイロンで、重量は全部で四キロばかりだ。空気マットレスは初期の形式に改良が加えられた。各空気チューブ間の間隙からつき上げる寒さを防ぎ、また寝心地をよくするため、空気チューブの層を二重にし、下層のチューブの間隙に上層のチューブがのっかるように工夫された。下層のチューブには、空気をいっぱいにつめ、上層のチューブは少し少なく空気を入れるようにすると、マットレスの表面は非常に寝心地よくなるのである。

無線通信機は、キャンプ間の連絡と気象通報受信の、二つの目的のため携行することにした。第一の目的のため、小型軽量の器械が、数多く遠征隊に提供された。

炊事用ストーブは、特別に重視したものの一つである。高所での看過できない生理的欲求は、相当多量の飲み物を欲することである。だがいろいろな理由で、高所キャンプでこれを得るのは容易でない。まず雪を融かすことからしなければならないが、普通の炊事用具が出す熱量は減退し空費されるから、なかなか時間がかかる。そこで、友人C・R・クックが考案した特殊のアルミニュームの蔽い《シールド》を、プリムスやブタン・ガス・ストーブにとりつけて、炊事容器の周りの蔽いのなかに熱を温存しておくことを考えた。

食糧の問題は、議論のたえぬ問題だ。われわれは軍隊の経験を基にして食糧を準備したが、基本的な食糧としては、二種類の組み合せ携行食《ラッション》を用いた。その一つは、軍隊で通常用いられている「コンポー」携行食と呼ばれるもので、一四人一日分が一包装となっており、山頂攻撃以外の時期に使用する。内容は、ピュウがすすめた食糧に一致するよう、とくに按配された。山頂攻撃用の携行食は、一人一日分の小さい包装で、目方は一・四キロ、高所での特別な要求をみたすよう製造され、アドバンス・ベースおよびそれ以外で使用する。

酸素補給器についていえば、軽いことと、長もちのすることの二点が、基本的な要望である。つまり、新たに酸素を充填する手数はできるだけ避けなければならないし、少なくも最小にしなければならない。基本的には「開放式」の法則によった今までの登山で証明ずみの装置を用いることが望ましい。この装置では、酸素が背中の酸素瓶《ボンベ》からマスクを経て（それからは大気もまた入る）登攀者に流出され、はく息にまじって、周囲の大気中にはき出される。だから、はき出された息の中に残っている酸素は、保存されることなく、いったん吸えば、酸素は減少する。われわれが酸素を不可欠のものと考え、このために、開放式の法則による装置の改善につとめた理由は、フィンチが一九二二年のエベレストでそれを使ってから、酸素の必要とその構造を長い間主張してきた彼の意見を、一部尊重したからにほかならない。R・B・ボーディロンと息子のトムが考案した試験的な補給器は、「閉鎖式」の法則によるもので、これもこんどは持参しようと思った。この方法でなら、登攀者は瓶《ボンベ》から一〇〇パーセントの酸素を吸い、マスクからは空気が入ってこない。吸いこまれた酸素の一部は保存され、また吸われるから、酸素瓶《ボンベ》の「寿命」が相当増大し、瓶を多量に携行する難題がすこしでも緩和される。高所では、まだ実験の域を出まいが、もしこの方法が成功すれば、われわれの仕事が非常に容易になるのは明らかだ。

　酸素補給器の重量の問題も非常に重大で、そのためあらゆる努力がそそがれた。かつてエベレストで用いた補給器に改良を加え、なるべく軽いものにしようとした努力は少なくなかったが、しかもなお、それはかさばって重い欠点が解決されなかった。だが、これはけっしてわれわれの協力者や製作会社の落度ではなく、新しい形式を考え出すに十分な時日がなかったためである。われわれが要求した日限に間に合うよう、これらの全関係者が払ったすばらしい熱意にまさるものが他に求められるだろうか。われわれが重量の点に心配していたことが、その解決に気を配ってくれた多方面の人々にも理解され、いろいろな考案が提出されたが、不幸にも、その提案は大部分、われわれが酸素の使用法と形式の細部を決定したあとからであった。

　実行は不可能だが、ちょっとおもしろい考えとして、大きい臼砲を携行し、酸素瓶をウェスタン・クームからサウス・コルへうち上げたらばどうか、というのがあった。だが後日わかったように、コルの表面は非常に固いから、どんな丈夫な瓶でもきっと爆発をおこすに違いない。だから、コルで瓶さがしのゲームなどにうち興じられると思ったら大まちがいだ。また瓶がうち上げられたとき力がたりなくて、加速度をつけながら斜面を何百メートルもころがりおちて、発射点に戻ってくる場合もあるだろう。次にはまた、こんな考えもだされた。ローツェ・フェースの登路や、さらに南東山稜に、パイプを張って、この中へクームの兵站基地から酸素をおくりこむ。パイプのところどころには蛇口をつけ、疲労した登攀者は、そこで休みながら酸素を「がぶ呑み」する。しかしわれわれは、酸素瓶は重くて不恰好でも、しょって行ったほうがよいと決めた。さらにまた、空中登山をやったという非難を蒙《こうむ》らないように、うまくつめられた水素気球をつけて、酸素補給器の重量をへらす方法はどうか、ということもいわれた。登頂隊の二人が、つまさき立って歩き、足にはほとんど雪がつかないようなこの考えは、膨大な容積の気球が必要なので、採用できないことがわかった。もう一つ別な考案を採用すると、われわれは圧搾空気入りの服をまとって、圧搾器を足に連結して動かすか、それとも体の前面にすてきな小プロペラをつけて風力で廻すかして、ちょうど「ミシュラン」タイヤの広告人形みたいな恰好で、ローツェ・フェースの悪場にいどむ、ということになるわけだったが、これも採用されなかった。これらのものより多少考慮に値するのは、酸素も含めた荷物を空からウェスタン・クームへ投下する計画で、サウス・コルへの投下ももちろん議論された。この考えにたいする研究は、航空省でなされたが、技術的に非常な困難がともなうことがわかった。事実、うまく投下することはきわめてむつかしいので、これを行なう場合は、かならず同じ荷物を二種類用意してかからねばならない。そうでないと、投下された荷物はチベットへ着陸する危険もあるし、でなくとも墜落した飛行機の救出作業に逆に労力を払わねばならぬ恐れもあるのだった。

隊員の会合、委員会や小委員会の会合、多数の熟練者との論議、大陸を訪れてそこのヒマラヤ経験者の意見を求め装備を見ること、ラジオ放送、タイムズへの寄稿、毎日たくさんの郵便、装備品のテスト、挨拶回り――これらの仕事が、一一月から二月まで活潑につづいた。この期間のはじめは、スイス隊が、春のすばらしい結果に成功の終止符を加えようと、ちょうど秋の攻撃をやっていた最中だったので、つのる不安と焦慮の中に仕事をつづけた。準備が相当進捗した今では、われわれの登頂の期待が眼前からはなれることはあるまいと思ったが、だからといってスイス隊が登頂に失敗するということはまったく考えなかった。実際の心配はむしろ装備、食糧などの発注期日であって、今後いろいろな物品が製作され梱包にとりかかるまで、ぎりぎりの日数を確保するために、また、出帆までには膨大な量が梱包されねばならなかったために、その日どりをはっきりきめておいた。一二月一〇日がその発注日だった。こうした事態からヒマラヤ委員会も資金の点で、むつかしい立場にたち、良心的な財務担当者のR・W・ロイドに心配させたこともよくわかるのである。

＊

一二月上旬、私はワイリー、グレゴリー、ピュウと連れだってスイスへ赴き、装備、食糧のテストを行なった。エベレストのスイス隊は、成功したかも知れぬ、というような知らせがあったが、当時でも、その結果はまだはっきりしていなかった。われわれが帰国するのは一二月八日の予定だから、その時には、こんな努力がすべて無駄になるかもしれなかったが、この準備登山の楽しみが減殺されるようなことはなかった。われわれはガストン・レビュファの意見を聞き、また彼に道具を注文するため、一日をパリで過した。彼は前からの私の山友達で、大陸における熱心な支援者であり、またアルプスの一流ガイドで、アンナプルナ遠征隊のメンバーであった。

われわれは実験場として、ユングフラウヨッホを選んだ。それはベルナー・オーバーランドのアレッチ氷河の源頭にある三五〇〇メートルの鞍部で、アイガー、メンヒ、ユングフラウという有名な三山の中の、二つの間に位置し、エベレストの舞台でいえば、これよりはるかに高い三山に関連をもつサウス・コルに比較できると思われたし、結果はやはりそうだった。状態はわれわれのテストにちょうどよかった。

登山電車でアイガーの長い隧道《ずいどう》をぬけ、夏なら遊覧客でこみあうステーション上の台地へ出たときは、ひどい吹雪だった。実験用の幾つかのテントを張るため、膚《はだ》に切れ込む烈風と戦わねばならなかったが、うまいことに、僅か数メートルばかりでヨッホの頂に出た。しかし天候が非常に悪いので、テント設置はやさしい仕事ではなかった。周囲の山々から吹き飛ばされる雪は、われわれのまわりに狂乱し、メンヒとユングフラウは雪雲の中に白々と立っていた。その夜の気温は、エベレストでの気温を想像させるような摂氏零下二〇度に下った。われわれは、衣類、靴、テント、寝具、食糧、炊事用具などのいろいろな種類をテストしたが、あまり数が多くて、短い時日では処理しきれないものもあった。たとえばわれわれは、各自八種類以上の高所用山靴をテストすることになったので、毎日二、三足を出しては、両足に別々の靴をはくようにした。衣類についても、その型や地質が多種多様なのに、着る人間の方が少なかったので、防風衣などは毎日とりかえて、最後にその得失を比べるようにした。同様にわれわれは、テントや寝袋も一つ一つテストしていった。

ヨッホでくらした四日のうち、二日は好晴に恵まれたが、二日は吹雪《ふぶ》いた。晴天の一日、二人はメンヒに登り、雲一つないアルプスの大観をほしいままにした。他の連中はスキーをかってエウィヒシユネーフェルトをつっきり、グロース・フィッシャーホルンの尾根の途中まで遊びに行った。これから先、テストの機会もあるだろうから、今回はあまり無理をしないことに出発の当初からきめていた。だから、状態があまりひどい時は、吹きさらしの小さいキャンプからユングフラウヨッホ・ホテルの屋根の下に居をうつして、くつろいでビールやコーヒーを飲みながら、われわれの装備がこの悪天候によく堪えるかどうかのしっかりした結論をひき出すには、これに限ると思ったりした。この冬のスイス行の経験から、われわれは現地で羽毛服の発注をし、また最後に決定した高所用山靴に合う特殊のアイゼンを、グリンデルワルトへ手配することができた。

ユングフラウヨッホを去る前の晩、エベレストのスイス隊は、数週間にわたる酷烈な状態の中で頑張りつづけたが、ついに攻撃を放棄した、という電報をうけとった。いよいよエベレストへ行くわれわれの番がやってきた。そして準備をつづけるかやめるかわからないような不確定な気分が終りになったことを心から喜んだが、あのすばらしいスイス登山隊に、ことに一年に二回もエベレストに堂々と挑戦した人々に対して讃仰の念を抑えることはできなかった。後日、エベレストへ行って、私もまた今年の秋に再びエベレストへ向わねばならぬかもしれぬと思った時、正直のところあまり嬉しい気がしなかったことを告白する。そしてその時、私は二度の攻撃を敢行したシュバレー、ランベール、テンジンらの精神を高く評価せずにはおられなかった。

ロンドンへ帰って、まずやったことは、手控えていた装備の発注を「解除《オール・クリアー》」したことだ。手紙や電報が、この手順を簡単にするため、イギリスを出発する前すでに準備されていたのである。さらに、テストを行なった装備品の製作会社の代表を招き、その結果を発表する重要な会合が持たれた。クリスマス休暇の余裕を残して、製作の期間は梱包にかかるまで、約一カ月しかなく、納入の最終日を一九五三年一月一五日ときめた。

一月中旬、われわれ隊員および補欠員は、ノース・ウェールズのヘリイグにあるクライマース・クラブの山小屋に集まった。これはわれわれが、お互いによく知り合う絶好の機会であり、また天候にも恵まれた。ボーディロンの希望は開放式の各種の携行装置を試験することだった。彼自身は、すでに閉鎖式の実地試験を何回となく行なっていたが、今回はバンドと共に暖かい一日、それを携行してスノードンのナント・グワイナントを登った。その結果、バンドは、相当の精神力を必要とするというので、私は小屋の近くをすこし登りながらためしてみると熱と不快ですっかりまいったが、ボーディロンは、この装置は厳寒時用だとさかんに弁解した。もっともそれは、一月には珍しく陽が照った日であった。

ともかく、それは非常に恵まれた機会だった。私はその時、エベレストに拮抗する時がきたら、われわれはきっと力強いチームになると思ったが、後日それはまさにその通りになった。また補欠員は、万一隊員に故障でもおきたときは、十分その代役がつとまるということもわかった。

そうこうするうち、活動の中心は逐次ワッピング・ウォールにあるアンドリュー・ラスク商会の倉庫に移り、そこで梱包作業が有能なスチアート・ペインの手にゆだねられた。装備品は年頭から確実に入庫され、約束の期日までには、ほとんど全部が納入されることになった。期日に遅れてはならない理由が十分しめされたとはいえ、各社からうけたこの驚異的な協力は、最高の賞讃に値しよう。エベレストにそそがれたこれらの援助は、まさに熱情そのものであった。

私はエバンズ、ラルフ・ジョーンズ、ノイスの三人に暫時梱包作業を監督するようたのんでおいた。そこで彼らは、荷物全部が集積される前に、梱包を忘れたり、しなおしたりしないよう、入念な梱包計画をたてた。梱包ケースは、クーリーの負担量である約二七キロにあうようにつくられ、梱包が開かれる登山の過程にしたがって印をされた。このすぐれた処理方法は、隊員のうち、少なくも二人は、どこに何があるかを熟知していたことと相俟《あいま》って、あとで非常な効果があった。われわれの成功に寄与した多くの仕事の中でも、装備品の梱包は非常に優秀であり、その水準はきわだって高かった。また山へ行ってからまちがわないように、衣類に一つ一つの名札をぬいつける面倒な仕事をしてくれた私の妻やグッドフェロー夫人、モウブレイ・グリーン夫人のことも忘れることができない。

ウェールズでの酸素補給器のテストから戻った直後、われわれはファーンバラへ行って、航空研究所の低圧実験室で酸素のテストを行なった。当時私は、ひどい風邪をひいて実験をやるに適さなかったが、八八〇〇メートルとほぼひとしい気圧室で、仲間の何人かが次々にマスクをはずすと、おもしろい表情をしているのを小窓からのぞいて、非常に参考になった。ピュウなどは見ている方がこわくなるようだった。彼は、酸素が足りないため舌を長くたらし、マスクの考案者で実験に立ち会ったコーツ博士に、マスクをまたかける必要なしなどと、いいはった。ともかくこれは、予想どおり酸素欠乏症、つまり酸素不足の悪影響がどんなにおそろしいかを知るには、よい経験だった。

酸素は、われわれの出発後、別個に輸送する予定だった。うまく間に合ったとはいうものの、補給器の製作にとりかかったのが非常に遅かったので、練習期間に必要な分量だけが二月二〇日までにやっと間に合った。イギリス空軍が飛行機でインドまでそれを運び、またインド空軍がデリーからカトマンズまで積んでくれたことは、感謝のほかはない。最初に空輸された重量は九〇七キロだった。第二回の空輸は重量一三六〇キロで、攻撃計画に必要と算定された分量なのだが、これは同じ方法で一カ月後に送られることになった。私はグルカ隊の将校で、豊富なヒマラヤの経験者であるジミー・ロバーツ少佐に、この空輪をカトマンズで受領して、チアンボチェまで護送されたいと依頼した。全計画をくるわせないためには、四月一五日までに彼はチアンボチェに到着していなければならない。発送は万事ブリッジの信頼すべき手にゆだねられた。

私はまたスイス隊が、ネパールから帰国したら、できるだけ早く会いたいと思った。一月二五日、チューリッヒで会合の段取りができたので、エバンズをつれて二四時間の訪問にでかけた。われわれはスイス山岳研究財団のフォイツ博士に心から迎えられ、秋の遠征隊長シュバレー博士や、春にテンジンと最高到達点まで登ったレイモン・ランベールその他の隊員と会った。彼らはその装備を全部見せてくれたし、なんの隠すところなく、その知識と経験をわれわれに「引きわたし」てくれた。彼らの話の中で、とくに重要かつ緊急の問題が一つあった。それはランベールが写真上で指示した山の高い地点に酸素がつまっている瓶を残してきたことだ。もしこれがうまく発見できて、その口を開けられたら、われわれ自身の酸素に加えて非常に有効なものとなるだろう。スイス隊の援助で、彼らの補給器を製作したリューベックのドレーガーというドイツ会社とイギリスのノーマレア社の間に、さっそく交渉が成立し、われわれの攻撃用酸素器の製作にとくに関心を払っていた同社長エリック・メンスフォースが直接中に入って、ピーター・フィットのリューベック派遣後には、アダプターがものすごい早さで製作された。そして数カ月後、われわれがこのすばらしい仕事に大いに感謝するような時がきたのである。

本隊の乗船日が近づくにつれて、われわれ隊員および支援者の多忙な準備作業は終止符をうたれた。彼らの努力が克明に記録された装備食糧目録と梱包一覧表とは、何にもましてこの作業の跡を物語るものである。われわれを助けたアン・デベナムとエリザベス・ジョンソン、まだ自らすすんで援助に加わったビル・パッカードとノーマン・ハーディのことをここに記しておきたい。また補欠隊員の一人であるジャック・タッカーは、暫時ワイリーに代って働いてくれた。

しかし、もう一つしておくことがあった。スイス隊は春の登頂に失敗したとき、時日を空費することなく、その年の秋の攻撃を目ざして二度目の遠征を考えていた。だがこの決定がなされたのは六月だったから、秋の隊が、エベレストへ向ったときはだいぶ遅くなっていた。つまり、ウェスタン・クームの上部に根拠をかまえたときには、山上には冬の嵐が吹きあれて、成功の望みは非常に少なくなっていた。彼らは精神的苦痛の酷烈な状況によく頑張ったが、ついに山頂に肉薄する機会は得られなかった。われわれもスイス隊と同様、この一年を通してエベレスト地域へ入る許可をネパール政府から得ていた。だから春の攻撃に失敗したら、攻撃はモンスーン後に引続いて行なわれるように、合同ヒマラヤ委員会では決定していた。そしてポスト・モンスーンの好機をつかむためには、われわれの隊がネパールへ行っている留守に、その登頂の成否にかかわらず、秋の攻撃の準備をしなければならなかった。このためには、その資金もまた一部残しておく必要があった。

インドへ出発する直前、私はもしモンスーン後の攻撃が避けられない場合、隊を補強するための増員や荷物のことをあれこれ考えてひとときを過した。そして送り出される新しい隊員の数や主な装備、食糧のこと、そうした場合の日取りのことなどいろいろ想像して、この準備をすべてエムリン・ジョーンズに託することとした。彼はワイリーに代って組織委員をやり、また増強員の一人になるはずである。彼はおしくも今次の隊員選考に入らなかったが、補欠員では、第一位だった。エベレスト遠征の仕事にさいして、彼がはらった寛大と没我の精神は、われわれの成功を祈り、再起を確保してくれたことと相俟って、賞讃措く能《あた》わぬものがある。

出発直前、合同委員会のロイドにつれられて、バッキンガム宮殿を訪れたことは、私にとって忘れられないことだった。さきに今次遠征のパトロンを快く引き受けられたエジンバラ公殿下に対し、われわれは遠征の目的とその見通しを、こまかく申し上げた。この遠征の精神と行為に高い価値を認められる殿下が、われわれの行動に深い関心を払っておられるのを知ったことは、一行にとって限りない勇気をあたえるものであった。

第三部　前進

ネパールへ

一行の、インドまでの旅に対しては、二月一二日出帆のストラスデン号が用意された。隊員のうち二人は、あとから飛行機で発つことになったが、一行よりもずっと早く着いて、一行のインド通過、ネパール入国、その他はじめに必要な仕事などについて、諸準備を整えることになっていた。

当時われわれの基金は、潤沢ではなかったが、一行の大部分を船で送ったのは、費用の節約だけがその理由ではなかった。一行のうち数人は、数カ月つづいた周到な準備その他のために、非常に疲れていたので、心身ともに休養が必要であった。この休養をうるには、航海中に、嫌でも得られる安息を利用するより他に途はない。空の旅はいろいろな点で有利だが、イギリスでの事務机や労役を離れてから、次にインドやネパールで、われわれを待ちかまえている多くの新しい仕事にとりかかるまでの間に、まったく休息をあたえてくれない。また、なによりも大切なことは、私の考えだが、航海中の生活が、なんの不愉快も緊迫もない理想的な状態のなかで、みんなをチームへとおちつけてくれることだった。

本隊に加わらなかったのは、ボーディロンとピュウの二人だった。ボーディロンの閉鎖式酸素補給器の仕事が、発つまでには終りそうもなかったし、ピュウは医学研究協議会との別の打ち合わせがあった。出帆のすこし前に、私は骨髄腔感染で手術を受けたので残念ながら航海を断念し、その月末に飛行機で発つことにしたが、ボーディロンと同行できるのはうれしかった。

いよいよ出発も迫った時、今度の遠征に対して、世間一般の関心が非常に大きくなっていることがわかった。一行のうち、ある人たちは、放送にあるいはテレビジョンの番組に加えられた。講演、新聞関係者とのインタビュー、タイムズへの寄稿などの仕事があった。隊員中の六人がティルベリから船出する時にこれが絶頂に達した。というのは、ＢＢＣ（英国放送協会）と新聞記者たちの砲火を、一時間半にわたって浴びたからだった。私は不在で、この苦行を脱れたが、別に残念とも思わなかった。そのかわりワイリーがこの激しい攻撃をまことにたくみに引受けてくれたのであった。

本隊の無事出航と共に、二月二〇日に、エバンズとグレゴリーとが飛行機で、先発隊として発った。ボーディロンと私とは、その八日後に、そしてピュウが最後の三月一日に出発した。かくして遠征隊は、旅の途中にあったが、そうしているうちに、ヒラリーとロウもまた、ネパールでの集合地へと地球の反対の側から近づいていた。船で行ったロウは、ボンベイに先着して準備を整え、イギリスからの本隊の受入れに間に合うようになっていた。ヒラリーの養蜂の仕事は、ちょうどこの頃が忙しい季節だったので、三月の初めにカルカッタ経由カトマンズまで飛行機によった。海、鉄道、空の旅、そして最後は徒歩という一行の種々様々の旅がネパール王国の首都カトマンズへと集中した。

Ｐ＆Ｏ汽船会社とＢＯＡＣ（英国海外航空会社）によって、旅行も円滑に行なわれるなど、非常な好意を受けたので、旅行についての数々の面倒をまぬがれることができた。インドでは、たいへんヒマラヤン・クラブの世話になった。私自身このクラブの会員なので、インドからネパールに着くまでの間の、いろいろの問題をことごとく、クラブの手腕に託したほど、その親切に甘えたのだった。インド旅行中、各所で、このクラブの会員、インド駐在のイギリス高等弁務官、ビルマ・シェル石油会社の役員たちの親身なもてなしをうけたのであった。それらすべての人々を、われわれはまことにありがたく思っている。

三月三日にボーディロンと私とは、ネパールの密林丘地、タライの上空を、その先の開いた谷あいへと飛んだ。飛行機が最後の山稜の上を掠めて飛んだ時に、高峻なヒマラヤの山々がはるかかなたに展開するのを見た。何キロとなくこれら遠隔の山々は、前面にはだかる山稜の褐色と緑色のかなたに、鋸《のこぎり》歯状《ば》に眩《まぶ》しいほど純白な背景をなしている。われわれは数えきれぬいろいろの山頂を、登頂された最高峰アンナプルナと、間もなくわれわれが攻撃しようとしているエベレストとの間に眺めることができた。

つづく数日のうちに、空の旅の連中も、三月の第一週の終りに本隊と合するため、この魅力ある首都カトマンズに到着した。彼らはインドの国立医学研究所のジョージ・フィンチ教授の、きわめて懇切なもてなしをうけることができた。フィンチ教授こそは、イギリスの登攀者たちがエベレストへ最初にまみえた頃の目ざましい登山家の一人なのである。この人々の旅行の後の部分は、われわれのよりもいっそうあきあきするものだった。というのは、面白味のない長い旅がボンベイから次々に続く汽車、それからさらに下落して、われわれの山と積まれた荷物の上に坐るトラック、そして最後にネパールへの入口をふさぐいくつかの山稜を越える三〇キロの旅が含まれていたのだった。インドでの気温は、その季節にしては格別に暑かった——日蔭で華氏一〇〇度をちょっと下ったところ——熱気と塵埃《じんあい》の中で、彼らは四七三個、七トン半の重量の荷物を船から汽車へ、大型の汽車から小型の汽車へ、ネパールの小型の鉄道からトラックへ、終りには南部ネパールの道路の起点から索道による運搬、そしてカトマンズへと、数々の高い山稜を越す行程で、これらの積みかえごとに荷物に注意する心労を味わわなければならなかった。

迅速をはかることに大いに努力はしたが、荷物はやっと三月八日になって索道の終点に到着した。ちょうど前進予定日の一日前であった。出発を二四時間延ばすことにしたところだったが、その期日に発てるかどうか、まだ疑問だった。渓谷へ入る山稜へかけて、新しい道路建設に従事していたインド工兵の分隊から、多大の援助を受けた。またネパール軍隊はバドガオンの町で、その区域の中にわれわれの荷物を置く場所をきわめて親切にあたえてくれたのだった。カトマンズから東方一三キロにあるこの地で索道から降し、ただちに荷物を輸送する手配をしたが、これによって、まる一日の行程を節約して、やむを得ず失った時間の取り返しができるのであった。

こういう間にも、一行はネパール駐在のイギリス大使クリストファ・サマヘイズとそのスタッフから打ちとけた世話を受け、たいへん慰められた。サマヘイズ氏は三年も続いてイギリスの登攀者たちに、エベレストの山頂を終点とするこの長途の旅行を援助したのであった。外交上の手続、宿泊、輸送などの配慮、われわれの手紙類をエベレストおよびイギリス両方面へ発送する仕事などで、一等書記官のプラウド大佐をはじめ、カトマンズのイギリス大使館の全員が、われわれの最後の勝利に対して非常に貴重な役割を演じたのである。

大きな遠征隊が出発する際、その最後の見送りのようすいかんは、強く記憶にのこるものだが、友情に満ちた温かい出迎えを、やがて帰還に当ってても受けるだろうという期待が、高峻な山での、きびしい間にも折にふれ心に浮んで、幸福な思いを抱かせるものと同じように、われわれは、おそらくこれ以上の送別と歓迎を求めることはできなかったろう。

　ワイリーは輸送指揮官として骨の折れる任務につくため、ストバートと共にボンベイから飛来した。二人は幸運にも、ロンドンで遠征隊のために大いに働いたB・R・グッドフェローとカルカッタまで行を共にした。ワイリーは、カルカッタを通過する時、ヒマラヤン・クラブ会長チャールズ・クローフォドの懇切な配慮を受け、またジョージ・バンドに代って、アリポア測候所のムル博士に会って気象通報について打ち合わせをした。

　ヒマラヤン・クラブには、高所用の最優秀シェルパ二〇名を選んで、三月の初めにカトマンズに到着するように手配を頼んであった。

　これらのシェルパは、東部ネパールのソラ・クーンブを家郷とする山人である。もとはチベット系であって、言語もチベット語に非常によく似ている。体軀は小さく、生れながらの山岳人の性格を持っている屈強な男たちである。彼らの多くのものは、インド領ベンガルにあるダージリンへ移住していて、ヒマラヤン・クラブの奨励により、外国からのヒマラヤ遠征隊の荷を運んで生計を立てている。イギリスの一九二一年エベレスト遠征にはじめて傭《やと》われて以来エベレストのどの遠征にも参加している。快活で忠実、勇気があり、非常に艱難《かんなん》に耐える。雪と氷の登攀者として熟達の域に十分達しているものも少なくない。この事実はヒマラヤン・クラブによる「タイガー」バッジで認められてきた。彼らは山でのすばらしい仲間である。

　これらのシェルパが、われわれの荷物をウェスタン・クームの頂へ、またそこからサウス・コルへと運びあげようとする人々なのだ。そしてこれらの中から、選ばれた六人が、山頂へ向う登攀隊のために、とくにとっておきの一隊として残されるのである。シェルパの連中は予定通り三月四日に到着した。すでに人々にはその名のきこえているテンジンが首領《サーダー》として加わっていた。テンジンのヒマラヤにおける登攀の経験、ことにエベレストとの間柄は、稀《まれ》に見るものである。若いポーターとして最初に参加したのは、一九三五年のエベレスト偵察遠征であった。爾来《じらい》エベレスト遠征にはほとんど欠かさず加わっている。今回われわれの登攀隊員の一員となった時、彼は三九歳で、六回目のエベレスト訪問であった。エベレスト以外に、彼は数々の大きなヒマラヤ登攀に参加している。著名なのは、一九五一年のフランス隊のナンダ・デビ遠征であって、その東峰に登っている。彼のすばらしい手腕をもって、一九五二年には、スイスの山案内人ランベールと共にエベレストの南東山稜を、頂上をさる三〇〇メートルの地点まで登っている。こうしてテンジンは、その民族中の第一流の登攀者であるばかりでなく、世界的標準での登山家たる地位を得たのであった。

テンジンに会うまで、われわれは非常に心配をしていた。一九五二年の苦しい経験、ことにランベールと晩秋のサウス・コルで苦闘したため健康を損っていたので、はたして今回、われわれと行を共にできるほど元気になっているかどうかを、大いに懸念していたのだった。ところが、まだ回復期にあったのに、お役に立ちたい、そしてせめてアイスフォールの上部まででもと私に手紙をくれたのだった。まさに、彼の熱意と意気を語るものである。大使館の庭で会った時には、少々痩《や》せてはいたけれど、もうすっかり回復しているようだった。いずれにしろ、彼自身の健康についても、自分が演じようとする役割についても、いささかも自分を危ぶんでいないことは明らかであった。われわれはたちまち親密な友達となった。テンジンの単純、そして快活さに、われわれは大いに引きつけられ、そのサーダーとしての威信がたちまちわれわれの印象に残った。

ダージリンからのシェルパたちの中には、かねて評判がよく実際そうみえる連中がいた。シェルパは、集団の生活を好むのだが、そのいでたち、ことに着物の好みについては、まちまちである。その朝、われわれの点検を受けるために行列した時は、色とりどりの眺めであった。大部分のものは、前に参加した遠征で手に入れた揃いの服を着用していた——緑色のベレー、水色のスキー帽、バラクラバ（耳覆いの頭巾）、明るい色のスウェター、特大の登山靴など。

シェルパのうち、ある者は前からのなじみで、とくに呼ばれたものだった。料理人のトンデュプは一九五一年のニュージーランド隊と昨年のチョー・オユー登攀に加わっていた。他の連中よりは年もとっていたし、登攀に馴れてはいなかったが、シェルパ隊の保健や士気のうえからも大事な男であった。トンデュプの助手キルケンは今度の遠征隊員の数人に知られていた。彼はボクシング選手のような顔付の手ごわいようすの男で、大きな笑顔をみせるダ・テンシンとアヌルウとは兄弟であった。二人ともチョー・オユー隊では、はなはだよい印象を残している。ダ・テンシンは九つ年長だから四〇歳くらいだろう。弁髪、すらっとした体軀であったが、威厳があり礼儀ただしく、かつ魅力のある種族の年長者にふさわしい貫禄をそなえていた。彼は遠征の仕事で何か見習修業になる役でも与えられたらと望んで、ミンマという息子をつれていた。アヌルウは気さくで快活で、そして粗野な感じの男だが、最近あの特徴のあるシェルパ弁髪をやめ、昨年の遠征では「ジャングル型」からこざっぱりした「西欧風」の男に転身して仲間を驚かしたのだった。二人とも登攀経験は長くはないが、将来を約束されているといわれている。次に無口で、ちょっとえたいのわからないアン・ナムギャルはレコード・ブックに証明されているように大きな功績を持つ「タイガー」であった。また彼と似た名前のダ・ナムギャルは、スイス隊に加わって一九五二年春季、サウス・コルへの精根つきる歴史的な登攀で輝かしい奉公をしたのであった。彼はその秋の遠征に再度加わり、ローツェの山面での事故で怪我をした。もう一人の第一級のシェルパ、ミンマ・ドルジが落ちてきた氷塊で死んだのもこの時であった。パサン・プタールⅡはからだの大きい剽軽《ひょうけい》な、あけっぱなしの気質の男で仕事に趣味を持っていた。小ゴムプはいつも微笑をたたえ、無邪気で育ち過ぎた学童みたいだった——事実、彼は僅か一七歳である。サーダー・テンジンの甥《おい》にあたり、両親は僧侶と尼僧である。彼は最近エベレストの北側にある修道院での修行をやめたのだった。まるまると太ったからだを見ていると、これから高所での活躍に適した男になれるとは、およそ思えないのだが、テンジンは、自分で面倒を見ているこの少年を大いに支持していた。このほかにいろいろの連中が傭われたいと進んでやってきた。にやにや笑い、はにかみながら会ってもらいたいと大使館の庭へ集まってきたのだった。ソラ・クーンブに着いた時、全体としての必要人数がまだ数人足りず、ことに高所班でさえ足りなかったので、さらに他の者を加えなければならなかった。それで、シェルパ隊の手配には、優れた手腕のあるヒマラヤン・クラブの在ダージリン書記、ジル・ヘンダスン夫人を頼り、さきにアヌルウをナムチェ・バザールへ派遣したのだった。アヌルウは、われわれがロンドンでたてた計画通り、アイスフォールで荷上げをするに必要な一四人の土地の者を選抜して戻ってきたばかりだった。

ヒマラヤ遠征を成功させるには、登攀者とそのシェルパとの間に、非常に密接な理解を作りあげるということがきわめて肝要である。ここで起るのは、言語問題の困難である。というのは、シェルパの言葉はソラ・クーンブ以外では、ほとんど話されていないからだ。ただし、シェルパのたいていのものは、ネパール語を幾分知っている。ことにグルカと関係のあった連中は、なお広くこの言葉に通じている。ダージリンに住んでいるシェルパは、インドの国語であるヒンズー語をききかじっている。この点ではわれわれは恵まれた。というのはワイリーは、ネパール語が達者だし、エバンズ、ウェストマコット、ノイス、それから私も、従来インドに縁があったのでヒンズー語を知っている。他の連中は、航海中、さかんにワイリーが船上で開いたクラスでネパール語の勉強をしたのであった。シェルパたちに、かなり多くのシェルパ族の女がついてきた。彼らの妻や恋人たちであるが、彼女らの家郷クーンブへの旅に、荷担ぎとして傭われたいといってやってきたのだった。私は喜んで承知した。それはわれわれの一座に色彩と陽気な気分を添えるばかりではなく、女たちは、男たちと同じようにしっかり荷を担ぐからだった。

三月九日はエバンズとノイスの率いる輸送隊が荷の分類、梱包手配、行進に必要な装具や衣服の取りだし、手助けにきた連中の指揮などでバドガオンが大活況を呈した日だった。

ワイリーはチアンボチェまで、一七日間の旅の荷物のためにクーリーの一小部隊を編成するやっかいな仕事に取りかかった。ここの僧院はかねて地図を調べたうえ、第一ベース・キャンプ地として選んだ場所で、そこを基地として現地練習の初期のプログラムを行なうのである。バドガオンの広場に荷物を下すと、時を移さず、ワイリーは三五〇人ばかりの、その土地の者を担荷夫として招集した。これらの者は、合札と前渡金を受けとるため、全部支払帳に記名される。

荷物は予測よりもはるかに多くなりそうだったので、二四時間の間をおいて、二つのキャラバンを出すことに決めた。一行の行く路は狭く、一列でなければ進めない。だんだん高低が多くなるにつれて、隊の「尻尾」を短くすることが、一段階から次の段階へ移るとき、とかく、だらだらと出発がのびないようにする唯一の方法である。隊を二分するのは残念だった。相談もあるし、やっかいなことを処理せねばならぬこともあろうから、この行程の間チームとして行をともにせねばならぬと、イギリスを発つ時から気にしていたが今なお同様であった。それに、今後の計画では、現地練習に取りかかると、たびたび隊を二つにする必要にせまられよう。われわれは、ここで、初めて完全な一パーティとして集合したところだ。隊を二つに分けて行進する不利をすこしでも減らすためにこの三名以外は、第一キャラバンとともに進むことにした。

先のエベレスト隊の例に従って、グルカ旅団から五人の下士官の志願によって、ワイリーのやるクーリー大部隊の編成を援助してもらった。この五人は、カトマンズでわれわれに合流し、第二キャラバンと同行した。

会計事務も大きな心配事であった。この大量な荷物の行列のために、それに遠く文明社会から離れている旅の間に予測される、このほかいろいろの費用に備えて、遠征隊の会計をつかさどる私は、旅行中の支払いのために莫大な資金を引き出して持って行かねばならなかった。ネパール盆地では、そうではなかったが、地方の住民たちが、薄っぺらな紙幣での支払いを拒むことは承知していたので、われわれは、資金の半分はネパールの硬貨で持って行かねばならなかった。この非常に重い、かさばった荷を入れて運ぶために、適当な箱をみつけることで大いに苦労した。またこれを運ぶだけに一二人のクーリーを必要としたのだった。

このような多忙な活動に加えて、社交上の仕事があった。われわれは、ネパールの国王とインド大使からきわめて親しいもてなしをうけた。イギリス大使館ではまことに楽しいリセプションが準備された。私はネパールの多くの役人達のところへも挨拶まわりをした。その中には当時、国王顧問会議の首席顧問官であったカイザア将軍も含まれている。その邸宅を辞去したときに、彼は三つの小さなネパール国旗を渡し、そのうちの一つを山頂まで携行してもらいたいと言った。これは、彼の側として、われわれへの信頼を示すこまかい心遣いの表現であった。われわれが、彼の希望にそいえたことは、うれしいことである。

このように多忙をきわめてはいたが、心をとらえるような四囲の風物を見逃しはしなかった。ネパール盆地は、一二〇〇メートルを越える高所にある幅の広い肥えた平原である。森林の高い丘に取り巻かれ、その北方の果てには雪の山々が人を焦らすようなようすで顔をのぞかせている。やっと一日を割いて、近くの展望台シェオプリへ、さらに大きい山々の展開した眺めをえたい、と思って登って行った。その日は曇天だったが、シャクナゲのうるわしい深紅の色が、さらに淡色のも少なくなく、結構われわれの旅を慰めてくれた。近くのネワルの藁ぶき屋根と、卵色と白色でさっぱりと薄く塗られた壁にもみとれた。見おろす平野では、農夫たちが穀物作りの用意にいそしんでいた。それを眺めているうちに、自分たちは、これから、この広い身近な感じのする丘をいくつも越えてチアンボチェまで長い旅を楽しもうとしているのだ、と身にしみてきた。

三月一〇日は、第一キャラバンの出発の日だった。私は、第二キャラバンがいささかの滞りもなく出発するのを見届けるために残ることにした。それから二行程を一日で進んで、第一隊に追いつこうとするのだった。われわれは全員バドガオンまで見送りに行った。まさに印象深い光景であった。人々の興奮はあたり一帯に渦巻いた。数百の人々が、あちらこちらに忙しく立ちまわり、担荷の用意にわいわい言っている。この隊について行ったのは、ワイリーとテンジンとであった。テンジンは、また幾人かのシェルパを伴っていた。大規模な行進が、これから始まろうとしているところだが、完全な秩序の空気がただよっている。ワイリーとテンジンとが、この見事な組織立った出発にあたって、われわれに手間をかけさせまいと、すばらしい仕事をなし遂げたのだった。誰も彼も意気が揚っていた。そして、陰鬱に閉ざされていた天候もいまやこの気分を反映して明るくなった。

新聞記者や、見物人が見送りにやってきた。そして、クーリーの長蛇の列が東方を指して町から動きだす時、カメラは盛んに活躍した。担荷はだれも標準の二七キロであったのだが、ある者はものすごい恰好に見えた。さらに恐ろしい化物は、ちょうど棺のような大きさのぴかぴか光ったアルミニュームのトランクであった。この中にピュウの控え目な用品がしまわれている。それをクーリーたちが尊敬して扱っているのが愛嬌であった。この荷を四方からの反対や、からかいにも屈せず、アイスフォール下方のベース・キャンプにまで運んで行くと固執したのは、まったくピュウの手柄であった。

その朝おそく、私は一等書記官のプラウド大佐および第二キャラバンで行く他の隊員三名といっしょに、イギリス大使館へ戻った。そしてほっとした気持で何度か溜息をついたのだった。われわれはついにエベレストに近づく最終の段階へ到達した。――計画と準備とがいよいよ行動へ席を譲ったのである。

クーンブへ

甘美な地ネパールを通って、のんびりと旅を進めたい。今春、澄み渡った美しい日々をぶらぶらと行った歩みにつれて、私のペンの運びにも、ゆっくりと時をついやしたい誘惑にかられる。しかも、この魅力のある土地を、どんどん歩いて、読者をひっぱって行ってしまうというのも、まったく私がエベレストの物語を限られた短い時間と語数とで語らねばならないからだ。ロンドンにいた時、こんどの計画のうち最もやっかいな部分に直面するまでには、三週間の期日が必要だと思い、焦躁の気持にかられていた。一七日の旅を前途に控える今、この田舎の単純な美しさと、また書類の上の仕事の苦労と焦躁からのひと時の解放によって、かようないらだつ気持も消え去った。それは幾カ月もの間味わわなかった安息の期間であった。われわれの行程は、細心に計算されてあったのだし、この長いクーリーの列では、やれたとしても、強いて速度を早めようと計ることは考えられなかった。われわれは、みちみちの風景を心ゆくばかり観賞したし、また鳥類にしろ、花や昆虫類にしろ、それらに対するめいめいの興味にふけることもできた。そしてお互いに旅をともにしている喜びを味わった。私は前途に待ちかまえている苦難の見通しを自覚すればするほど、いっそうこの幸福な現在を意識したのだ。少なくとも私自身はそうだった。

一行は東進したのでヒマラヤから発する流れを横切って行った。深い渓谷を降ったり、泡立つ奔流や沼地や早い流れを越して、かなたの山際へと、ネパールを斜めに進んで行ったのだ。広々とひろがる山腹をかなたに延々と眺め、広大な豊かな土地に安らかな住家が点々としているこの大きな国――、ネパールの土地は、暖か味と親しい感じのするところである。一行はみちみち土地の人々にも、大ぜい会った。娘たちは大きな耳輪、ガラス製の飾環、赤いガラス玉の首飾りで色とりどりだったが、男は、土地の気候にあうように短くかり込み、単調な貧しい服装をしていた。分水嶺を越すと美しいシャクナゲの地帯へ出た。シャクナゲの節くれ立つ茎に咲く花は、高度の高まるにつれて深紅からとき色に変り、三〇〇〇メートル以上では白や黄であった。森林帯には木から落ちた白木蓮の強い香りの花びらが散布されている。コザクラが通路を飾り、ヒマラヤの鳥の生活は終始驚異の種であった。ミツスイ、緑青色のきれいなヒタキ、シジュウガラの一種、ベニサンショウクイなどの、羽根の宝石のような美しさをなんと書き現わしたらよいものだろうか。いや、その名前を聞いただけでも、このエキゾチックな色彩を魔法のように思い出させる。ストバートとグレゴリーは、これらの生態を写すのに忙しかった。毎日二人は、進路にそい、好適な場所に身をかまえては印象的な場所や、前進するキャラバンのいきいきした姿を写した。みちみちの住民、その単純な生活を見るのも日々の楽しみだった。山腹に人力だけで掘られた狭い長い段道、二七〇〇メートルの山稜にできるジャガイモ。――この山地の開墾方法は、私の家郷ウェールズの境界で見られるのと同様であった。干草の大きな束を木の枝の上に置いているのは、私には珍しかった。土地が移って行くごとに、民家のようすも変ってゆく。ある土地ではちょうどアルプスの各地で行なわれているように、小割り板の屋根ぶきの上に大きな石がのせてあった。他の土地では大きい平石を屋根ぶきに使っているのを見た。われわれはよく急流で自分の衣類を洗濯した。澄んだ水、この早い季節には、流れはまだ氷河からの沈泥で濁ることもなかった。

いつかこの急流で、危うくエバンズを失おうとしたことがある。エバンズとヒラリーと私とがある朝、リクウ・コーラへ水浴に行った時、エバンズは着物を脱いで大きなよどみへ勢いよく飛び込んだのだが、急流に引き込まれて見えなくなったのには愕然とした。すぐ彼は浮び上ってきたが、なお困ったことには、水中にかくれた岩にひどくぶつかり、再び泡立つ水の下に吸い込まれていった。瞬間の出来事だった。われわれがまさに救助に取りかかろうと身構えた時、彼の薄茶色の頭が再びあらわれ、たしかに無きずで、対岸へ泳ぎ着こうとしていた。――救われたのだ。まさに九死に一生、皆の胆を冷やした瞬間だった。

東方へと旅を進めるにつれて、大きな峰々が今までよりもいっそうすばらしく身近な姿で現われてきた。私は第五日目に、そこから、北方の驚嘆すべき展望に接しようと二五〇〇メートルの峠を丹念に登って行ったことをよく覚えている。ガウリ・サンカールの巨大な山群、その中での最高峰メンル

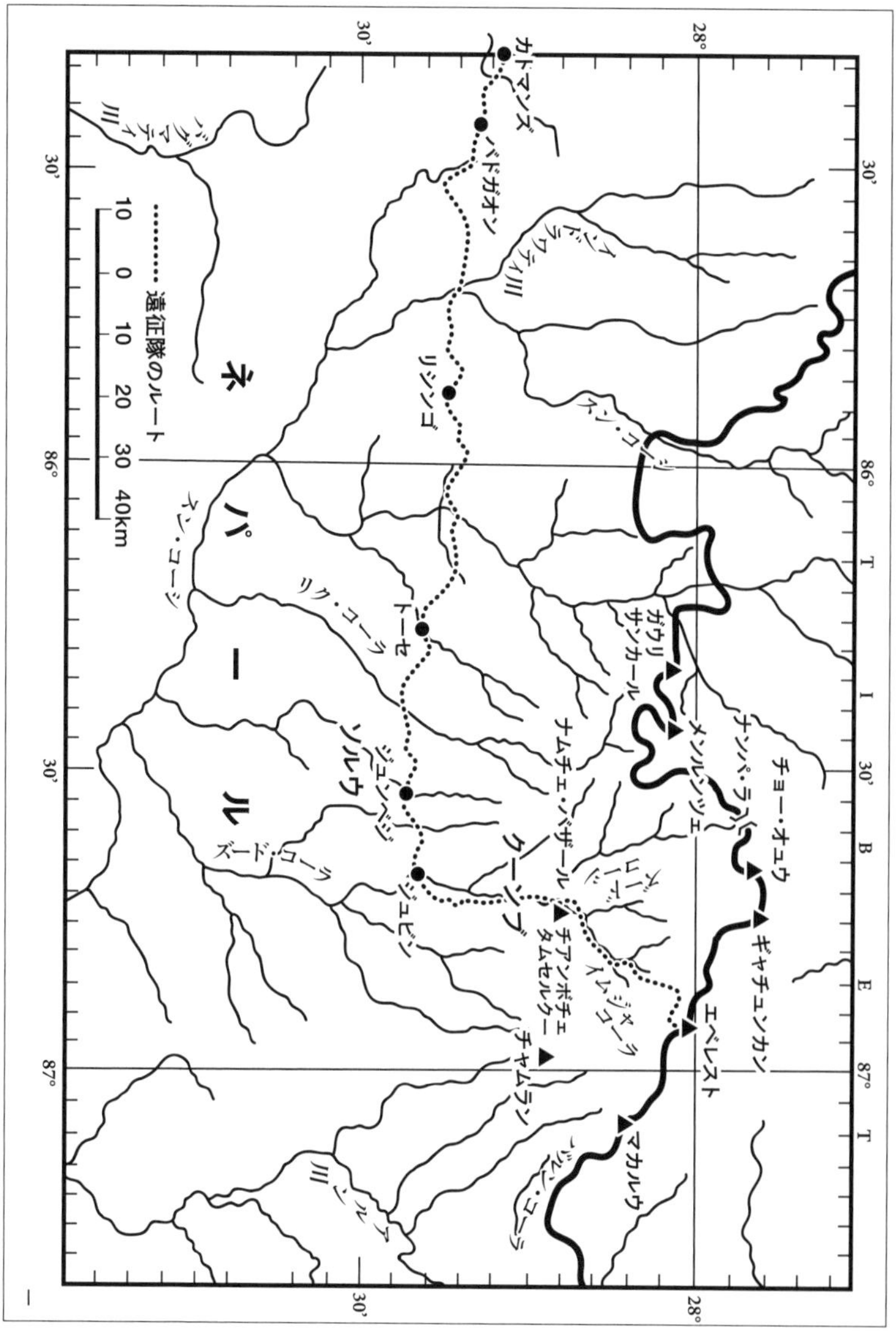

遠征隊のルート
10 0 10 20 30 40km
ネパール
T I B E T
カトマンズ
バドガオン
リシンゴ
トーセ
ジュンベジ
ジュビン
ソルクーンブ
ナムチェ・バザール
チアンボチェ
タムセルクー
チャムラン
ガウリサンカール
メンルンツェ
ナンパ・ラ
チョー・オユウ
ギャチュンカン
エベレスト
マカルウ
リク・コーラ
28°
30'
86°
87°

ンツェ（七二〇〇メートル以上）がびっくりするほどの近さに、うっとりさせる急峻な山容をみせた。それからに登ることを想像して、気軽に登れそうなルートを考えながら半時の幸福を楽しんだ。それから数日進んだところで、なおつづく他の山稜に立ったときに、エベレストをみたのだった。北東に遠く、しかしまぎれもなく、下方を阻む雪の峰々の高峻な列の上に、その山頂が雲層にはっきりと区切られていた。感動はめいめいによって違ったかもしれない。しかし、われわれの興奮は一つに集まっていっそう大きなものになった。数名の仲間は、もっとよく眺めようと、木登りをしたくらいだった。

それからまた悠長な日課を繰り返した。五時三〇分には、一杯の紅茶の力をかりて、起床するのを常とした。全キャラバンは、六時をちょっとまわった頃には行動を開始する。調理場の係員が、トンデュプに引率されて、まず朝食によい場所をさがしに出かける。彼は自分の手下を選ぶことがまことにうまかった。その係の中には、一人か二人の、一行の中でも最も優秀なシェルパの女を加えていたが、なかでも、逞しいからだつきの、力持ちで愛嬌のある一人の娘にわれわれは「アンティ」（小母ちゃん）とあだ名をつけていた。二、三時間して、とある心地よい流れに着くと、長い休息をとる。その間に、コックは火を起し、オートミールや卵料理を作る。そこで水浴をしたり休んだり、ある者は読書または書きものに、またある者は鳥類を熱心に観察したり蝶や昆虫類をつかまえたりするのだ。宿泊地キャンプへは午後早目に着くようにする。キャンプの整備に、また、日誌や通信を書いたり、これからの計画を話し合うのに十分な時間をとるためだった。

これら次々への行進、またキャンプでののんびりした時間が、われわれ相互の関係に驚くべき成功をもたらしていた。会った時のよい印象が今は固い友情へと熟してきた。われわれは、経歴や趣味もけっして一様ではなかったが共通のまたは独自の経験——主に山登りの経験について話し合ったりして急速にお互いを尊重し合っていることを知った。私は再び計画を練るために、ヒラリーとエバンズとの三人で——仕事の分担ではわれわれの任務は計画係なので——山頂攻撃についての各種の方法、またそれについての荷上げの計算などの相談に没頭した。そのほかのひまには、大型のドーム・テントの中で寝ころんでくつろぎ、隊員たちをよく観察することができた。

ウェストマコット、バンド、そしてボーディロンだったと思うが、よくこの三人は集まって、ノース・ウェールズでの最も果断な岩登りについて意見の交換をしていた。ストバートはアフリカでやった猛獣狩りの時の、ちょっとほんとうとは思われぬほどスリルに富んだ経験や、南極圏の模様を手にとるように語った。ジョージ・ロウは深刻な調子で、自分の国で起る、御し難い、冒険的な生徒と、不幸な教師との間の、どう見ても均合《つりあ》いのとれない争いについて、たくさんの経験の一つを話しているのかも知れない。それとも、もう一人のジョージ（バンド）の発する才気煥発の冗談に対抗したのかもしれない。彼は遠征隊の道化役を気どり、皆を参らせるほど笑わせようとするのだろう。これらの人々と変って、グレゴリーは静かに読書をしているか、ストバートとむつかしい写真技術のことを話し合っている。ノイスも静かにそのたくさんな大型ノートの一つに、ページを追って細かな書入れをしていた。私は、いつかこのテントのなかで、あるいは朝食の用意のされるとき、灌木の蔭で、彼が書きあげたものを全部読みたいものと思った。それからまた、その日の出来事を皆で話し合うこともあった。話題は、たとえば、ウェストマコットが捕えたり、とり逃した蝶類について、たしかにいたと思ったのだがジョージ・バンドの捕虫箱のなかから姿をかくしてしまったバッタ類、あるいはわれわれが観察した鳥類などについてだった。しかし、どんな時にも興味のある話題は、議論百出だったにしろ、食物に関する問題だったのはいうまでもない。この話が始まると、グレゴリーでさえ片隅から乗り出してきて、得意の話題をヒラリーにきかせるのだが、ヒラリーには、いささか退屈なようだった。どのグループにも、エバンズが静かに口を添えるのがきこえた。巧みな冗談を交えた彼の広汎な知識と、常にしっかりした思慮深い考えが、みなの話し合いにいい考えをあたえてくれたのだった。彼らはたいした連中だった。

われわれがお互いをよく知り合ってきたのと同時に、シェルパたちとの交友もまた深まった。ヒマラヤの旅において、相互の親しみをうる手段としては、各隊員が忠実な従者の世話を受けることである。従者たちは、朝は茶をいれたり夜は寝袋をのべてくれる。手回り品の運搬も手伝ってくれる。そしてサーブ（主人）を甘やかしてしまうのが常だ。サーブというこのヒンズー語は、身分の上を指す言葉であるが、この遠征途上、われわれとシェルパたちとの間で、単に隊員とシェルパとを区別するためにだけ、必要がある時、使ったのであった。私の従者になったペンバは、もの静かなそして屈強な若者だが、きわめてはっきりしたモンゴリア族の風貌で、房々した頭髪を大塊に束ねて、頭の片方にのっけていた。評判によると、彼はわれわれのシェルパたちの中でも最も大胆、しかも非常に好ましい若者だった。ペンバはヒンズー語を知らなかったし、私は彼が使える唯一の言葉、シェルパ語を知らなかったのだが、二人はたちまちお互いの気持をよくのみこんだのだった。

イギリスにいた時、われわれの助言者たちから受けたもので、常に心にとめていたのは、酸素マスクの使用に慣れることが大切だということだった。考案者のジョン・コーツは、とくに長い期間、たえず練習してはじめて高々度において成功する確信が得られると主張していた。はたしてそれに耐えられるかを疑うものもあった。それで、ルートのどこかでマスクを使ってみることを日課と定めた。一夜、二人の隊員はマスクをつけてねむった。ところが、前につけたことのなかった隊員は、マスクが呼吸にほとんど影響しないし、具合のわるいところがまるでないことを知って、その快適さに驚いたのであった。いよいよエベレストで実戦段階に入って、だれでも使えたということは、初期からそれの使い方を練習したおかげであることは疑いない。

道程の半ばでヒラリー、テンジン、私の三人は第二キャラバンを待つために一日留まった。第二隊がわれわれの隊と同じように、元気で着き、共に来たるべき計画を話し合ったのはうれしかった。第二隊の連中には二、三の出来事があった。ある夜、豹がキャンプを訪れたり、一人のシェルパと一人のクーリーとがククリと呼ぶ土民の短刀でわたり合って、さっそくマイクル・ウォードの専門である手当をはじめて受けたりしたのだった。このシェルパとクーリーとの問題は、チャールズ・ワイリーが、同行のグルカの下士官の助力をえて、処理しなければならない多くの問題のうちの一つに過ぎなかった。第二隊に配属したクーリーの一団は、第一隊のクーリーたちよりも信頼ができなかったからだった。私は幸い使われずにすんだが科学の犠牲にもなった。グリフィス・ピュウが隊員を、限定能力試験として知られている、恐ろしい試罪法に使ったのだった。丘をできるだけのスピードで肺が破裂しそうになるまで駆け上らせておいて、こんどは、巨大な袋が気球のように膨れるまでその中へ息を吐かせるというのだった。パジャマ姿にサン・グラスという妙な恰好で、鹿狩りの帽子を元気そうな赤毛の乱髪の上に載せたピュウが、彼のモルモットに加えた責苦を自分でもうけたことはせめてもの慰めだった。皆は、自分が実験につかまらぬように、仲間におくれまいと急いだものだ。

行進の九日目に、一行は二七五〇メートルの一つの峠を越してソラ・クーンブの地域へ入って行った。この地はシェルパたちの家郷であるが、われわれはさっそく風景も住民たちもようすが変ったのに気づいた。山々はいっそう急峻、荒々しくなってきた。耕作も区々となり、農家もまばらになった。

風物は、はじめのうちはアルプス風であったが、やがてまさしくヒマラヤ的になってきた。住民の風采も同時に変化した。はっきりと蒙古風の特色が出てきた。大まかで温和な態度、さらに厚地で、装飾の多い服装。まさにこれがシェルパの国なのだ。

ここまでは、東方へ旅をつづけたが、今までの中で一番高かった、約三七〇〇メートルの山稜一つを越したすぐあと路は下りに下り、ズード・コシへと一行を導いているのだった。その奔流はエベレストの領域から出ているものだが、いまはまだ、すき通るような青い色をしていた。

ここがわれわれの旅の分岐点であった。この川を一時作りの竹と石ころと芝土でこしらえた不安定な橋で越して、一路最終の目標へと峡谷の東側を登って北進へと転じたからである。約一五〇〇メートルを下ったので、また何百メートルかを登らねばならない。そして深い峡谷を縫って、あちこちへと、通れない数々の絶壁をよけて行くので、路にはまだ大きな登り降りが幾つもつづいていた。

一行は水浴も安全にはできない急流を渉《わた》ったり、また戻ったりした。そしてそのあいだあいだには、森林に覆われた急峻な山腹を登ったり降ったりして行った。ずっとシャクナゲや木蓮、その間に巨大なモミの木の散見する色美しい前景の中を歩いて行った。早春のいろいろの花、香り高い花をつけた灌木が一行の通路を飾っていた。これらの眺めは、岩道を何百メートルも下方へ、水音もやっと聞えてくるほどはるかかなたの渓流へ落ち込むような急坂を下りる時にも、またエベレストに近接する氷峰がその上に姿を現わす砦のようなぎざぎざの尾根へと、まるで空へ向うような登りをたどる時にも、眺めはひとしく息もつまるようであった。この荒涼たる景観の中で、幾つかのシェルパの住居のある小さな台地へ出るのは、時に、われわれにとって救いであった。それらの家は、石としっかりした材木で造られ小板葺きの屋根の低い構えで、集約的で器用な耕作の施された小さな地所に囲まれていた。

土地はまだ裸であったが、やがてジャガイモ、大麦、トウモロコシの芽が出るだろう。

この渓谷を登って行くうちに、開いた草つきの山面に広大な胸壁を見ることができた。ここで、ズードド・コシは、その支流ボーテ・コシと合流しているのだ。ボーテ・コシはヌプツェとローツェとの南面の山腹を北へ延びる一段低い峰々の広汎な地域から、氷を溶かした水を運んでいる。一行はこの流れにそって行かなければならないのだが、それより先に、まずこの二つの流れを分岐する胸壁を登ってクーンブの一番主な村ナムチェ・バザールへ行かねばならない。ナムチェの背後に五八〇〇メートルを超す、鼠色《ねずみいろ》の花崗岩の巨大な円柱が立っている。これがクームビラなのだが、じっと見ているうちに、サボイやベルゲルの岩峰を連想したのであった。

三月二五日、われわれは広い踏路をナムチェへ登って行った。多くの住民たちは陽気な派手な色の服装で、忙しく働いていた。ある者は、土地の灌木の材から造った薄手の羊皮紙のような大きな束をかついでいた。まことに雄大な感じのする澄みわたった朝だった。進路から、いっとき離れて、イムジャ・コーラの上の眺めを見に登った。突如、そこに待ちこがれていた——エベレストの、がっしりとしたピラミッドが、今まさしく、間近に、ローツェとヌプツェをつなぐ雪を被った長い岩尾根の上に聳え立っていたのだった。最初に気づいたのはエベレストの上の方の岩壁が真っ黒でほとんど雪をつけていないことだった。最初は楽観的にこの山の状態が数週間後に予想される所へ来ていると早まった結論を下したのだったが、落ち着いて思いなおしてみると、冬季の猛烈な風がまだエベレストの高所を支配していて、人類の攻撃から護《まも》っていることがわかった。それはとにかく、予期もしなかったときに、この巨大なピークに、こんなに身近くわれわれがいるということは、まことに気を引き立てることだった。

ちょうどナムチェの村へ入るところで、われわれは一行の者たちの親族である小人数の代表に迎えられた。彼らはミルク色のチャン、米から作ったビールといった酒の樽や、チベット茶を入れた大きな茶瓶をもって道ばたに待っていた。容器のとっ手や口は、色紙のリボンで飾ってあった。このうれしい歓迎は、主にシェルパたちに対してであったが、われわれ隊員にもなされたもので、まことにこの友好的な人々らしいことだった。

ナムチェでわれわれは、インド政府の役人たちの駐在する小さい無線電信局があるのに驚いた。カトマンズのインド大使の好意によって、局の担任者ティワリ氏に、われわれの急を要する通信を扱うようにとの指令が出ていた。それでここに逗留中、いろんな場合に受けた便宜を、まことに有難く思ったしだいである。

行進の最後の日もまた、つぎつぎに高まって行った喜びが最高潮に達した時だった。この喜び、いや、興奮は、ネパールの盆地を離れて以来ずっと味わってきたものだったが、またシェルパの友人や親族の小さい一団が今度は隣村のクムジュンから来て一行を待っていたのだ。それどころか、いささか元気のないようすではあったが、結構運搬に耐える一頭の小馬が、私を最後の坂道を乗せて行くように、と僧院から迎えに出されていた。私は乗馬は得意ではないが、輝くような明るい空気の中で、この踏みならした坂道を馬に乗って行けたのは、まったくうれしいことだった。私の気持は、この変った周囲の風物に酔ったようになった。チアンボチェこそは、世界で最も美しい土地の一つにちがいない。高度は三六〇〇メートルを十分越している。その僧院は、イムジャ河を直角に横切って飛び出ている大きな山脚の末端にある、小さいまんじゅう山の上に建てられている。まわりに、それを守るように住家が建っていたが、いずれも奇妙な構造で、中世風の外観であった。ヒマラヤにしろその他の土地にしろ、私は今まで見てきた山の風景のうちで、最上のものを眺められる二つとない優れた特別席であった。暗いモミの木のしげみ、苔に覆われたカバの木、ここでは高度のために灌木程度に小さくなっているシャクナゲなどの前景のかなたに、どっちを眺めても氷の峰のすばらしい砦が聳え立っていた。エベレスト山群が、渓谷の頭を横に走っている。ヌプツェの七六〇〇メートルの山壁が、頂稜から約二一〇〇メートルを真っ直ぐに切り立って、その基部の氷河にまで落下している。

この眺めは驚嘆に値したが、目はさらに、その中景にある、渓谷へ危っかしげに乗り出している一つの大きな牙に引きつけられた。この山、六八五六メートルの高さにそそり立つアマ・ダブラムは、とうてい近づけなく見えた。マッターホルンのすばらしい姿もかなわない。まず、カラコルム奥地のムスターグ・タワーと比べてよいものである。

僧院のある山脚の、すぐ上方、南東に美しい氷の縦じわをもつ双子山がある。その尖峰のいくつかは、針のように鋭く、青空を背にほとんどすき通って見える。これらはカンテガとタムセルク、共に六七〇〇メートルの山である。北西の方、ズード・コシの頭に張った弓のように、左右均整の完璧な形の山があった。また南西方には、別の氷と岩の障壁が六〇〇〇メートルの高度を保ち数キロに延びている。すわわちクヮンデである。

われわれはこのすばらしい景観に、魔法にかけられたようになって、ヤクが静かに草を食べている、ひらいた草地のアルプに立っていた。——われわれの第一ベース・キャンプとして理想的な場所なのだ。生活はなかなか楽しかった。

現地練習

チアンボチェのベース・キャンプは、そこへ到着後の三日間は多彩で活気に満ちていた。行進の終末と馴化開始との合間には、休息したいと考えていたが、実際には、のんびりする時はごく少なかった。計画を練る仕事が実に多かったし、エベレストへ取り付く準備を完了する目標の日――すなわち五月一五日を目ざしていろいろの活動を停滞させるわけにはいかなかった。日程表はまったくいっぱいであった。三月二八日の日記からわれわれのようすをお目にかけたい。

第二キャラバンは昨日着いたし、最初の三つの訓練隊は明日出発だし、その間に挟まれて、この日はとくに多忙な日であった。労銀の支払いが済んだので、クーリーは自分の村へ帰って行く。彼らが運んで来た荷物は品目別に、またある物は途中で開ける順序のわかるように、色別の布切をつけ、きちんと積み上げられた。荷物の中でとくに目立ったものは、食糧をいれた箱を、長い矩形《くけい》状に積上げたものと、それから離れた別の場所に、綱で区切られて置かれた酸素補給器のはいった荷物とであった。テンジンは、キャンプ地のまわりをザイルで区切って、好奇心で見物にくる連中、そのある者は僧院の建物から、またある者はその辺を通過する荷担ぎの者などに、われわれが邪魔されぬようにした。

はじめて持参のテント全部を張ってみた。型、大きさ、色もいろいろ違っているのが、約二〇ある。三つの小型は最高キャンプ用であり、オレンジ色のは前進基地とその上のもの、これと同型の黄色のテントはウェスタン・クームに入るまでに使うもの、見分けやすいスイス型テントはテンジンの仮の住まい、そして二つの大きな円屋根型のテントは、一つはシェルパたちの使うものであり、他の一つはわれわれ隊員用であった。いくつかのテントの傍には深紅色、褐色、オリーブ色のシュラーフ・ザックが野天に拡げられた。テント地の一番隅に、トンデュプが壁は荷物の空箱で、屋根は防水布で調理場を作った。彼の大ぜいの手下の中にはシェルパの女がいて、料理鍋を洗ったり着物をつくろったり、またある女たちは、お互いの長い黒髪を梳《くしけず》ったり編みあげたりしている。

われわれはわれわれで、太陽が草地の霜を溶かす頃、ボーディロンの酸素補給器の入っている箱で間に合わせた食卓のまわりに荷箱を椅子として、朝飯をのんびりと済ましたところだった(われわれのいるのは三三〇〇メートルに近いところで、夜間はかなり寒かった)。驚いたことには隊員の大部分のものは、まだとにかく、きれいにひげを剃っていた。これはボーディロンの考慮により、クリッパー型剃刀が数個あてがわれたお蔭であるが、これは、顔にひげが生え過ぎていると、酸素マスクをつけた時に、隙間ができるからだったのだ。

今や日課は忙しく進められており、仕事別によって、めいめい幾つかの小グループができた。ある連中にはボーディロンがウォードの手をかりて、開放式酸素補給器の講義をしている。生徒たちはキャンプの背後にある山腹へ数十メートル、最初のテストをする前に容器の組立てをしているのだった。ヒラリーが他の一団の中央にいる。ほとんどシェルパだったので、テンジンの通訳でクック特製のプリムス・ストーブの用法を教えている。バンドが携帯無電機の荷をほどいている。その午後、われわれに使用法を教えようとするのだった。

キャンプ地の調理場とは反対の隅で、ウェストマコットが組立梯子を継ぎ合わせて二つの大きな石に渡していた。梯子は中途で危く曲ったが、その上をはい渡って行く助手のシェルパの重量に耐えるようだった。はじめは用心深く渡っていたが、後にはさらに安心してやっていた。もう一つの場所には、エバンズとノイスによって登山用具がならべられた。——衣服や用具など適当な時期に、われわれに渡されるものなのである。幾人かはすでに衣服の配給を受けたようであった。今ある者は、淡緑色の綿毛入のジャケット、ある者は濃紫色のスウェターを着用している。数人のものは新しい登山靴に試験的にアイゼンを結び付けて、芝土の上を歩いたりしている。それらのグループを、次々と移って行くのは、映画のカメラをもったストバートである。そのあとを、またシェラプがついて行く。滑稽味のある歯のない老人だがラマか僧侶なのである。この男が今やストバートの三脚台据えつけの熟練者であるが、時に彼自身で撮影を行ないたいくらいの野心を抱いている。

これらの仕事と共に、いろいろの仕事が進んで行ったが、まだなすべきことは多く残っていた。私は隊の会計勘定の決算、現金の検査などの事務を担当していたし、「タイムズ」への通信も送らねばならなかった。また次々と計画を考えてゆく任務もあった。ワイリーとテンジンも各自の仕事がたくさんあった。各訓練隊や他の連中のためにシェルパを配属して、高所班の頭数をそろえたり、アイスフォールでの活動に備えるのである。グレゴリーの協力によって、郵便物の飛脚も決められた。グレゴリーは写真の元締であると同時に、郵便の方の仕事も担当している。ジョージ・バンドは高度馴化に出かける隊のために携行食を配布する用があった。羊一頭を買いもとめた時に、シェルパは仏教信徒であるためだれも殺すことができないので、ジョージ・ロウが経験を活用して羊殺しの役をする。

遠征隊が到着するとかならずびっこが出たり不具者がよって来る。ウォードはいろいろの「病症」を診察せねばならなかった。抜かなければならない歯、ただれ目、皮膚病、発熱、原因不明の腹痛などの治療だった。私はまたピュウを見逃すことはできない。生理学テントに店開きをした彼は、荷物を計った時に使った大きなはかりの上に、われわれを乗せようとしたり、注射針を立てたり、またはその限度能力試験を始めるために、出発点の岡の下までわれわれを追いやったりすることに一生懸命だ。

その午後、僧侶たちの招きに応じて、最初の公式訪問を行なった。到着のしるしに現在の僧主――この少年はちょうどチベットへ行って不在だったが――と死んだ前僧主の座の上に袱紗《ふくさ》をのべる、単純な儀式が行なわれた。テンジンに教えられた儀礼に従って、私も僧主代理に遠征隊旗を贈った。ざっと僧院内を案内された後、上方の部屋で食事のもてなしを受けた。肥満したからだを色あせた赤色の僧衣でおおっている代理の側に、ワイリーとテンジンとが坐っていたのだが、私は彼にイェティ――「アボミナブル・スノウマン」(忌わしい雪男)として知られている――について聞いてみた。高僧はすぐ話題にのってきた。われわれのテントの張ってある草地を眺めおろす窓から顔を出して、一匹のイェティが数年前の冬、雪が積っている時、近くの茂みから出てきたようすを、目にみえるように、実に生き生きと語ってきかせた。このけだものは時に後足だけで、時に四足でゆっくり大股に歩きまわったが、身の丈は一・五メートルくらい、一面鼠色の毛に覆われているというのは、他の目撃したという連中から聞いたのと同じであった。われわれお客のいるのを忘れたかのように、高僧は、このイェティの出現に出くわした時に記憶に刻まれた光景を、再び目の前に浮べているようだった。イェティは立ちどまって引っ搔こうとした――老僧は、ここで手まねよろしく、しかし、いささか必要以上にしゃべったのだが――雪をつかんで、おもちゃにし、幾回か唸り声を発した――ここでまた老僧は、いかにもほんとうらしい身ぶりをした。――それで僧院の人たちは大騒ぎとなり、この有難くない訪問客を追払えと言いつけられ、ほら貝や伝来の長いラッパを吹きならしたため、イェティは、のしのしと茂みの中へ行ってしまった――というのである。

われわれはこの話にきき入った。話は前のよりやや怪しくなっていったが、いろいろ細かい話に耳を傾けた。例えばイェティの一族は、その親族にあたる人間の風習をまねたためにチベットで怒りを買い、大量に殺害されたので、時のチベット政府が将来イェティの生命を保護する法令を出すことになったというのである。この話は生き物を殺すことには良心をとがめられる仏教徒の話としては変である。まったく、このイェティ殺しは卑劣なふるまいだが、おそらくイェティは評判のヒュウモアの度がすぎ、図にのって脱線して、悪ふざけをやり過ぎたに相違ないと思われる。

興味があったのは、イムジャの渓谷全体がこれらの僧侶の慈悲心のおかげで、野生の鳥獣たちの保護地となっていることだ。この成果をキャンプのまわりでも見た。キャンプ地ではジャコウ鹿やキジ類、大型のヒマラヤ産ヤマウズラなどが、なんの心配げもなく、われわれのテントのほど近いところまで遊びに来ていたのだった。

辞して帰ろうとすると、私は僧院の屋根の修理費として数千ルーピーの喜捨を頼まれた。ちょうど私は、前夜深更までかかって、ついに自分で作った最近の予算と財布の中味との辻褄を合わせそこなったところだったので、なんとか切り抜けねばならなかったが、この機会にわれわれの側から逆に要求を出すことができそうだった。僧院にある悪魔の面に好奇心をそそられていたので、帰路にラマの儀式踊りを見せてもらえないかと頼んだ。これは承諾された。そして高僧はわれわれがエベレストへ出発する際、一行のためにお祈りを行ないたいと申し出た。

四月二〇日まで約三週間の時日があった。その間にエベレストへの訓練なり、準備をしなければならない。すでに述べたように、この期間の主要目的は、増加する高度に順次身体を馴らしてゆくこと――馴化して行くこと――それから二種類の酸素補給器の使用も練習すること、また、ほかのいろいろな用具に慣れることだった。計画をそれぞれ約八日ずつ二つの期間に分け、その移り目にチアンボチェに再び集合し、休息と隊の再編成とをやった上で出かけることにした。われわれは三隊に分かれ、各隊にヒラリー、エバンズ、私とがそれぞれ付きそうことにした。この編成は当然の理由から、第二段では変更される。各隊は別々の地域で登る。だれもみんな、この「小手調べ」方法を楽しみにした。それは近傍の低い峰や峠での手強い山登りで早く体をならしたかったし、また、それにも増して、小さい方が大パーティよりもいっそう気がおけないからだ。

エバンズの隊が最初に三月二九日出発した。この隊にはボーディロン、バンドおよびウェストマコットが参加している。彼らは閉鎖、開放両型の酸素補給器を使うのでとくに仕事がいっぱいだった。あとのものは翌日に出発、そして全員四月六日までにベースに戻ることになっていた。

第一隊がまさに出発しようとする時、ボーディロンが酸素部門で、まことにやっかいなことを発見した。訓練用の四八個の瓶《ボンベ》のうち、一五個が輸送中どこかで洩れて「空」になっているのだった。これは、なんといっても計画に悪影響をもたらす一つの危機だといってよかった。この訓練用酸素補給器、標準型の空軍用酸素瓶《ボンベ》は訓練期間にもまた登攀中にも使用するものだから、酸素補給器の使用訓練を切りつめるか、あるいは登攀計画を変更しなければならぬ。もう一つもっと困ったことが起った。第二積荷の中の同型の酸素瓶にも同様の故障が起っていた。私は、ちょうどその時、ジミー・ロバーツが今カトマンズにあって、登攀用セットはインドから予定通り空路送られて、彼はチアンボチェへ出発するばかりのところだという無線電信を受け取った。ボーディロンは、ロバーツの荷物の状態について問合わせの至急便を走り書きすると、飛脚によって大急ぎナムチェの無線電信局へ送った。

この心配事が解決したのは、一週間後に私が第一回の馴化期を過して戻ってくる途中のことだった。ロバーツはすでにカトマンズをたって二日目の行進に移ろうとしていた。この通知がイギリス大使館に着いた時プラウド大佐は彼を止めに急行した。六〇個の荷物を苦労して開け、内容を調べるのにまる一日はかかった。この気違いじみた非常手段の結果は安心できるものだったが、でなかったとしても今さら手の打ちようはなかった。というのは、五月一五日までにロンドンから代りの品を取りよせることなんか、まったく望みのないことだったからだ。

ベース・キャンプを出発した時、天候は完璧だった。そしてついに、準備に身を固め、高峻な山々へ取りつくのだという思いで、皆意気があがっていた。訓練に適合した場所にはこと欠かなかったので、目的とする地帯は、それぞれまるで方向が違っていた。エバンズはすでに、ねらいをつけておいたアマ・ダブラムの南壁下方の隠れた谷へ向っていた。ヒラリーは北西にあるチョラ・コーラの未知の谷へその隊をつれて行こうとしている。そして、もし適当な通路が見つかったら、あの優美なタウエチェの峰々を完全に一周するのだった。彼の隊にはノイス、ウォード、ワイリーが加わった。ただあいにくヒラリーはその直前に発熱と咽頭炎で、とうとう、キャンプに二日のこることにし、任務をノイスに託したのだった。

私の隊はグレゴリー、ロウおよびテンジンであったが、ヌプツェ、ローツェの壁の方角にある谷へ真っ直ぐに上っているイムジャの盆地を目指していた。初めにアマ・ダブラムの北面に適当な訓練場を探すつもりだったが、あとで方向を変え、谷の頭で左へ廻り、ヌプツェのすさまじい障壁の下にある氷河の手近な岸へ出ることにした。その夜、われわれは四五〇〇メートル近い高さにあるディンボチェの村の農場の、石や土でしきりをした小さい草地の中にキャンプを設けた。われわれは今すべすべした岩壁に氷が付いているだけの急なアマ・ダブラムの北西面の真下にいる。そしてこの上部の氷の斜面はアルプスでは想像もできない急角度を持っているのを見とどけた。この山や、われわれのまわりの他の峰の岩は、たいていは美しい白色の花崗岩で、その色があまりに淡いので氷と岩との見分けもつかないほどだった。同じく畏怖に打たれたのは、向う側にあってアマ・ダブラムとおなじ奇異な形をしている、タウェチェの高峰である。チアンボチェでは、このタウェチェの図ぬけて大きい雪庇《せっぴ》が飛びだしている南西稜の一部しか見られなかったのだ。

ディンボチェには、夏にだけ人が住む。夏、農夫たちはこの谷に登ってきて、豊かな堆積土を耕し、優秀なジャガイモや大麦を作る。この大麦は後に焙ってきれいな粉にひかれる。シェルパたちの常食「ツァンパ」として知られているものがこれである。ラマ僧を招いて豊作の祈願をしてもらうのが年中行事で、山腹の高いところにこのラマ僧のために特別の住家が設けられている。この行事がちょうど、われわれの滞在の次の日に行なわれることになっていた。

五日間の大いに楽しい、しかも忙しい日がこれにつづいた。その間にヌプツェ氷河の傍の五二〇〇メートルにあるキャンプから、グレゴリー、ロウ、テンジンと私は五人の高所用ポーターをつれて酸素補給器の練習、高度への馴化、高所用携行食の使用、また付随的な探検など予定の計画を遂行した。一夜降雪にあった以外、天候はよく澄んでいた。忘れがたい印象は、滞在中いつもわれわれに間近く恐ろしい顔をみせていたあのヌプツェの巨大な前面である。こうして書いているうちにも、私にはその絶壁の一つ一つの細部までのあたりに見えるようだ。時に氷をかぶる、花崗岩の岩壁の驚くばかりの白さ、その頭部にはもっと暗い色の水成岩の広い帯があり、その上は雪の狭い頂稜となっている。まるで食べかけのクリスマス・ケーキの大きな断面のようであった。

われわれは酸素補給器をつけて登るのに適当な山を選んで、個々に登攀を行ない、所要時間を厳重に計った。これで非常に元気づけられた。われわれが、まだ馴れない高さにいきなりやってきたこと、また、どんなに小規模登山をやっても五八〇〇メートル近くの高さに登るということを忘れてはならない。だからこうした初期に、酸素補給器の与える活動力、または高度低減の効果がとくに発揮されることが期待される。この補給器を使っての登りを約五〇〇メートルと算定したが、この距離に平均五〇分を要した。あるいは六〇〇メートル近くを一時間という計算も出た。この時間はもっと低いところでもよいほうだが、この高度と当時の馴化程度では補給器なしではとうていわれわれには不可能と思われた。酸素の使用でうれしい発見は、それが安泰感を与えてくれることだった。マスクに邪魔されていても、なおかつ、登りに興味をもつことも、あたりの風景を楽しむこともできた。

キャンプのある場所から氷河の反対側にある六〇〇〇メートルの高さの魅力のある一つの小峰にも登った。この山を、テンジンの思いつきに従い、その下方にある放牧地の名をとってチュクン・ピークと名付けた。ヌプツェのすさまじい絶壁の前では小さなものに見えたが、その北側の氷の登りは、結構すばらしいものだった。五八〇〇メートル近い小さい氷河の頭にキャンプを設け、その急峻な北稜を登る前に、二つの登攀をその不安定なもろい氷の尾根で試みた。足場をたくさん切る必要があったのでわれわれの能力のいい試験になった。私がテンジンといっしょに登るチャンスを初めて持ったのはこの時だった。そして、テンジンが腕のある登山家であるばかりでなく、当時でさえわれわれ隊員のだれよりも体ができていることを示した。それは将来を十分に予言するものだった。

われわれの健康状態が優れていることは、相当荒っぽい課程をやり終えたにもかかわらず、体重を維持できたこと——私自身、二・三キロを加えた——みな、すばらしい食欲《しょくよく》だったことでわかる。今、この章を書くに当って、当時の日誌を読んでみると、献立についてわれながら満足気に書いているのに感を深くする。ベース・キャンプへ戻ってから摂った食事の献立はなおさらだ。『見事なすごい乾ぶどう入りの菓子』『すばらしいカレーとライス・プディングと嗜好品箱から取り出した缶詰の果物』などと書きつけている。これとよい対照なのは、遠まわしに同じ点をいっているのだが、別の一人が高所における余儀ない、貧弱な食物について次のような不平を記している。『これは、公平なテストとはいえぬ。われわれは五五〇〇メートルで、みな猟師のように飢えている。しかも携行食は、皆がまったく食欲のなくなる七〇〇〇メートル以上の場合のために作られたものなのだ。朝食は現在、オートミールとグレイプナットにミルクと紅茶。夕食はペミカンとスープ、ココアかコーヒーというわけだ』われわれはピュウのすすめによって、毎日平均三、四リットルの液体をとることになんの苦労もしなかった。

この身体を慣らしてゆく訓練の第一期間によく飲み食いはできたが、睡眠をとるのは容易でなかった。これはたしかに高度に慣れていない証拠だった。呼吸に骨が折れること、その不揃いなことが、あえぎ、そして息のつまる感じで、突然眠りをさます。——いわゆる「チェイン・ストーク」呼吸である。ウォードから各種の睡眠剤があたえられていた。赤、緑、黄色など色別になっている。たいていの場合、それによって眠ることはできたが、これも自分に適した飲み方が決ってからのことだった。私は、仲間の一人が朝食の時、まるで朝っぱらから酔っぱらっているように、ひどく舌がもつれていたのを覚えている。

私の隊は、来た途をたどって四月五日の午後第一ベース・キャンプに帰着した。一休みの間にわれわれの経験を他のパーティのと比べ合ったのは興味深かった。エバンズの隊は、隠れた谷を登るのをやめ、その代りに三つの峠に登り得た。その一つのメラ・コルは約六〇〇〇メートルだった。ボーディロンは五八〇〇メートルの岩峰に単独登攀をやった。エバンズの隊は、二種類の酸素補給器にだいぶ慣れた。また彼は、このすばらしい地域の地図を作るのに、写真および経緯儀によるデータを集めた。当時、私はヒマラヤへの新参者バンドとウェストマコットの二人が、他の連中よりも高度の影響をひどく受けているのを感じたが、これはあとでいっそうその感を深めたことだった。それにしても、二人はその時もその後も、始終、進んであらゆる任務を担当し、彼らの前に現われる機会はいつも進んで捉えていた。

ヒラリーは微恙《びよう》も治ったので、その隊がチョラ・コーラに落ちついたすぐ後、急いで一行のあとを追った。ある点では、この一隊が最も十分に成功した旅を楽しんだといえる。一つの高い峠を越えてタウェチェ山群を一周したばかりではなく、二つの初登攀をも行なったからである。このうちの一つの優美な山容のものは、彼らの氷上技術を試す絶好の場所として十分歓迎されるものだった。この地方でカング・チョと呼ばれる六一〇〇メートルを越す山である。一同は酸素補給器の練習も私たちと同じように十分やった。

その夜、大きなキャンプ・ファイアをかこんで、私は計画がこんなにも進んだことに非常な満足を味わったのだった。計画通り目標に向い、正確に進めたのである。この早い季節に登り得る極限の高さまで登り、しかもなんの事故もなく成功した。事実、この季節に六一〇〇メートルの高山に登れたことは、今までにはなかったことだ。酸素補給装置はその構造、効果ともに確実な信頼が持たれた。そのうえ、だれも彼もがアルプスでの山登りと同様の楽しみを味わっていることは明らかにわかった。それは、これからうんざりするような仕事がたくさんある際、大事なことだと思う。一同の士気は明らかにあがっていた。なかでも最も満足だったのは、こんどの練習登山でお互いの間の友誼《ゆうぎ》と信頼とが増してきているのを見たことだった。われわれは一つのザイルに結ばれてきていたので、お互いの腕前に十分の敬意を抱いていたのだった。その数日間を高所キャンプの状況下で暮らし、その間お互いが融和のできる相手であるばかりでなく、気持いい仲間だということがわかったのだ。まばたきする星の下の、凍るような冷たい空気の中で、燃え上っている焚火のまわりには心地よいくつろぎと純粋な幸福感がただよっていた。そして私は来たるべき試練のときに当って、かならずわれわれの集結した力が発揮されると確信したのであった。

*

ゆっくり休息はあたえられたが、チアンボチェの二度目の滞在中は、最初の時よりもいっそう多忙であった。多くの者にとっては、その主な任務が終るまではこの土地へ帰ってこられない。全隊が再び一カ所に集合するのは、約二週間後のことだろう。次はクーンブ氷河のできるかぎりの高いところにおかれる新しいベース・キャンプで集まることになる。それで、各隊の次の行程についても、遠征隊全般についても、詳細なプランをさらに長期的にたてる必要があった。

携行食や装備の問題は、従来よりもさらに大きく浮び上ってきた。私は一同の人員配置を変えて、まったく新規の組合せをできるかぎりやってみようとした。次に行なわれるとくに必要な任務から考えて、新しい隊の編成もまた必要である。初期の計画ではクーンブ・アイスフォールを過小に評価していた。いろいろ討論の結果、私は、クーンブ・アイスフォールの十分な踏査、そして登路の準備にもうすこし時をかす必要があることに疑いを抱かなかった。もしそのあとの貴重な期間を失うまいとし、また五月中旬の可能性のある天候をのがす危険を避けたいと思うならば、当然なことなのだ。それで、一つの隊が、馴化第二期中にこの任務を行なうために編成され、ヒラリーはアイスフォールについて彼の前回得た知識が貴重なので加えられ、その卓越した氷雪技術によってロウを、それからバンドとウェストマコットも加えられた。ウェストマコットはこの段階で必要と考えられる用具の責任者として参加するのであった。こうすれば彼は橋をわたすために使う材木などを、森林帯を離れる前に手に入れられるようにチアンボチェへ使いを出せることになるわけだ。

次に選りぬいたシェルパ隊に酸素補給器の使用を教え込む必要があった。これは従来企てられなかったことだが、今度の計画では、六人かそれ以上のシェルパが山頂攻撃隊員と共にサウス・コルよりも上まで登れるということが重要な点となっている。酸素の使用によって、シェルパがそれをやりとおすチャンスは非常に増えると考える。ワイリーは第一期訓練中のシェルパの成績をいろいろきいて、七人の最優秀シェルパを選抜したのであった。この酸素補給器の指導を、現在の基地撤収、ジミー・ロバーツの指揮のもとに近づいてくる酸素補給器の荷物の受け入れ、低地用シェルパの傭い入れとか残りの道具の運び上げといった仕事をまとめて片づけるために、私はエバンズ、ワイリー、グレゴリーおよびテンジンに訓練の期間を短縮して、この最後の任務の遂行に間に合うためにチアンボチェへ帰るように頼んだ。

私の隊は、こんどは、ウォード、ボーディロンおよびノイスからなっていたが、四月一七日までの予定期間の終りに、アイスフォール隊と会うことになっていた。三日間の休息の後、アイスフォールで他の連中が到着した地点から先へ活動を続けようというのだ。

この時、シェルパのうちの一人が、仲間を動かしてさわぎを起し、みんなに心配をかけた。不平は

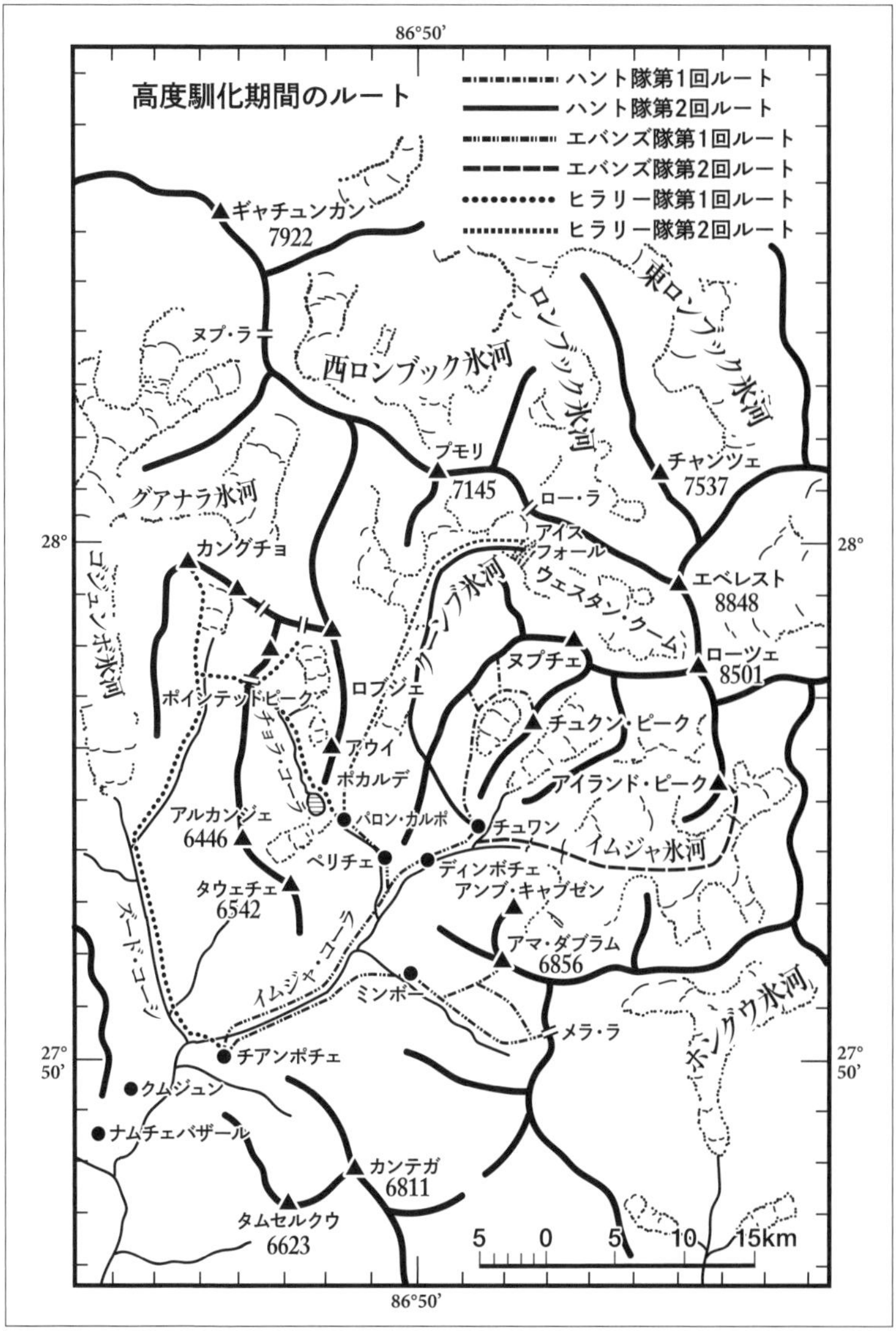
86°50'
高度馴化期間のルート
ハント隊第1回ルート
ハント隊第2回ルート
エバンズ隊第1回ルート
エバンズ隊第2回ルート
ヒラリー隊第1回ルート
ヒラリー隊第2回ルート
ギャチュンカン
7922
ヌプ・ラ
西ロンブック氷河
ロンブック氷河
東ロンブック氷河
プモリ
7145
チャンツェ
7537
グアナラ氷河
ロー・ラ
28°
アイスフォール
カングチョ
エベレスト
8848
ウェスタン・クーム
クーンブ氷河
ゴジュンボ氷河
ヌプチェ
ローツェ
8501
ロブジェ
ポイシテッドピーク
チュクン・ピーク
チョラ・コーラ
アウイ
ポカルデ
アイランド・ピーク
アルカンジェ
6446
パロン・カルポ
チュワン
イムジャ氷河
ペリチェ
ディンボチェ
タウェチェ
6542
アンブ・キャブゼン
イムジャ・コーラ
アマ・ダブラム
6856
ズード・コーシ
ミンボー
ホングウ氷河
メラ・ラ
チアンポチェ
27°
50'
クムジュン
ナムチェバザール
カンテガ
6811
タムセルクウ
6623
5 0 5 10 15km
86°50'

食物、衣類、テントなんかについてだった。この男には、最初から意に満たないところがあったので、もう、解雇することに決めていたのだった。こんどの事がテンジンと私に関する限り、彼の運命に結末をつけることになった。彼はさっそく次の朝去って行った。彼が終始示した態度は、他の連中のとはいちじるしい対照をなしていた。彼が唱えた不平は故意の作り事でない限りは、どれも簡単に解決できるものだったが、われわれ一行の間にあった愉しい関係を妨げた。この男が去ったので、シェルパたちもさっそく元の笑顔に戻ったのであった。

四月九日われわれは再びディンボチェにあらわれた。こんどはエバンズの隊といっしょだった。有難くも続いた晴天もここで完全に破られた。翌朝目ざめてみると、雪が約一〇センチ降りつもっている。しかもまだ降りつづくような空模様だった。そんな天候なので、エバンズはそこに留まり、シェルパに酸素の秘密をそこから指図して呑み込ませることにした。私は講義のはじまるのを参観した。テンジンとワイリーとが先生である。当初、この不思議な機械を登攀中に使う値打を、シェルパたちに確信させうるかどうか、たとえその機械のからくりをよく彼らに説明し得たとしても、いささか危ぶんでいたのだった。しかし、説明もまた信頼も共に大成功だった。その日いっぱい二人ずつ組になって、時間をおいて登ったのだが、皆大よろこびだった。アン・テンバのごときは、酸素補給器を使うと、登りもまるで下りのようだったと述べたほどだ。

私の隊はこの天候にかかわらず、谷を上って行くことにした。行く先はアマ・ダブラムの北東側の山かげの上になるイムジャ氷河の岸のどこかに選定することになっていた。一同は湿った新雪を踏みつけて、登るのに苦しい時をすごしたが、ついにこのすばらしい山の北稜の下約五〇〇〇メートルの地点にキャンプを設けた。寒く荒涼として雪はまたすぐ降りはじめてきた。わびしい第二日目のあと、天候は改まったので、われわれは見事な形の岩峰へ登ることができた。それは巨大な隣人、アマ・ダブラムに圧倒されてはいるが、その代り、チュクンの放牧場を見下して、この地方ではウムブ・ギャブジェンとして知られ、高さはおよそ六〇〇〇メートルはあると思う。

私は閉鎖式酸素補給器をもっと実験したいと熱心に考えていた。私にとってはまだ試験中の感があったので、山頂攻撃の場合、戦術的な使用を決定する前に、もっと試験をしてみたかった。着用も操作も私には容易だった。また、その与える効果も問題はなかったが、標準重量約一六キロという重さが、当然、登りの速度を鈍らせる。また、この頃の比較的気候の暖かい状態では、発生する蒸気が着用を不愉快にし、登攀の快味と楽しさを減らす。ボーディロンと私とがこのようなことをやっている間に、ウォードとノイスとは、開放式補給器によって、今までにやったことのない長時間連続使用を試みていた。五時間以上着用を続けたが、テストはけっして不愉快ではなかったと言っていた。

三日間、われわれがキャンプを張っていた深谷の反対側にある見事な尾根から出ている広い氷河上の氷塔の間で、シェルパに氷の訓練をやったのち、われわれは谷へ降りて行った。われわれはこの谷を横断して、北西へと山腹を登り、一つのコルへ進んだ。このコルは夏季にイムジャとクーンブの放牧場との間をヤクをつれた牧夫たちが通う路である。これをつたって四月一四日にクーンブ氷河の左岸に到着した。この約五四九〇メートルの峠からボーディロン、ノイス、ウォードは、後にポカルデという名だと知った六一〇〇メートルの一雪峰へ登りに行った。私はその日呼吸がたいへん苦しかったので、行を共にしなかった。この悩みはあとでウォードが肋膜炎の初期と診断した。しかし、彼のすみやかな熟練した手当のおかげで、数日後には完全に回復することができたのだった。

翌日われわれは、クーンブ氷河の東岸に沿って、谷の頭へ続く道へ出るため氷河を向う側へ渡れる箇所のあるところにまで登って行った。

　これはきわめて愉快な登りだった。われわれの前には、興奮させてやまない前途があった。とうとうわれわれは曲り角を廻って、いまエベレストに直面して進むのだ。計画と準備との苦痛な数カ月間、ここへくるまでのイギリスとニュージーランドからの長い旅、それから今やってきた訓練期間――それはことごとくわれわれの後方に去った。大きな冒険がまさに始まろうとしている。そのうえ、われわれは今、目の前にあの偉大な山、エベレストに密接に結びつけて心に浮べる山々を眺められた。プモリがそこにあった。この鋭い、気高い氷と雪の円錐形の峰、そしてその背後にはリントレンの峰々、共に一九三五年のエベレスト踏査行の際に登られたものだ。巨大な花崗岩の漂石が氷河の上にまき散らされた荒地の間をぬけた時、戦前の遠征で、名を知られた別の一ピークを見た。チャンツェまたはエベレストのノース・ピークがそれで、ノース・コルの上に聳えていた。そのノース・コルには北側から行なわれたイギリス隊のエベレストへの踏査あるいは登攀の企ての時に、七回もキャンプが設けられたのだった。われわれはロー・ラの鞍部の間からこれを眺めたのだが、クーンブ氷河は、ウェスタン・クームを流れてこの地点で急に曲っている。それで、この鞍部の下方あたりが、われわれのベース・キャンプを設ける地点と考えられた。

　期待の気分が、終日われわれの間に漂っていた。午後早く、プモリの南壁下の山腹と氷河の堆石との間にある浅い氷河湖に着いた。ここは昨年の春、スイス隊がベース・キャンプを設けた場所であって、低い塀または胸墻《きようしよう》（サンガ）を形づくる石のかこみができていたが、彼らのテントに防風の役をした跡である。この湖畔のキャンプは、ヒラリーの隊と合して、アイスフォールに活動を開始するまでの、われわれの休息所として使われることになった。

アイスフォール

ヒラリーの第二馴化期に使う隊の編成は、エバンズや私の隊よりずっと大きかった。ヒラリーはピュウおよびストバートと共に行くのだが、金属製やロープ製の梯子、巻揚機、大量のザイルなど、アイスフォールを登ってウェスタン・クームまで達する登路を築くに必要な荷物の上に、この二人は特別な荷物を相当もっていた。そのうえまた、最後の隊が四月二二日にチアンボチェから登ってくるまで、彼の隊を支えるだけの携行食を持参せねばならぬし、さらに、私の隊が彼と合流する時に要る、私の隊の食糧も運びあげねばならない。この大荷物を担ぐために、五人のシェルパの他に三九人のクーリーを伴ったから、一行は五〇人にもおよんだ。

ヒラリーの隊は、われわれと別れると間もなく、悪天候に巻き込まれた。われわれはディンボチェでそれに襲われていたのだが、これはヒラリーにとっては、隊が大きいこととアイスフォールでの活動開始に急を要する点から、重大なことだった。さらに困ったことは、彼が目的地に着くまでに、雪に降られるとは思っていなかったので、クーリーに山靴や雪眼鏡など特別の装具がいるとは考えていなかった。クーリーたちは、フェルトの靴で深雪をこいで行き、第二日目の終りに、一行はひどくみじめなありさまとなったのだった。寒さにこごえ、衣服は濡れ、雪盲に冒された者も多かった。その夜はそんな条件の下にできる限りのことをするほかなかった。ところが一行が大ぜいなのに、テントは足りなかった。女もかなりいたが、限られたテントの中にすしづめになり、あるものは漂石のかげの雪上に寝なければならなかった。しかも、これらクーンブの人達は、実にしっかりしていてむしろこれを得意とするのだった。少数の者と、ひどく雪盲にやられた者以外は皆、次の朝は大元気で出発に身構えた。ひどく弱った連中を降らせたのち、ヒラリー隊の連中はボール紙や黒い布切や色セルロイドの断片で間に合わせの雪眼鏡を作って目を保護したので、この元気な荷上げの一隊は目的地へと、ひどい痛手にもかかわらず、なんの不平も洩らさず前進を続けたのであった。

レーク・キャンプを通過し、彼らは、昨年スイス隊のたてたケルンの列に沿って、両側に小型の氷の峰でできた、怪奇な森に囲まれている氷の真ん中の広い石ころ道をつたわりながら、氷河の登りを続けた。この氷塔のあるものは三〇メートルの高さにおよんでいた。強烈な太陽の熱の仕業だが、この熱は他にも不思議な形のものをつくり出す。大小の漂石が氷の塔のあぶなっかしい頂に乗ったまま、空に高く持ち上げられて、そこが氷河面の以前の高さだったことを示していた。異様な、浮世離れのした風景だが、ある種の美しさがないことはない。しかし、今われわれの入り込んで行ったところは、親しみ難い、死の世界で、月の世界の風景を想わせる。レーク・キャンプの上のモレーン地帯を離れてからは生える草もなくいっさいの生物はいないからだ。ここの地形もまた異様である。クーンブ氷河を登るだれ一人この先にアイスフォールがあることを想像もできまい。地図上に示されても疑うことであろう。この氷の流れは、リントレンとヌプツェに囲まれた上部の谷から出ているようだ。この二つの山の中間には、越えられそうに見える一つの峠ロー・ラがある。見たところ連続したこの高峻な尾根に阻まれているので、エベレストの基部に出る唯一の途はこのロー・ラを通過してチベット側のノース・コルへ進むことだと考えられよう。このコルの向うにノース・ピークがわれわれを招く。氷河上のキャンプとベース・キャンプとの間を幾度も、私は上下したが、いつもこのヌプツェの西尾根の肩を判別することはできなかった。実はその先に隠された切れ目があるのだが、下からはまったく見られなかった。山の構造に見られる自然の戯れであろう。

ロー・ラのすぐ下ではあるが、その基部の氷と岩の扇状になだれた跡から安全距離のところに、一行はスイス隊の第一キャンプの跡を見つけた。そこには、滞在中の調理に、とにかくパラフィンを燃やさなくてもすむだけの燃料用の杜松《としょう》の貯蔵がみつかって大助かりだった。この地点は理想的とはいえないが、大アイスフォールの基部に接近しているという大事な長所を持っている。ヒラリー隊にとっての課題を一日で眺めるには、テントの背後の小さい氷の丘を登りさえすればよかった。キャンプは四月一二日に設けられた。このアイスフォール偵察隊は、ここで、その重大な任務にいつでも取りかかれるようになったのだ。

前の章で、私はエベレストという大邸宅の二階へと導くこの階段が、氷河学的には地下に横たわる岩の斜面を越えて急角度で落ちかかる氷の流れだと述べた。今度はこれを私は他の見地から、すなわち私がこの目で見たままを述べてみたい。ここからは見えないが、ローツェの壁から長く水平につづいた末、ヌプツェの頂稜は上部クーンブ峡谷へ急激に落ちこんでいる。ちょうどベース・キャンプのすぐ上の、現在われわれが立っている地点に向って落ちているのだった。しかし、そこから六〇〇メートルあまり上の地点で、地殻の激変によって切りとられているために、この谷の床部には届かない。そこには凄じい絶壁があるばかりである。厚さ三〇メートルを越す青氷の一部が突き出ていて、連日そこからはがれた氷の巨板が、時をおいて落下する。この胸壁の側面は、見たところアイスフォールの右側を抑える壁を形成している。もう一つのは、エベレストの西尾根だが、これも堂々としていて、幅の広いなめらかな岩の斜面を、いまわれわれの左肩越しに望まれる、ロー・ラへと落している。エベレストとヌプツェとの両肩の間にしめつけられて、この氷は巨大な瀑布のように、飛び散る波か渦巻となって、隠れて見えない石塊を越えてわれわれ目がけてそそぎかかる。上部の断崖のふちまでは静かに流れてきたあと、そこで恐ろしい力をもって落下する、この莫大な量の泡立つ水流の響きが聞えはしないかとさえ思う。しかし、今は、鋭い寒気に捉えられて、不動の形に凝結し、その活力は抑制されて静寂な物となっている。だが完全にではない。その崩れた氷の迷路は動いている。表面は水のような速度ではないが、少なくとも、その上を乗り越えて行くのは危険なほどの速度をもって変化して行く。

さらにまた登攀者のいっそう慣れた目で見ると、問題は自ら二つの部分に分れる。その一つは、急な低い部分で、その氷には、かなり近時に、大きな変化があったと思われる。相当の広範囲にわたって氷が破壊され、氷塊の迷路となっているからだ。少なくとも、三〇〇メートルの高さのこの下方の大きな段の上に、一つの棚状の場所があるが、その辺一帯の傾斜は暫時ゆるみ、その先で再びウェスタン・クームの端へせり上っている。この部分は非常に奥行がちぢまって見え、一部は下部の段のために見えないが、ここから見ても、氷の割れ方も下の部分ほどひどくはないが、裂目の線ははっきりしていて、その規模も大きい。アイスフォールの両側には溝がある。ここはそのまま通れそうに見えるが、双方ともまわりの尾根から氷のなだれの危険があり、これを通ることは自殺行為に等しい。登路は、およそ中央部が最もひどく壊れ、無秩序になっている場所のなかに探さなければならない。

アイスフォール隊は、いちじるしく困難な状況の下で仕事に取りかかった。到着すると早速、ロウが病気になった。数日後、この隊の力はさらに弱められた。というのは、ウェストマコットが同じような災厄に陥ったからだ。下痢の急激な発作なのだがわれわれの大部分が、その後数週間にわたってこれに悩まされた。一時に三人の活動力以下に減ってしまうことはなかったが、この隊に余計な負担が加わった。そのうえ、彼らの困難だった作業は、天候によっていっそうむつかしくなった。

毎日午後になると、降雪にあう季節に入って、朝になると、前日苦労してつくった路を、また作りなおさねばならなかった。最初の二日間、一行はスイス隊が第二キャンプを設けた中途にある台地へ到達するために苦闘した。右や左に路を求め、まちがった無駄な発足を繰り返し、連日、氷塊の除去や荷担ぎのシェルパのために安全な足場をきずくための、ひどく消耗する労働に多くの時間を消費したが、四月一六日、ついに五九〇〇メートルの地点に二つのテントの設置をやりとげた。このことは、エベレストへの前進に最初の重要な一歩を印したことになった。やっと設置したこの第二キャンプは、はじめのうちは魅力があったが、慣れすぎたし、多数の隊が立ち寄るために、きたなくなってきたし、また暑気も増してきたために、じきに人気を失うことになった。

ヒラリー、エバンズ、ロウの三人は、この第二キャンプで夜をすごし、翌日、ウェスタン・クームの末端まで登路偵察に出かけた。その日、すなわち四月一七日、私は、彼らの動静を知ろうとレーク・キャンプの休息地を後にした。ベース・キャンプで、彼らがアイスフォールに上っていることを知ったので、アン・ナムギャルに第二キャンプまでの同道を頼んだ。私は、その時まで、無口なこの円顔の小男が、危険なこの登路を、最近三日間に、登ったり降りたりしていたとは知らなかった。彼は無言のまま、すぐ身構えた。ストバートは途中までついて来て、目標をいろいろ教えてくれた。

この最初の旅について、私はすこし詳しく説明したいと思う。この登路は、当時は荷を担いだシェルパには、まだ、本街道として役だつまでになっていなかったことを記憶願いたい。半時間以上も、われわれはいちおうアイスフォールの下を目指して幾度も障害を避けて迂回しながら、氷塔の間のまがりくねった狭い氷の道路を次から次へと縫って進んだ。われわれは、アイスフォールとかクームの登路を目標をつけるために、赤、黄、黒の旗をイギリスから持って来ていたので、さきの偵察隊は第二キャンプまで、すでにこの旗を立てていた。ついに氷面は急になり、アイゼンをつけ、ザイルを使わねばならなくなってきた。この地点を「島」と名づけた。われわれからかなり先の、大きなクレバスの急な端に一つの階段が刻まれ、そこには固定綱が下げてあった。最初に通ってこの道を作ったウェストマコットのために「マイクの難場《ホラー》」と名づけられた箇所である。この難場は今でこそ簡単になったが、よく氷に対する名人芸を語っている。その先のクレバスには多数の裂目があったが、そのうちの二つは飛びこすこともできない幅であった。そこに金属製梯子で仮橋をわたしてあった。一・八メートルの梯子二つを連結してわたした一つの裂目を越えるには、うまくはって行かねばならぬ。狭くて丸けずりの桟の上を、アイゼンをつけた靴で立って渡ることは危いからである。われわれは最大の崩壊地域に近づいて行ったが、次の急峻な地点を一つ登ると、今まで出遇《であ》ったこともない最も大きな裂目にぶつかった。大きな氷塊がこの裂目に楔形にのしかかって一見大丈夫そうだが、竜の口がもっと拡がったら万事休すというわけだ。その氷の向うの端は短い氷壁、クレバスの上の縁に接している。ここに対角線にステップが切ってあった。後に、われわれは手がかりのザイルを、そこに固定するはずだった。氷面をかいて作った手がかりを頼りに、右下方にうずくような危険を感じながら、慎重に登って行った。ここが「ヒラリーの難場《ホラー》」である。すこし上へ行ったところで、最も急な氷面のひどく壊された場所で、「地獄横丁《ヘルファイア・アリ》」と呼んでいるところへ出た。われわれよりも七、八カ月前に、スイス隊が立てた旗が一、二本そこにまだ立っていた。一つは、とうてい橋渡しもできない裂目に囲まれ、隔絶した氷塊の上に直立している。もう一本は容赦なく、かぶさるように傾いている、大きな氷壁の下に倒れていた。これらの旗は登路の標識だったが、今ではその路が見境いもつかぬほど変り果ててまったく役に立たない。

われわれの登路は、数百メートル上まで、巨大な塊の間とか、後とか、あるいはその上や下をさえ抜けて行く。この地点を的確に表現するのは困難だ。最近落下した氷塊は、まだ、堅固な斜面をつくるまでに落ちついてはいない。氷塊は締りがなく、危っかしく、他の頭上にのっていたり、今にも、そこから崩れ落ちて来そうなようすのもあった。たびたび上下している間にこのクーンブ・アイスフォールの「地獄横丁」といった恐ろしさには相当鈍感になってきたが、私はここを一つの危険地域といつも考えていた。この最初の旅で、その頂のところで右方へ移り、もうすこし広い場所へ出られたのにはホッとした。ここで氷塊は形は大きくはなるが、その動きがさらに激しい地域に来た。ここが「原爆地帯」である。われわれは危っかしい恰好の氷塔が立ちはだかり、口を開けたクレバスで端から端まで裂けている浅いガリーに近づいた。初期のうちはどれも、跨ぐことも飛び越すこともできたが、後になると形が変って広くなり、越すには二つの橋が必要だった。「原爆地帯」の氷はたえず動き、しかもそのつど音を立てていた。何かしらいちじるしい変化がそこに起らぬ日はなかったので、第二キャンプを設けた台地へ達する登路については、いつも偵察を新たにしなければならなかった。常時は裂目の間の氷棚は大きな段を作りながら沈下するが、その動きが激しくなる時は変化はいっそういちじるしい。第二キャンプからはこのにぶい無気味な「ウーム」と唸《うな》るような音がきこえた。幸いこの変化は普通夜間に起るように思われた。この地帯では標旗が、立てたあと何日も残っていたことはめったになく、新しいくぼみに深く、固定して突立っているのがみえるか、永久に姿を消してしまうかだった。

アン・ナムギャルと私とが、第二キャンプに着いたのは午後零時半ごろだった。テントは無人だったが、休息を要したし、ウェスタン・クームから吹き下ろす強風を避けたかったので、テントの中にはい込んで横になった。おそらく半時間くらい過してから、上方へ続いている踏跡を追って登って行った。テントから一〇〇メートルばかり登ったところで、歓呼をあげて降りて来た三人組に会った。ヒラリー、ロウ、バンドの三人はクームの末端に到達したのだった。彼らは行手にある幾多の危険、直面した技術上の問題などについて盛んに話した。われわれはその時まだ、ウェスタン・クームへの入口を発見できるかどうかさえ確かではなかったが、このニュースは大したものだった。最初の大きな問題が解かれ、われわれは予定通り四月二四日から登路を固め、アイスフォールの頭へ荷上げを開始することになった。

レーク・キャンプからずっと登り続けて来ていたので、私は疲れてはいたが、続けてこの登路の上の部分をぜひ見たいと考えた。その日ばかりか、その前四日間も連続苦闘をしていたにもかかわらず、ヒラリーは私のザイルに加わり、登路の状態を説明しに途中までいっしょに行くと言い張った。天候は悪く視野はせまかったが、右側に高い氷壁が数百メートルにわたって登路を脅かしているのはよくわかった。彼らが到達したクームの末端にある大きな棚がやっと見えたが、確かに、そう遠いところではないらしい。第二キャンプに戻ったが、キャンプでは、ロウが熱い飲物を用意してくれた。その後、全員ベース・キャンプに帰還したのだった。

その日の幸福は、ベース・キャンプに大きな郵便袋がわれわれを待っていたことで完璧なものになった。ロバーツが、その二日前にチアンボチェに着いたばかりだが、グレゴリーは皆にこの喜びを早く与えようと大急ぎで、信頼できるアン・ノルブを走らせたのであった。行進を始めた最初の頃、小さな束を受け取ったのをのぞけば、カトマンズ出発後、最初に受け取った郵便物だった。

私は夕刻レーク・キャンプまで疲れた足を進めて、あらためて安堵の溜息を洩らした。山頂への途上で里程標をさらに一つ通り越したのだ。

＊

ここで、エバンズとその隊の活動に筆を戻そう。エバンズとはディンボチェで別れたのだが、彼はシェルパへの酸素使用方法の指導に忙しかった。彼らはイムジャの頭にある広い盆地に上った。この中央に六一〇〇メートルを越す魅力に富んだ山が一つ聳えて、そのまわりを、ここへ流れているいくつかの氷河が取り囲んでいる。前年シプトン隊がバルン峡谷を探検した際に眺めた山であって「アイランド・ピーク」と、その形にそった名称をシプトンたちがつけている。

エバンズ隊はこの山にも登った。これによって、われわれの約五八〇〇メートル、あるいは六一〇〇メートルの山の収穫は六つにおよんだ。今、この隊はチアンボチェへ帰らなければならない時だった。そこには、まだなすべき仕事がたくさん残っていた。キャンプや必要な装具をクーンブ氷河の新しいキャンプ地へ上げるのに、大部隊のクーリーが必要だった。ロバーツが酸素関係の荷物六〇個を持ってもう到着する頃だし、低地用の一四人のシェルパが隊に加わることになっていた。彼らは戻って行った。まる三日かかって、彼らは再び新しいベース・キャンプを目指して、もう一度二つの輸送隊に分れて、四月一八、一九日の両日にそれぞれ出発する用意をととのえた。

先のヒラリー隊と等しく、彼らは悪天候に巻き込まれ、同様の困難を味わった。ワイリーがテントの収容力についての面白い新記録を伝えた。一二人用ドーム・テントに六〇人のシェルパが、そして二人用ミード・テントに八人が入ったというのである。私はこの輸送隊の第一隊がレーク・キャンプの一行程下にあるロブジェに到着したので、出迎えに下りて行った。クーリーたちは荷物の上に、さらに焚火用の雑木をのせていた。エバンズとはしばらく会わなかったので、話がつもっていた。エバンズと共にグレゴリー、それから遠征隊への新客、タイムズのジェイムズ・モリスが来た。モリスはわれわれの動静をいち早く報道するために派遣され、遠征の終了までわれわれと行を共にするはずだった。これで彼は通信を書く私の負担をかなり軽くしてくれよう。このことは山頂攻撃期間には、とくに私にとって有難いことなのだ。

後続部隊がベース・キャンプに近づいたので、私の隊は、氷河湖畔での割当てられた休息期間も終ったし、ヒラリーに合流するために登って行った。ノイスとウォードとは氷河の中央部の岩道を数百メートル下ったところにベース・キャンプを移し直すため、先にたって行った。それは、スイス隊の使った地点が広さからいっても、また、衛生状態からも共に不適だったからだ。とりあえず付記したいが、これはスイス隊を非難するのではない。隊の医者が厳重な規則を定め、他の仲間もやかましくいったが、この寒気と不自由な環境では、衛生方面の根本方針を守ることはまったく不可能だったので、後には、われわれ自身のキャンプでも同様の困難が起るわけだった。私がロブジェから戻った時には、すでにテントを設ける敷地が、氷上に石を敷いていくつか手際よく作ってあった。そして、各部門の配置もウォードによって準備されていた。

われわれは踏査隊のやった見事な仕事を引きつぎ、アイスフォールへの登路改修の仕事にすぐ取りかかった。踏査隊は今、レーク・キャンプで、休息を楽しんでいる。病気の幾分か回復したウェストマコットの力をかりてノイス、ウォード、後に私自身も加わり、ベース・キャンプと第二キャンプとの間で、二日間を、新しく多数の足場を刻んだり、今にも登路へ落下しそうなあぶない氷を切り落したり、「ヒラリーの難場」を避けるために大きなクレバスに、あっちこっちとザイルを新たに固定したりする仕事に没頭した。

第二日目、四月二一日の午後、ウェストマコットと私とは、第三キャンプを初めて設置する場所を選びにアイスフォールの頭へ登って行くため、第二キャンプでその夜を過すことにした。私は、第三キャンプ建設の材料を持った五人のシェルパを伴っていた。その夕刻おそく、ヒラリーとバンドとが到着した。ヒラリーとウェストマコットとは、第三キャンプに留まって、アイスフォールの二つのキャンプ間の登路に手を入れようというのだった。ロウも彼らと共にベース・キャンプを出たが、まだ気分がすぐれないため、やむを得ず引き返した。もうすこししなければ十分な活動はできないと思われた。

四月二二日には、まずヒラリーとバンドが、登路の改修と標旗を立てて進むため先にたった。ウェストマコットと私とはシェルパに付き添い速度をおとして行く。この前にここを登って以来、新雪が一五センチから二五センチくらいも降り積ったし、四月一七日の偵察では旗を立てなかったので前に作った路はあとかたもなくなっていた。先にたった二人にとっては、この膝を没する新雪中の登りは実につらいものだった。私のつれている連中にとっても、先の二人よりも荷が重いのと、除雪やしっかりした足場を踏みつけて行くので、結構疲れる仕事なのだった。

ヒラリーと共に登ったアイスフォールの下部をのぞけば、ここは私にとっては新しい場所だったので、このアイスフォールの上部を初めて眺めることが非常に興味をそそった。下からでもわかったように、上部の氷の状態は、下部のとはひどく違っている。第二キャンプから下では、氷河はくずれて、がらがらの荒廃ぶりであるのに、ここでは氷塊の一つ一つが、ずっと大きく、登路はその間をぬって行く。ダイナマイトで爆破された広い石切場よりも、むしろ何かどっしりした印象を受ける。第二キャンプのテントから小さい台地の頭にある別のガリーをしばらく進むと、急に右に折れるが、ここで各種類の障害物が現われる。まず最初に出会ったのはテントの上約七五メートルにある氷塔である。そこで、頭部の四角い氷壁に登らなければならないが、これは氷の斜面から、半ば切り離れて前にのめり出していた。これを、大きく刻んだ足場と手がかりとを使って登り、裂目を跨いで背後の台地へやっと切りぬけた。

もうすこし進むと大きな溝がある。幅は少なくとも二〇メートルはあるに違いなく、その一部にはむき出しの氷の大塊がいっぱいつまっており、一部はいま立っている台地の面から、約六メートルおち込んだ細長い段であった。ここにもまたステップが刻まれていたので、固定綱を結びつけて下りやすくした。ここからの出口はおそらくベース・キャンプとクームとの間の、全行程中最も危険な箇所だろう。というのは、この溝の向う側の急斜面は大小さまざまな氷塊に覆われ、見渡す正面いっぱいに名状できぬような混乱状態で積み重なり、高さにして約六〇メートルも上の斜面へ拡がっている。どの一つが崩れても、下にいる隊員に災禍を引きおこすことだろう。ここのデブリは「地獄横丁」のよりもなおひどく不安定だったから、おそらくこのなだれが落下したのは、ヒラリー隊が初めてとりついた時の、さほど前ではなかったに相違ない。しかも、ぶつかったが最後それを避ける途はなかったのだ。この危険な氷塊の下端にとりつくには、まず最初にこの大口を開けている裂け目を、望みのあるたった一つの地点で横切らなければならぬ。この地点には薄い氷の舌が支えるものもなく、やっとクレバスの手前の端に付着していた。ここを横切り、クレバスの上端へ足をかけるには危っかしい三つのステップを頼りに登る他に途はない。三日の後、私はこの今にも壊れそうだった出っぱりが、クレバスの青い底に見えなくなってしまっているのに気がついた。ボーディロンがピッケルで軽くたたいたら、崩れ落ちてしまったのだときいた。クレバスは少なくとも三〇センチを増していた。それまではウェストマコットが取り寄せた丸太を使って、一本の丸木橋に手がかりのザイルで間に合ったのだが、後には金属製の梯子二つをつないだものに取りかえる必要があった。それが一週間後には、三・七メートルの梯子でも裂目の中へ転落する危険があったのだから、アイスフォール表面の移動がいかに激しいかがわかると思う。また五月の末に、われわれがベース・キャンプへ最後に降りる前には、ノイスもこの梯子にさらに二本の材木を結びつけて長くする必要があった。

この危険な、ごろごろ氷塊の重なっているクレバスの縁に沿って、真っすぐに登ってから、クームの方向を目ざして左折することができた。今やわれわれは、ヌプツェの西尾根の基部にあたる断崖が崩れた氷のデブリの山の上に立っている。当然ルートはこの棚に沿って登ることになるが、これはその側面の断崖から、早晩もっと多量の氷塊が崩れ落ちて来そうな危険にさらされているのだ。しかし事実、他にはとれる途はなかった。この線は斜めに無数の不安定な氷塊の上を越えて上の方へ続いているが、ついに、一つの割れ目をこした後、ようやくウェスタン・クームの末端のしっかりした断崖の基部に到達することができた。

ここはクームがまさにアイスフォールに流れ落ちる所なので危いことはわかりきっていた。そして新しく崩れ落ちてくる氷塊が、斜面に急激な変化を起すのをまざまざと見せつけているのだった。断崖は、直立一二メートルに及んで、余りに高く急なので、そのまま真っすぐには登れない。それでわれわれは大きい方の氷の山とそれから裂けて離れたばかりの約六メートルの高さの大きな氷塊との間を通って、この断崖の基部にそって右へ迂回して行った。われわれが「胡桃割り《くるみ》」と名づけたこの登路は、アイスフォールの最高部一帯が特別に不安定な状態にあるのと、一つには断崖から、また別の氷塊がはがれて、そこを通過する登山隊を圧しつぶそうと常に身構えている点からいって、ことに不安な箇所であって、断崖の下の穴が、見当のつかぬ深さであることは明らかだった。おそらく、氷の棚が、氷の下の岩床よりも長く突出しているせいだ。ここを通ろうと足場を刻んでいると、氷片は暗黒の奈落へ落ちて行くばかりではなく、轟く音があとを引き、それにつれて氷面も揺れた。ちょうど足の下を地下鉄が通っているようだった。なんとも無気味で恐ろしい気持だった。

その角を廻ってみても、いっこうに事情は好転しない。崖ぶちは容赦なく続いて、侵入者をヌプツェからのなだれの砲火の中へむりやりに追いやろうとしているようだった。しかし、この氷面にも一つの隙があった。一つの垂直の裂目へ続く傾斜した狭い棚がそれだった。この裂目は、やがてクームの氷河から大氷塊が裂け落ちたのだが、私が第二キャンプの先ではじめて一行に会ったその日、ヒラリーは見事にそこをリードしたのだ。私が行った当時にはすでにその裂目は一見わかるくらいに幅をひろげていたが、ヒラリーが刻んでおいた足場のおかげで四・五メートルを彼よりよほど苦労せずに登って、突然かつ劇的に平らな棚の上へ頭を出した。ここは今までに達した最高点であったが、安全に第三キャンプを設けるにしては不確実な崖端に近すぎた。それでシェルパを先へつれて行くのをやめて、荷物をもっと低いところで崖の上に引き揚げておいて、ダ・ナムギャルと共に適当な場所をさがしに、われわれだけで登って行った。到達した台地は、幅広い裂目が、もう一段高い向う側の氷の斜面との間をわけているのでそれ自体崖端へ倒れそうだった。しかし、二カ所、明らかにしっかりしている雪橋でつながっていた。丈夫に見える方の橋を渡って、前よりも広い浅いくぼ地に出た。頭のすぐ上に、のぞき込むように聳えている崖もない。キャンプ地には立派に役立つに相違ない。高度は六一六〇メートルであった。

われわれが抱いていた第一の疑問に対して、一刻も早く解答が得たく、ヒラリー、バンドおよび私はクームに入りこむ路を見つけようと、キャンプ地からさらに先へかなり登った。橋をかけられないほどの広い裂目にぶつかるだろうか。もし出くわした場合、裂目を降りて向う側へ出ることが可能だろうか。この疑問こそ一刻も早く解答を得たいものだった。多くの大きなクレバスを廻ったり、越えたりして進んで行ったが、まもなく、一つのクレバスで遮られてしまった。エベレストの西尾根の側面にくっついて覆いかぶさるように張り出している氷の真下で、あえて登攀の危険を冒す気でなければ、このクレバスは乗りこえられなかった。ところが、すばらしい僥倖《ぎょうこう》によって、われわれはその最も狭い箇所にぶつかっていた。裂目は僅か五メートルに過ぎない。その先では、クームが平坦になり始めていた。ここまでは見通しが明るかった。次になすべきことは梯子を運び上げて、もっと先を調べることだ。一刻も早く梯子を運び上げなければならない。

私がアイスフォールについて相当長く述べてきたのは、これがエベレストについてのわれわれの活動中、実に大きな、そして長い間の関心事だったからである。登路がどんなによく整えられているにしても、多数の人間と荷物とが頻繁に上下するのは、それは常に心配の種だった。しかもここを六週間にわたって往来していた間に、一つの事故もおこらなかったのだから、われわれは実に幸運だったというべきだろう。

一九五一年にシプトン隊によって行なわれたアイスフォール最初の登攀は、登路の発見と氷の技術の点できわめて見事なものだった。ヒラリーの話によると、今年のアイスフォールの状態は二年前とは比較にならぬほど悪い。またスイス隊も昨年の春、ここで出くわした問題が深刻、かつ危険なものだったことを素直に語っている。毎年いや毎月、これは形を変える。二、三日の間にさえ、また驚くようなことがおこる。ある意味では、どの登攀も常に新しく、いわば初登攀といえる。アイスフォール偵察隊は、この登路を切り開き発見するというすばらしい仕事をなし遂げたのだ。

ヒラリー、ウェストマコットおよびダ・ナムギャルを上部の登路の改善、またできたら悪場を迂回できる路を探す仕事に残して、私は四月二二日バンドといっしょにベース・キャンプへ帰った。留守にした二日間に、ベースのようすは著しく変った。後の隊は二隊とも到着して、ひらたい場所にはいずれもテントが設けられ、賑わしく活気立っていた。ロバーツを出迎え、酸素補給器の荷物を引継ぐために、一週間以上も前に、クーンブ氷河の岸でわれわれの隊と別れたボーディロンは、荷箱を整理棚に使って、本職はだしの物置を自身で巧みに建てていた。ウェストマコットの注文によるたくさんの丸太材の一つは、われわれのユニオン・ジャックの大きな旗を掲げるポールになっていた。トンデュプは例の通り食糧の空箱の板紙を敷いた、石造りの大きな料理場に、なかなか手際よく居を構えた。新しい見ものは広い氷の洞穴であった。それはテントのちょうど背後にある、多くの氷塔のうちの一つに掘ったトンネルである。これはストバート考案の別荘であったが、なかなかいい物だった。ベースはよく組織された純然たる会社のようであった。ロバーツが別れにきて幸運を祈ってくれた。彼は遠征隊のために、要求された期日までに酸素補給器を引渡すため、計り知れない援助を与えてくれた。そのためには、自分の休暇の一部を犠牲にしてしまったのだった。

テントに近づいた時、きゃしゃな、皺のよった顔で、ごま塩頭の小男がまず最初にわれわれを出迎えた。一見年とって見えたが、ニコニコ顔は若々しかった。これがダワ・トンデュプだった。彼は一九三三年のエベレスト遠征に、ポーター隊の一人として参加して以来、何回かのヒマラヤの遠征に加わっている。かつて、ナンガ・パルバートで六人のシェルパとドイツ隊員三名が生命をおとした際、吹雪の中で示した勇敢な働きによって、一九三四年にヒトラーから叙勲されたことがある。このほかの多くの赫々《かくかく》たる奮戦のうちには、一九五〇年のアンナプルナ、一九五二年エベレストのサウス・コルでの活躍が輝いている。

ダワと私とは昔なじみである。ずいぶん以前にカラコラムのサルトロ・カンリー登攀を試みた時、いっしょだったが、その後シッキム・ヒマラヤでの二度の遠征にも参加したし、またその地域でのたびたびの旅行にも同道している。最後に会ったのは一九四〇年だったが、今年も参加するよう、私はヒマラヤン・クラブにとくに頼んで、彼を説きつけてもらったのだった。彼は、今、四〇代も終りに近い。テンジンが他の連中とダージリンをたった時には、体が悪かったが、一カ月後、ロバーツといっしょに同じく「タイガー」の一人アン・ニマと共に、来られるように打合せができたのであった。かようにして、彼は私への友情と好意から遠征隊に参加したわけである。この小柄の男がエベレストにおいてどんなすばらしい活動を演ずることになるか、予測はできなかった。

第四部　攻撃準備

荷上げ

　ロンドンにいた時、われわれは、山頂を狙う前の、ウェスタン・クームへの荷上げに必要な期間を、約三週間と計算していた。行進開始と現地練習期との間に、エバンズ、ヒラリーと私とは折をみては、山頂攻撃について数種の計画をもととし、またその他の関係問題なども考慮に入れ、さらに正確な予定をたてるのに忙しかった。

　私は山で実際過す時期を最小限に短縮し、だれも、山頂攻撃を始める前に少なくとも一度は低所で休息を楽しめるようにしたいと、それをとくに考慮に入れていた。天気予報は五月一日から知らされるはずになっていたから、その時分には、モンスーンの始まるのをいつと考えていいかわからなかった。しかし、この悪天候がはじまるのを早目に見ておくのが賢明だった。五月一五日の準備完了の予定を延ばす理由はなかった。天候はまだ予測できなかった。その一五日以後にも、しばらく好機を待たなければならぬことにもなりそうだ。

　ここに思いをめぐらすと、高所キャンプでの待機が長びいて起る退屈とか、緊張が士気におよぼす過労とともに高所での体力衰退の悪影響も考えなければならなかった。なお他の問題もあった。山頂攻撃のプランはまだ決定してはいなかったが、二回以上の攻撃を続けて行なうことは不可能なこと、そして、二回の攻撃が失敗した時には一時休んで再編成を行なわねばならないことは明白だった。

これらの、すべての要素を念頭において、私は、ここで装備や携行食の関係者に、五月末日までの必要を見込んで、ウェスタン・クームの頭へ積み上げなければならない荷について、主要な点を説明した。もし、その日よりもおくれるとすれば、シェルパを下ろして、さらに補給を追加しなければならない。これらの荷の重量については、かりに、悪天候、登路の予期以上の変更、輸送隊に起る病気などの障害がないものとしても、われわれが予定するアドバンス・ベースへ、五月中旬までには荷上げを完了していなければならないばかりでなく、休養期間にもうまく間にあうようにする必要があった。

それで、四月二二日の夜、会食《メス》テントの中での夕食時に、「攻撃準備」計画の概要を全隊員に説明することができた。第三キャンプでその朝、私と別れたウェストマコットとヒラリーをのぞいて他はすべて揃っていた。期間を二分して第一期には、主としてベース・キャンプへの荷上げに従事する。第二期には、活動の中心はウェスタン・クームになる。この二つの期間の合間にはパーティの大部分のものが休息をとる。レーク・キャンプかまたはロブジェまで氷河を下って、高度の低さや環境の変化からくる快感とか恩恵を享楽するためである。

荷上げには、全員三九名のシェルパのうち二八人を要する。その二八人を四隊とし、各七人の隊に分ける。そのうち三隊は第一期中アイスフォールの仕事に従事し、クームでは残りの一隊だけが働く。この期間は四月二四日から五月二日まで続く。各隊に登攀隊員二名が付き添い、その行程中、隊の登り降りを助け、必要に応じて登路を手入れしたり、新しい障害物を迂回する道を探したりする。低地での輸送隊はボーディロンとワイリー、ウェストマコット、バンドとテンジンが受持つことになった。ロウはまだ回復していなかったが、後には思う存分活躍ができた。私はアイスフォールでの明白な危険、またクームでの隠れたクレバスを切り抜けるに当って、われわれ隊員が別行動をとって、シェルパだけを危険にさらしてはならないということに一番気を使った。

五月三日から五日までの間の中休みがすんだ後の第二期は、四隊のうち三隊が最初は第三キャンプからクームまで、後には一部が第四キャンプから、ローツェ・フェースの基部まで行動する。そして一隊だけが、アイスフォールの登降に働く。これらの輸送隊によって、全登攀隊をアドバンス・ベース（第四キャンプ）に五月一四日までに到着させねばならぬ。そして、ローツェ・フェースの基部の第五キャンプに貯蔵地を設け、さらにサウス・コルへ荷上げをすぐできるようにする。これで、われわれがイギリスでたてた「基本計画」の主要部の一つをやっとすますに過ぎない、というのはこの仕事の第二段および最終段、すなわちサウス・コルへの荷上げが残っているからである。しかし、いぜんとしてサウス・コルで必要な貯蔵品の正確な分量を決めるはっきりした計画はできていなかった。サウス・コルに到るローツェ・フェースも、踏査はもちろん、まだ見えもしない。この部分の登路を担ぎ上げられる荷量は、非常な制限を受けることだろう。それは、この部分が今回の全登路中、最も難関と目されていたからである。こういう事情のもとでは、そう先の方までを仮定するのは愚かなことと思われたので、私はローツェの山面を登る仕事全般を、山頂攻撃期間の方にふくめることにした。

前途に大切で緊張な仕事を控えているこの際、私は、エバンズを招いて、私が病気あるいはなんらかの故障に遇った時には、リーダーを引継ぐ用意をしてもらうように話し、全隊員にも、万一の場合とられるこの処置の承認を求めた。このリーダー代理の要不要については、ロンドンをたつ以前、すでに相談されていた。戦前の数回のエベレスト遠征にも、一つ前例がある。ロンドンにいた時には、指揮系統を設けることは望ましくないし、また隊の組織を複雑にしすぎる危険があると私は思っていた。リーダーの任務というものは、単に、われわれ一同が分担している多くの責任のうちの一つにすぎないと一同は考えていた。

*

この非常に多忙、大切な時期に入る前に、なすべきことが二つあった。アイスフォールの多くのクレバスにまだ橋をかけなければならない。しかも、クームを登って行く間にどのくらい多くのクレバスに阻まれるかも見当がついていなかった。それと、クームにはまだ入っていなかったので、そこへの登路を作ること、アドバンス・ベースの場所を選定することが必要であった。これらの仕事を、ただちに行なわなければならないのだった。

次の朝、ワイリーは、チアンボチェ付近の森林から切ってきた三・六メートルの木柱というやっかいな荷物を担いだシェルパの一隊をつれて出発した。彼の仕事は第二キャンプまでにある大きな裂目全部に橋をわたし、暫定的に、それらの裂目のあるものに架けてあった梯子を取りのぞいて、それをヒラリー、バンドおよび私が二二日に見つけた第三キャンプの前方にある一つの大きなクレバスに向けることであった。その日は、ワイリーには事件の多い日だった。二つの組立梯子が架けてあった裂目に、大きな丸太棒を渡し終ってから、この僅か二つのポールを綱で結び付けただけの、狭い不便な橋を渡った。彼に続いたのはパサン・ドルジというはにかみやの、ひどく内気な若者だった。平素、彼はトンデュプの助手として調理場にいるのだが、もっと緊張した仕事で、腕を試さしてくれと申し出たのであった。橋を半分渡ったところで、足下の空間が彼を脅かしたのはたしかだった。不可避なことが起った。片方へよろめいて、彼は奈落へ石ころのように落ちて行った。ワイリーは、パサンに、荷をあとに置いて渡るように言いつけたところだったから、いくらか予期していたのだろう。ワイリーと、次に渡る番だったシェルパとは、もちろん、山登りの定石通りに、雪面深くさしたピッケルにザイルを巻いて確保していた。それでも、ワイリーはパサンが息もできず、おびえきって、クレバスの端に出てくるまで力いっぱいザイルで引き揚げるのに苦労した。やっと雪の上に上ったパサンは、ワイリーの言葉に従えば「死んだアザラシのように」のびてしまった。パサンも救い主ワイリーも、数分間そのままで息を入れた。これはリーダーとしては見事な離れ業であった。事件の後でパサンは今までやっていた調理場の雑役にまた戻った。

ワイリーは、僅か上方にザイルで結び合っている三人のシェルパが現われたので、目を見はった。経験者のアヌルウに率いられた連中が、前方の急斜面を唸りをたてるように降りて来た。彼らは幸運にも、彼らを待ちかまえている多くのクレバスにも呑まれずに帰って来た。アヌルウは、一方のアイゼンを壊していたが、片方のアイゼンだけで氷坂を攀じ登る満々たる自信を持っていただけでなく完全にリードしつづけたのだった。これに続く数週間に同様のことは毎日のようにも起ったのだが、この二つの出来事こそは、荷上げのシェルパ隊には登攀隊員が付き添って苦闘をともにする必要を立証したのである。

事故はシェルパたちに限らなかったし、かならずしも未経験からでもなかった。ヒラリーも、テンジンとともに、四月二六日ベース・キャンプへ降りる途中で危く難を免れたことがあった。「原爆地帯」を降りてくる時、彼は、その表面がたえず動いている場所で、クレバスの上のいくつもある大きな「階段《ステップ》」の一つを飛び降りたのだが、飛び降りたところの氷塊全体が足下で崩れ、彼は下のクレバスへ向って倒れた。しかし、何の怪我もなかったのは、テンジンの注意と熟練のおかげである。テンジンは、僚友のつまずきに強く身構えて、ヒラリーを見事にザイルで引き止めたのであった。

ウェスタン・クームへ入り、その頭までの登路を探し出す仕事はエバンズ、テンジン、ヒラリーと私でやった。ヒラリーはすでに第二キャンプにいるので、他の三人は、四月二四日の朝、第三キャンプから上の仕事をやりに行くノイスとグレゴリーに引率された七人の「高所隊」あるいはクーム輸送班に先立って、そこまで登って行った。前夜、雪がひどく降ったので、私は午前八時の無線電話の呼び出し時に、第三キャンプのヒラリーと通話をしたのだった。すでにアイスフォールの各テントに無線電話機が配置されていた。これはベースにある中継所へつながっている。

『ハロウ、第三キャンプのエド（ヒラリー）――こちらはベースのジョン――テンジン、チャールズ・エバンズと僕が今日君に会いに登って行く。クーム偵察のためだ――きのう、ひどく積ったから、君とマイク（ウォード）とで第二キャンプまで降りて、道をつけてくれると非常に有難いが――以上』

ヒラリーは聞きとれたといって、前日アイスフォールの頂でやった仕事を興味深く話した。『ハロウ、ジョン――こちらは第三キャンプのエド――マイクと僕にはかなり手強い日だった。第三キャンプへの他の道や、クームへの別な道を探したりした――右へヌプツェ側へつづいている絶崖はまったく望みない。直登路よりもずっと危険――直登路にきめた方がいい――マイクと僕とは「胡桃割り」で大いにやった――ひどく危険な箇所だ――下の方の壁にザイルをつけられるようにピトンを打っておいた――それから荷上げの連中のために氷の裂目を避けて、縄梯子も崖のところに下げておいた――会うのを楽しみにしている。ジョン――ヨッホー――以上』

第二キャンプまでの登路は、最も消耗する苦闘だった。私自身にとっては、下痢の急激な発作におそわれて、ひどく衰弱していたのでいっそう困難だった。重い足でたどって行く間、雪が降っていたが、その日いっぱいつづいた。ひどく疲れてテントに着いたので、われわれのためにあんなに骨折って直してあった登路を利用する力もなく、翌日まで休むことにした。第二キャンプは、その夜は満員だった。われわれのほかに、高地輸送隊がいたし、低地チームも第三キャンプへの途中ここで常に夜を過すからだった。

ヒラリーが、四月二四日に苦労して深雪の中を、路を踏みつけておいてくれたにもかかわらず、われわれの隊は翌日、第二キャンプまでの登りにまたまた苦闘しなければならなかった。登りは、われわれの隊よりも高地輸送隊の方にとって、はるかに困難であった。この隊は二三日にワイリーと別れて留まった第二キャンプから第三キャンプまでの間、ずっと、梯子の二つ分を担いで行ったのだが、必要なスパナーを持っていなかったので、この梯子を三・六メートルの長さのまま担いで上って来なければならなかった。クレバスの先の、氷塊の迷路やその他の多くの場所で、これが荷厄介になることはよくわかっていた。まったく、この行程をやり遂げるには、ノイスの忍耐をすべて使い果したのだった。

ウェスタン・クームの入口で第一夜を過すのは愉快だった。最初の低地輸送隊によって担ぎ上げられた第一回の荷は、先に届いてテントの外に積み上げてあった。高地輸送隊は待機し、われわれがクームに入りこめたら、われわれ偵察隊の後を追って、ただちにアドバンス・ベースまで登って来ることになっていた。私は、この地点でまだ残っている不安を解消したいと気をもみ、ヒラリーやエバンズと共に、その日の午後四時に、先の見通しをつけに出かけて行った。テンジンとノイスも後から来た。三つ分の梯子を持って行ったが、これだけあれば、大きなクレバスには十分だと思っていた。幅五メートルの裂目のところで、テンジンとノイスの力をかりて、梯子を組立て、注意深く、裂目の上へかけ、一人ずつはって行った。エベレスト自体はさておき、クームを登るにも、まだ、多くの未知の障害が残っているのだが、このクレバスの向い側に、みなが揃って立った瞬間、私は特別の感銘を受けたのだった。これは、われわれがいよいよウェスタン・クームに入ったしるしなのだ。スイス隊がやむなく頼った、手のこんだザイルを使わなければ登れないかと不快な恐怖に悩まされたが、それも今や消え去った。われわれは突破できた、とはっきり感じたのであった。

この昂揚《こうよう》した気持で、夕刻おそくまで登りつづけた。ウェスタン・クームの一番低部のクレバスは、数も多くまた幅も広いので、路を探すには、相当手間どったところもあった。その短い区間は、クーンブ氷河の北側におおいかかる、今にも倒れそうになっている氷壁からの爆撃にどうしてもさらされる。一つの興味をひく通路、後に「ハントのガリー」と通称したものだが、これはクレバスの浅い底へまず急に降り、次に氷の裂目を一つの雪橋で横切って、向う側の狭いテラスへ攀じ登ることになるのである。われわれはザイルを固定して、低い側を出入りするための手がかりとした。だんだんに、われわれは氷河の中央へ向って進むことができ、氷河の波立った表面が平らになってきた。登って行くにつれてクームの上部がだんだん見えてきて、ついにローツェの全貌が現われた。雪の厚化粧をつけた岩壁が夕日を浴びている。まるでさからい難い力に引かれるように、登り続けた。そしてついにロンドンで計画中あれほど研究と推測の的になっていた場面――エベレストのサウス・コルとその下部の大きな斜面を、とうとうまのあたり眺めるところまで達した。まだそれは遠かったが、劇的に、そして、まるでとっくの昔からの知己のような親しみをもって、正に、そこにあった。クーンブの谷の向うに聳えるプモリの背後に、陽が沈みかけるころ、われわれは帰路についた。ほかの連中に早くこの話をしたい、と興奮を胸にテントへ向って降りて行った。

睡眠剤の力をかりて、私は六一〇〇メートルを越す地点での最初の夜に、ロー・ラの下の断崖から崩れ落ちる雪崩の轟音にもさまたげられずに安眠ができた。四月二六日は輝かしい朝であった。氷崖の上のわれわれのバルコニーの端から約二五〇メートル下を見下して、アイスフォールの中途にある小さな一かたまりのテントに目をうつし、そこに、点々と動く小さな姿を見守ったのだ。これは二組の低地チームだった。一四人のシェルパと二人のサーブが、第二キャンプから第三キャンプへ、そしてベースへ戻るというその日の予定行動に移ろうとしているところだったのだ。谷の向う側に、一連の峰がクーンブ氷河の彎曲部《わんきょく》をとり囲んでいる。プモリは高く、鉛筆の先のように鋭く聳え、リントレン第一峰は角ばって、急峻な尾根を見せ、リントレン第二峰の頂上は非常に薄く驚くほどきゃしゃな形であった。われわれ一同は意気高く、その朝クームへ乗り込んで行ったが、この偵察隊は、エバンズと私が一つのザイルで先頭に、ヒラリーとテンジンとがこれに続いて、来たるべき幾週間に勝利の仲間として強化されるチームを作り上げようとしていた。その後にはグレゴリーとノイスがアドバンス・ベースとその上の高所用荷物を担いだシェルパを伴って登って来た。天気は輝くばかりの快晴──きっとすぐに息苦しいほど暑くなるだろう。太陽の光に新雪はまばゆく、きらめいている。だが、クームのこの辺では、脛《すね》を没する深さで、進行も楽ではなかった。前日、登路のわき二〇〇メートルくらいのところにテントの跡を見て、スイス隊の第三キャンプだと思っていたが、テンジンによって確認された。テンジンはヒラリーより先に立って、何か役だつ食糧やその他のものをみつけに行った。

エバンズと私とは、比較的平らな広場を横切って氷河の南端へ向って右廻りに登高を続けた。この方向をとらなければならなかったのは、一つには氷面に大きなクレバスが並んでいたのと、一つには「階段《ステップ》」か小さなアイスフォールがあるのに気づいていたからだ。これはまだかなり先のクームで、巨大なクレバス群と氷壁で見分けられたので、その側面を廻るのが上策と考えた。われわれは標旗を立てながら進んで行き、この「階段」のわきを登ってクームの上部に達した。そこから再び斜面がゆるくなり、第二「階段」まではほとんど裂目もなく延びていて、この地点はサウス・コルとローツェ山下の斜面の下部を守っている。その距離は二・四キロと思われる。そこに休んでいると、今ローツェやサウス・コルばかりでなくエベレストの巨体そのものを眺められた。その西面は二一〇〇メートルを越えて向い側のクームの底へと垂下していた。この膨大な岩壁は、一月前にナムチェの下からはじめて見た時には黒々としていたが、今は雪をつけ、その雪が西風に空高く吹き飛ばされているところだった。

テンジンとヒラリーがわれわれに追い付いた。休んでいる間に、スイス隊のキャンプ跡で、多数のペミカンの缶詰といっしょに見つけたスイス・チーズ、チョコレートなどを分けあった。それから、ヒラリー、テンジンの二人は、やや小さいアイスフォールの先を左へ斜めにまわって、エベレストの西尾根の上に目立っている雪の肩の直下の地点へと先行した。そこは昨秋スイス隊が第四キャンプを設けた場所である。われわれは第三キャンプから三時間半かかって午後零時三〇分に着き、雪を掘って楽しい一時を過した。冬積った雪の下に半ば埋もれて、各種各様の容器が見出された。中味を推測するのはおもしろかったし、掘り出すのも楽しかった。ベーコン、ウェーファ・ブレッド、チーズ、ジャム、ペミカン、オートミール、チョコレート、粉ミルク、固形「メタ」燃料、それらがみな明るみに出てきた。この食糧、嗜好品類は携行食の補充に役だつし、またうれしい変化を与えてくれるだろう。衣類や装具もあり、その中には一つの大きなテントもあったが、これはひどく傷んでいた。

その午後、クームを下りる時には、天気は悪くなっていた。「輸送」隊は荷を、キャンプから四五分くらいのところにある第一「階段《ステップ》」の頭に運び上げた。このクームをはじめて登る彼らとしては、非常なできばえだった。われわれは第三キャンプに戻って、好調にある彼らに会った。彼らは高所任務に選ばれたことに誇りを感じて、翌日の「荷上げ」に備えていた。まったく担ぐ荷には事欠かないというわけだ。二組の低地隊は荷をテントの外に積み上げ、すでに降りていた。それは翌朝、ふたたび引き返してまた第二キャンプへ戻らなければならないからだった。このように、荷物は第三キャンプ・パーティが、現在の力で一日に運び上げ得る量の、まさに二倍で、しかも、この不均衡は、攻撃準備期間の前半に、ますます増加していきそうだった。ノイスとグレゴリーに、見事に引率されている、これらのシェルパは優れた連中だった。小柄で肥ったゴムプは、いま本領を発揮して、いつも何か手伝うことはないかと熱心だった。頑強で陽気なカンチャ、物静かで経験に富み、分別のある男パサン・ダワ、それから、タシ・プウタア、アン・タルケ、ペムバ・ノルブ、プウ・ドルジなど。

このように、九日の間連日、仕事は進んだ。この期間の終りには、どの低地班も第二キャンプを常宿として、第三キャンプへの五回を下らぬ往復行程をやり遂げていた。高所の連中は、第四キャンプへの長い行程を六回も往復した。いつも、午前の暑熱は、アイスフォールでもクームでも、息苦しく、「氷河倦怠」といわれる重苦しいだるさを伴った。毎日新雪があったので、一夜にして消された路の手入れを毎朝新たにしなければならなかった。しまりのない雪の中をもがき進むのはまったく疲れる仕事だった。ことにアイスフォールでは、踏み場所をまちがえると、氷の塊と塊の間の、おそらく腰まで入る深みに足をつっこみ、一八キロの荷を担いでいるため、出て来るのに大いに苦労する。この苦労はシェルパもサーブも、その担いでいる荷に多少の軽重はあるにしろ等しくなめるのであった。登攀隊員たちは疲れた者を助けるためしばしば荷を担ったが、彼らほどたびたびこの路を登らなかった。これは、最後の山頂攻撃に当って、われわれが負っている任務に備え、精力の消耗をできる限り節約しなければならないからだった。また登攀隊員たちの中の、だれが頂上に向う至高の役割を受け持つかは、新聞の報道と反対に、まだ決っていなかったことも念頭に置いていなければならない。

五月二日までに、平均一八キロの荷物およそ九〇個を第三キャンプに運び、その中から約四五個を、アドバンス・ベース、すなわち第四キャンプへ持ち上げた。これらの荷物は、われわれの「兵站《へいたん》係」エバンズが、それぞれの品物の責任者と相談のうえ、優先順位をつけておいたものだ。ベース・キャンプを出る前に、テンジンとエバンズとがこれらの品物の目方を計り、荷造りの際それぞれ行先に従ってⅢ、Ⅳ、Ⅴという風に、ペンキで印をつけた。いくつかの荷は、クームの輸送隊の重任を軽減するために、元気な低地輸送隊によって、第三キャンプから先へ一時間行程ほど運ばれた。闘わなければならなかった天候状態、また、この時期は、われわれの多くのもの、とくにアイスフォールで働いたものにとっての「試験期」だったこと――明らかに不適当と思われるものが数名あり、交代させねばならなかった――また病気によって隊の力が減退しているということも念頭におけば、これは目ざましい成功といっていい。そのうえ、この間にアイスフォールで欠くことのできないアイゼンのことで危機にぶつかったのである。少なくとも一二対のアイゼンが壊れて修理に耐えないのであった。ナムチェの無電局からヒマラヤン・クラブへ至急報を送ったのだが、代りの品が来るには数週間を要する。これは皆にとって、ことにシェルパにとって、忍耐のいる、また気骨の折れる仕事だったし、初心者たちをおじけさすに十分だった。この荷上げの日課は、たえず繰り返されるので、いちじるしく退屈なものとなってきた。しかも不平一つなかった。計画された輸送は時計のように正確に行なわれた。低地輸送隊はベース発一二時――第二キャンプ着一五時宿泊――第二キャンプ発八時――第三キャンプ着九時三〇分――第三キャンプ発（下り）一〇時三〇分――ベース着一四時。高地輸送隊は第三キャンプ発八時――第四キャンプ着一一時――第四キャンプ発一二時――第三キャンプ着一三時三〇分などである。輸送隊とその付き添いの隊員には、五月二日に休息が与えられた。

＊

ベース・キャンプは、けっして美しい場所とはいえなかった。そこは植物の最高限界をこえた約五五〇〇メートルの高さにあるが、まだ氷河上の氷塔に囲まれたりヌプツェの巨体の影になっている。心をとらえる壮観で酬《むく》われることもない死んだようなところだ。静かな風のない朝は息苦しいほど暑く、谷から雲が渦巻き上ってくると、冷えて暗くなり雪が降りはじめる。これはわれわれがここへ来てから初めの三週間、気がめいるほど正確に起った。あたりの氷は目に見えて溶けてゆき、テントの床がじかに、石だらけな地面より高い所に、滑稽なしかもやっかいな恰好で残ってしまう。そして付近一帯には、嫌な臭いがしみこんでくる。幸いわれわれのたいていの者は、頻繁にはここへ来なかったし、来ても短い間だった。それでなければ、われわれ皆の間にある楽しい関係を危くしたに相違ない。そのうえ、ここでは、下痢の急激な発作におそわれることがあった。おそらく、だんだん身のまわりが非衛生になってゆくからだろう。バンド、ロウ、ウェストマコットも、軽重の差はあったが、いずれもこの病状に何日も悩まされた。私はキャンプの清潔を保つのが、主として夜間の激しい寒さのため、どんなにむつかしいことであるかについては前にも述べた。だからこれは、たえず患者を診察したり、興味をひく新薬を分けたりする腕ききの三人のドクターたちを非難するのだと受け取ってはいけない。ウォードでさえ、錠剤を渡す時に、『どれかを飲んでみないか――効き目はまったくないんだがね』などと言っていたようだが――そして皆に盲信的信頼をあたえたのだった。

　いろんな欠点はあるにしろ、このベース・キャンプをうれしく思う時もあった。ここは、クーム上部への偵察から戻ってくる疲れた登攀者にとって、いや、アイスフォールを上下する短距離の輸送班にとってさえ、贅沢な安息所だった。ここには、トンデュプの腕を見せるうまい食べ物があった。滞在中にわれわれは、本当に新鮮な肉を食べた。まったくわれわれの食事係バンドとピュウの配慮と、屠殺役ロウの克己心のおかげで、遠くの遊牧地からひっぱって来てあった一匹のヤクを、キャンプの付近で屠殺したのだった。ジャガイモはベースで楽しんだご馳走《ちそう》の一つだった。クームではこの薯《いも》も凍ってすぐ駄目になった。また、ここでは、めいめい好きな住まいを選べた。一人用のミード・テントでも、懇親的な気分のする会食テントでも、あるいは温度の変らない氷室でも。この氷室は、クームへテントを引き上げて使うことを考え、前もって作っておいたものだった。ベース・キャンプではなによりもまず休息し、くつろぐことができる。その間、眠ったり、読み書きをしたり、セイロン放送を聞いたりした。そしてまた、このベース・キャンプがある種の美しさに輝く時刻もあった。夜には、よく、雪が止んで雲が散った。攻撃準備の期間中に一回満月が出た。夕食がすんでからその会食テントを出て自分の寝所に戻った時のことは忘れられない。月はプモリとリントレン山頂を照していた。近くの氷塔のすべすべした面はまるで、磨きあげた銀のように輝き、エベレストの方へ向くとアイスフォールが深い影の中に没していた。その夜は寒さがきびしく、摂氏零下二三度に下った。微《かす》かなランプの光がもれるシェルパのテントからときどき聞えてくる低い話声、また、不意に起るロー・

ラの断崖から、氷が落ちる鈍い轟きのほかは、物音一つしない。このような時にはクーンブ氷河のキャンプに対して、ふだんよりいっそう深い思いやりが持てた。

そのくせ、いよいよ休息の機会がやってきた時――大部分は五月二日と五日の間に、その他のものは、このすこしあとだったが――休暇キャンプに選ばれたのは、ロブジェだった。ベース・キャンプからクーンブ氷河の西岸を、正味二時間半降った所にあるロブジェは、真に心地よい場所だった。草や花が勢いづくには、まだ季節が早かったが、枯草や去年の名残りの、かさかさになった豆さや類さえも、気持のせいか、緑の感じがする。この地にはヤクの牧夫の小屋が二つ、山腹と氷河の堆石との間の長いくぼみの中にある小丘の上に建っていた。この小屋のすぐ下の芝地からは、新鮮な澄んだ水が勢いよく湧き出ていて、水草が流れの中にものうげに揺れている。一番早い花はコケフスマとコザクラで、五月の初めに咲きはじめる。アラゲキリシマも乏しい花をつけて、漂石の間のしげみに生えていた。氷河へ駆け上る谷間の風も、この隠れ場を見逃しているようだ。鳥やけだものの生態も、死の世界にしばらく暮らしたあとでは、まことに楽しいものであった。チベット産の鳴き兎が、灰色のモルモットのようにものをあさり、一対の「貂《てん》」も岩の間で遊んでいた。また、いつも、いろいろの鳥がやって来た――ゆきばと、頭の白いひたき、ばら色のうそ、みそさざい類の小鳥やいろいろな鷹、また大きな禿鷹も頭上高くゆっくり漂うように飛んでいた。このような平和と安楽のさ中にあって、諸君は再びあの高い山々を真に美しいものとふりかえり眺めるに相違ない。それはあらためて親しい心持を与えるのであった。漂石の散らばった氷河の、ずっと端のかなたにはヌプツェが聳えていた。その長く延びた尾根の手前の端は、鋭い氷の円錐形をなし、傾く岩壁や青い氷壁やら輝く斜面の上に孤立して聳えていた。

五月二日から一二日頃まで、ロブジェは少人数だったが、たえずだれかがいた。誰も彼も、すばらしく健康にも恵まれたし、前途にある任務への新たな熱情も十分とり返した。エベレストのように、困難なまたスケールの大きい企てを前にしては、このような休息キャンプはぜひすすめたいと思う。

ワイリーが男の子の誕生のしらせを受けたのも、この休息の間だった。この電報は、ナムチェ・バザールのインド放送中継所を経由したもので、BBCから先に放送したのは聞かなかった。この喜びの便りを送るにあたって、ナムチェの無電局の友人は、彼自身の祝辞も添えていた。『あなたの御子息の誕生を非常な喜びでおしらせします。少なくも、年に一度はこんなおめでたがありますよう。持参のものに一ルーピーお与え下さい』

ローツェ・フェース1

五月上旬、荷物の輸送作業が一時的に休止されていた間、一方では非常に重要なことが進行していた。それはローツェ・フェースの偵察で、この遠征で行なわれた三度目の大偵察でもあった。この偵察は、いままでよりもっと高いところで行なう二種類の酸素補給器の実験をかねていたから、エベレスト登攀を芝居にたとえるなら、最終の舞台稽古ともいうべきものであった。第一に、フェースをできる限り高く登って偵察し、登路を発見してこの登攀の問題点を明らかにし、第二に、酸素補給器のテストをするという、この二つの目的は、私が山頂攻撃のプランを決定する前に実行し終らねばならなかった。

前にわれわれが計画について論じたとき、エバンズとヒラリーと私とは、第一段階でさえ相当高所に到達できるかもしれぬと思ったし、私などは閉鎖式酸素補給器を使って、サウス・コルまで行けることを夢みていた。しかし、われわれは攻撃に準備した隊員の登攀力や時日や装備などを、山頂攻撃に影響をおよぼしてまでこのフェースの偵察に浪費してはいけないと思った。そこで、攻撃隊員の選定を発表する前に、私はクーム上部とフェースの下部を事前に偵察するため彼らに同行し、もう一度閉鎖式補給器を試験することにきめた。

閉鎖式補給器を用いる偵察本隊には、エバンズとボーディロンが加わり、ローツェ・フェースをなるべく高く登って、翌日でき得ればサウス・コルへ登攀を続けるようにさせた。ワイリーとウォードのサポート隊は、開放式補給器を使って、ローツェ・フェースのキャンプ設置とその他必要な援助をその任務とした。さらに彼らはその使用した酸素補給器の効果を報告し、またウォードはピュウのために、生理学上の調査を行なうことになった。偵察隊の荷上げのために選ばれたシェルパの精鋭は七名で、ワイリーにとっては、山頂攻撃の際も、選ばれるであろうこれらのシェルパの行動をよく観察し得る機会ともなった。だからシェルパにとってもこれは「選手選定の試合《トライアル・マッチ》」なのである。私はまたかねてから、シェルパも酸素の使用法がわかるので、もしこの場合使わせれば、ますますそれになれ、その価値を信頼するようになるだろうと考えていたが、一方それは、荷物の量をますことになり、酸素それ自体も、イギリスから輸送の途次漏洩《ろうえい》した瓶がたくさんできたため、大いに節約をはからなければならない状態だったので、この計画は棄てなければならなかった。攻撃隊員の発表は、この偵察が実施された後でなされるはずだが、偵察が完了するのは、この休養期間のあいだであろうというのが、だいたいの意向であった。

四月三〇日、私はそのシェルパの特別隊に付き添ってベース・キャンプから第三キャンプへ行った。

ボーディロンにはエバンズがくっついて、二人共閉鎖式補給器の低地試験を行なった。その日アイスフォールにいた他の者はピュウと、その従者であるダ・テンシンの息子のミンマ少年で、偵察期間は第四キャンプに上るか、さもなければ第三キャンプに滞在することになっていた。ミンマにとってはアイスフォールのような危険な登攀は、生れてはじめての経験だったから、相当な重荷をしょってここを登るのは、この一三歳の少年にとって苦しい試練だったに違いない。ピュウはミンマをたいへん可愛がり、自分の衣類をあてがったのはいいが、背丈一・三七メートルの小さなミンマは、一・八メートルの大人が着るスウェターを膝の下までだぶつかせながら得意になって歩きまわった。相手には何をいっているのかわからないが、彼らが互いに自国語で話しているのを聞くのは楽しいものだったし、ミンマがときどきピュウの指図をまちがえるのも驚くには当らなかった。『ミンマ、それをしてはいけないと、私は何回お前にいったかね?』と、学者っぽいはっきりした英語でピュウの親爺らしい小言が聞えると、ミンマはなんのことだかわからないが、後悔したような目つきで彼を見つめ自分の気づかなかった失敗のおしかりをうけるのだった。ある時ピュウは手近の箱に、大切な生理学上の器械や試験管などが入っていると称する箱を取り出してアイスフォールの上へ運ばせようとした。ピュウがザイルの一端に疲れきったミンマを結び、引っぱるようにして(それとも引っぱられたのか、忘れたが)ようやく第三キャンプにたどりつき、箱を開いていざ、くだんの器械をとり出そうとしたら、なんとマンゴー・チュトネーの瓶詰がいっぱい入っていたのですっかり面くらったこともあった。

その日の午後第三キャンプで、われわれは初めてアイゼンのついた、いわゆる「ブラッドレイ」高所用山靴を使用した。これはクーム以上で使うため、攻撃準備の第一段階にここへ運ばれたものだ。第三キャンプで今まではいていた普通の登山靴とアイゼンをぬいだことは、アイスフォールで役にたつこれらの装具の不足を緩和することにもなった。新しい高所靴は、この高さではまだ多少あたたかすぎたが、非常にはき心地がよかった。

五月一日、エバンズ、ボーディロン、私の三人はローツェ・フェースに取り組もうとするルートの途上に、第四キャンプ――当時はまだ荷物の集積にすぎなかった――を設置するためクームを登った。われわれは翌日フェースの予備的観察を行ない、ついで本格的な偵察のため、ワイリーとウォードが参加することになった。あまり深い経験がなかったが、昨年はともかくサウス・コルへ登った青年トプキーが、前日ベースを発してすぐ激しい咳にさいなまれて落伍したから、われわれに従ったのはシェルパの精鋭七名中六名だった。このポーター一名の欠員ばかりでなく、キャンプを出て一時間も行かぬうち、最も優秀な一人であるダ・ナムギャルも落伍したので、残った者は非常な重い荷をかつがねばならなかった。彼の荷を皆で分けてしょってみると、各自の荷物は約二二・六キロになった。われわれ三人は、閉鎖式補給器を使ったが、風のまったくない谷間で、午前の強い日光をあびながらマスクをかぶる暑さのため、苦しい登高となった。こうした苦しさや、また前日降った雪に新しい踏跡をつける辛い前進にもかかわらず、二時間半で第四キャンプへ到着した。それは三、四日前クームの偵察隊が要した時間より一時間短縮された。シェルパは、さらに偵察用の荷上げを行なうためその日の午後第三キャンプへ戻り、翌日ワイリーやウォードと登ってくることになった。

第四キャンプの位置は偵察隊がこれから取り組もうとする問題を調べるのに絶好な場所であった。それはクームの奥から僅か一・六キロの、エベレストの頂稜から垂下する膨大な絶壁の直下に近い、とある風蔭のくぼみに設置された。クームを取りまく向う側には、ヌプツェの長い尾根が谷底から一二〇〇メートルもそびえたってほぼ同じ高さで走り、そのギザギザした稜線の下には、急な岩が縦縞をなしていた。この距離から眺めても、クームの奥を取りまく壁のスケールは非常に大きくて、これを登ろうとする考えは絶望に近いものだった。ところどころ風の威力でテラテラの氷の長い筋があらわれている急峻な雪の大斜面、そのなめらかな調和を破って二つの顕著なものが見られる。平坦なサウス・コルを起点として、ローツェ・フェースの左上から右下へ斜めに垂れ下った一本の岩尾根があり、それはフェースの半分くらいの高さで雪の中に消えている。スイス隊が「エプロン・デ・ジュヌボア」と命名したのがこの岩尾根であり、われわれは「ジェネバ・スパー」と呼んだ。この岩尾根にはテントが張れるような岩棚も、傾斜がゆるいところもなく、岩場自体がおそろしく急である。そのすこし右を見ると、櫓をならべたようなローツェの頂の真下には、クレバスや急な氷壁によって断ち切られた浅い棚が、幾重にもかさなって続いている。これがローツェ氷河とよばれるもので、――氷河に蔽《おお》われた急斜面と書いた方がいいかもしれない――その氷河はローツェの山頂下約九〇〇メートルのところ、つまりクームの奥からサウス・コルへの登路の三分の二くらいのところからはじまっている。ローツェ氷河がクームに流れ込む地域以外は、クームの上部からフェースそのものを断ち切るのは、一本の水平のクレバス、すなわち「ベルグシュルンド」で、フェースの基部の境となっている。したがってサウス・コルへ登る一番の直路は、このベルグシュルンドを越え、ジェネバ・スパーのどこかに登路を求めて攀じることである。しかし、この岩尾根の傾斜は非常に急で、しかもその大部分が氷をかぶっている。そしてクームからコルに至る高さにして一二〇〇メートル以上の間には、テントが張れるような自然の休み場所はまったく求められない。昨春、スイス隊が登路としたのはまさにこの岩尾根で、彼らはそのとき、忠実に稜線をたどりコルへ直登した。たとえその体力が限界に達したとはいうものの、彼らがコルへ達し得たのは実に驚異的な登攀だった。

G
H
Ⅷ
F
e
E
D
Ⅶ
C
Ⅵ
K
J
Ⅴ
B
Ⅳ
A
A 第一ステップ
B 第二ステップ
C ローツェ氷河
D “トラバース” 7620m
E ジェネバ・スパー (エブロン・デ・ジュヌボア)
e エブロン・クーロアール
F サウス・コル
G ローツェ (8501m)
H 南東山稜
J “ベルグシュルンド”
K ハント、エバンス、ボーディロンが
1953年5月2日到達した地点 (6860m)
Ⅳ アドバンス・ベース
(第四キャンプ) 6460m
Ⅴ 第五キャンプ 6710m
Ⅵ 第六キャンプ
(一時的のキャンプ) 7010m
Ⅶ 第七キャンプ 7320m
Ⅷ 第八キャンプ 7980m

この岩尾根に比べると、ローツェ氷河の方は大きな「階段《ステップ》」がいくつも続いている。だが、それには深雪がたまり、そこへ達するには、急な、あるいは垂直の氷壁を登る以外になく、またすこしでも登りやすい箇所をさがすため、始終左右へ迂回せねばならない。それを真っすぐ登れば、ローツェへつきあたるから、サウス・コルへ行こうとするなら一番高い所へ達したとき、ジェネバ・スパーを目がけて左の方へ長いトラバースをやらねばならない。したがって、これは相当に長いルートなのである。

この二つのルートを比べながら、とくに重要なことは、スイス隊の苦しい経験にかんがみ、サウス・コルへの登攀には、少なくとも一カ所の宿営地点を確保することが絶対必要だと考えた。この方法によれば登攀は二つの段階に分けられる。実際にぶつかれば、二カ所のキャンプ・サイトを見出し、登攀を三段階に分けねばならないかも知れない。それがどうなるかは、登攀の困難さとそれに結びついた高度――六七〇〇メートルから八〇〇〇メートルの間の――によってきまる。それらのキャンプ・サイトは、もっと迂回路になるローツェ氷河経由のルートが発見された場合、はじめて見出される。一九五一年プモリの山腹からはるかに観察したシプトンの意見もまったく同じであり、それはまたわれわれがロンドンを発つ前、ほとんど既定の結論となっていた。だからローツェ・フェース偵察隊の目的は、ローツェ氷河に最良のルートを発見することで、彼らは昨年の秋スイス隊が用いたキャンプ・サイトを見出そうとしていた。しかしスイス隊が採ったルートを克明にたどることができるかどうかとうてい保証の限りではなかった。

五月二日、われわれはいぜん酸素を使いながら登高を続行した。例によって新雪は深く、しかもぜんぜん踏んでないところを歩くので、むしむしした暑さは、とうていマスクをかぶっていられないほどだった。第二の、つまり最後の「ステップ」がクーム奥の最後のくぼみを護っているが、氷河の北側を行くとこの障害はあっさり越えられて、クレバスにはほとんど手こずらなかった。この「ステップ」の上、ちょうどサウス・コルとローツェ山頂とを結ぶ直線のちょうど中ほどの辺に、われわれはスイス隊の第五キャンプの跡を見出した。二、三本の棒がキャンプの位置を示し、数個の食糧箱が半ば雪にうずまっていた。ここまで二時間を要したが、それは後の隊がここまで登るのに要した平均二倍近くの時間だった。このキャンプの高度は、われわれの計算ではだいたい六七〇〇メートルであった。

われわれは、ついでフェースの基部を調査し、やや右の方へそれて、一つの棚が氷のステップの上へ走っているのを選び、これがさらに上の急斜面への足場になると思った。つまりそこがこの防禦陣の弱い箇所と思われたのだ。ここへ達する相当前から、激しく雪が降りはじめ、歩行はひどくおそくなった。酸素の使用時に、私ははじめてひどい苦しさを感じ、先頭の番がまわってきた時は、なんども休まねばならなかった。事実われわれは、すべて同じように衰弱した。スイス隊の第五キャンプをあとにしてから一時間半で、ローツェ・フェースの基部の最初の急斜面を登り、テラテラの氷にステップを切って、目立った一テラスに達したが、その上にはオーバーハングした大きな氷壁が聳えていた。ここは第六キャンプから一八〇〇メートルとは高くあるまい。というのは、このくらいの高度でも、われわれの平均登高度は一時間一五〇メートル弱だったからだ。下から見当をつけていたトラバースが、ここから左へ向ってはじまるのだ。そこでわれわれはしばらく休みをとった。天候は非常に悪くなり、クームは厚い雲に蔽われた。われわれが腰をおろしたところから上は非常に急で、下から選定しておいたルートを見分けることは不可能だった。今ここで力を費すより、明日以後の本格的な偵察に余力を残して下った方が賢明だと思った。われわれはすでにマスクをとっていたが、酸素不足の影響は顕著で、われわれの行動がきわめて敏活をかいたことは、写真をとるためテラスを数歩あるいた時によくわかった。しかし、この酸素欠乏症の状態でも、精神はこの動作不活発の影響をまだはっきり意識していたことは、多少興味があろう。

クームへ下る途中、私の酸素瓶《ボンベ》は間もなく空になり、荷物を軽くするためボーディロンがソーダ・ライムの缶といっしょに棄《す》ててくれた。エバンズもまたすぐ後で酸素瓶と缶を棄てた。荷物は一四キロばかり軽くなり、またすでに踏跡を下っていたのだが、二人は非常に疲れた。私は一歩足を前に出すにさえ異常な努力を要し、エバンズも同じように苦労していると思った。ボーディロンの酸素はまだ多少残っていて、それは使用し続けたから、いくらかましだったが、その日の午後四時頃、第四キャンプに着いたときは、まったく疲労しきった隊になっていた。

われわれがこうした仕事に従事していたとき、休養期間の直前に計画されたもう一つの酸素実験が、より低い地域で進行していた。その朝ベース・キャンプを出発したヒラリーとテンジンは、一分間四リットルの割合で開放式補給器を用い、第二および第三キャンプで合計四五分の休息をとり、ちょうど五時間で直接第四キャンプへ登ってきた。クームの登路の状態は、前日の天候のため良好ではなかった。だからこれは実に見事な登高であり、彼ら二人の異常な登攀力と使用された補給器の効力を示すものであった。二人とも非常に元気で、ただちにベースへの長い帰路につこうとしていた。私はローツェ・フェースを下検分した結論をもって、彼らと共に下ろうと思ったが、あまり疲れていたので、彼らは二人だけですぐ出発した。すでに登路が新雪でわからなくなり、吹雪がつのりはじめ、しかも日没まで二時間ぐらいしかなかったからだ。彼らは雪面を蔽ったおそろしいブレーカブル・クラストに足をとられたり、アイスフォールのルートをしばしば見失ったりして、クームの三・二キロの下りでおそろしい時をすごしたのだ。彼らがすでにその日、相当の仕事をやりとげたあとで、吹雪をおかし、日のくれたあと、新雪に没した路をついて、ともかくベース・キャンプへ帰着したのは午後七時半頃であったが、第四キャンプから要した時間は三時間半弱だった。『疲れた、しかしけっして疲れ果てたわけではない』と、ヒラリーは日記に書いている。

偵察隊の全員は、五月三日第五キャンプに上った。私は、ローツェ・フェースのできるだけ高い位置にキャンプを設置するよう命じて、彼らと別れることにしたが、閉鎖式補給器のパーティは、翌日さらにそこから前進するであろう。五月二日の経験からすれば、今の雪の状態では、サウス・コルへ達し得るチャンスはあまりない。しかりローツェ氷河の頂へ達し、ジェネバ・スパーへのトラバースのはじまりを間近に調査し得る可能性はある。この部分が雪崩の危険な箇所だと私は考えていた。われわれがすでに、フェースの基部のすぐ上までに払った非常な苦労から考えて全作業は四八時間以内にやりおえるよう強調した。つまり偵察隊は、五月六日までにベース・キャンプに帰還すべきことが決定されたのだ。そこで私は、現在の最高キャンプであるここで彼らと別れ、具合の悪いダ・テンシン、ガルゼン、アン・ダワⅡの三人のシェルパを伴い、まず第四キャンプへ下り、夕暮に第二キャンプへ帰って一夜をおくり、五月四日にベース・キャンプへ下った。こうしてローツェ・フェースの偵察は無事に開始され、われわれはその報告を待つこととなった。

天候は引きつづき陰鬱な空模様で、五月四日、エバンズの隊がフェースに向って出発したときは、クームの積雪は一段と増した。かねて調べておいた右手の壁を登るルートを採らずに、アン・テンバがスイス隊のルートを思い出したのに誘われて彼らはそれより左手をめざした。だが、そこはローツェ氷河の真下で、クームの一番高いテラスに、急な盛り上ったセラックがかぶさってとうてい登れそうもないところに見えた。唯一の可能性あるルートは、傾斜の急な、股の深さまで粉雪が充満している一本のガリーが斜め右に走っているのがそれだ。エバンズは偶然にも、ここで雪面にわずかあらわれているザイルの一端を見出し、引っぱると固定綱があらわれてきた。ここがスイス隊の秋のルートの発端だった。彼らはそこを攀じ登った。まもなく垂直の氷面にぶつかって、左手へトラバースせねばならず、また新しい雪の張り出しをまいたり、終始ひどい急斜面の上で、次々に出くわす氷壁の間を登っていった。ピッチからピッチへの、この複雑なルート発見は、氷と雪の登攀というより、むしろ岩壁のこみ入ったルート発見に比べられるようなものだった。

エバンズと共に開放式補給器をつかって登っていたウォードは、途中で呼吸困難をうったえた。ボーディロンがしらべると、それは、一分間四リットルではなく、一リットルしか酸素が出ていないことがわかった。彼は非常に苦労したが、故障をなおすことができなかったので、ウォードは第五キャンプへ向う一行が降って来るまで待つこととなった。

それからしばらく、彼らは五〇度以上の急なガリーを手に負えない急傾斜になるまで大胆に直登して、こんどは右手へステップを切って進み、別のテラスに達した。そこの短い氷のチムニーには、またスイス隊のザイルがピトンで氷に打ちつけられていたが、それによって、さらにジグザグに上へはいずり、こんなにも急なところがあろうかと思うようなところを、はじめは右に、ついで左へやや戻りぎみに大きくからんで登った。氷をおおった崩れやすい薄い積雪は、ステップを切るためたえずきれいに払わねばならなかった。この登攀はきわめて疲れるもので、特に先頭のボーディロンには非常にこたえた。

このきびしい登攀にさしかかっていたその時、この状況下では重大な危険がおそいかかってきた。雪を払いとって氷へステップを切っていたボーディロンは、『酸素が出てこない』というワイリーの低い叫び声をきいた。ワイリーは、ボーディロンのすぐ次にザイルに結ばれていたが、ピッケルにもたれ、いかにも苦しそうだった。ここは目もくらむような所だ。こんな急峻な壁では助けようもない。ボーディロンがステップを数歩戻って酸素補給器の悪い箇所をしらべるのはもちろん、ワイリーも、バランスをくずさずに重い補給器を背中からはずして故障の原因をたしかめることなどとうていできなかった。しかも苦労の末にしらべると、ワイリーの酸素はすでに空になっていた。彼はマスクをぬいだが、永いこと補給器にたよったあとで、この稀薄な空気を吸ったため非常に苦しんで、しばらくふらついていたが、ついにゆっくり登り続ける覚悟をきめた。ようやく真上に小さな棚が見えてきて、そこにはボロボロになったテントやそのほかの残骸があった。ここがスイス隊の第六キャンプの跡だった。彼らはそこへはいずり上り、棚をならして、自分たちのテントをたてた。食糧、酸素その他の装具を残し、ワイリーとシェルパは降路について、酸素欠乏症にひどく冒されていたウォードを探しにもどって行った。ボーディロンとエバンズの二人だけローツェ・フェースに残り、他の者は非常に疲れて第五キャンプへ重い足をひきずった。

第六キャンプのエバンズとボーディロンは、非常に貴重な発見をした。それはスイス隊の記録にあった、しかし、もっと高い第七キャンプにあると思われた四本の瓶《ボンベ》が、酸素が完全につまった良好な状態のままここで発見されたことだ。彼らの仕事は、だからスイス隊の残した宝を探すようなものだったし、ボーディロンはこの宝のためにここへ来たようなものだった。彼は、イギリスの製作所がとくに作ってくれたアダプターや、第五キャンプで見つけられた他の道具を使って、その瓶の栓を開けることに成功した。この酸素のお蔭で、ボーディロンもエバンズも、その夜はゆっくり休息をとることができたし、また後日の攻撃隊にかなり多くの酸素を残すことができた。

五月五日、ウォードはまだ疲労の影響がぬけきれなかったが、ワイリーと一緒にアン・テンバとペンバを連れ、こんどは酸素を使わないで第六キャンプへもどってきた。一方、ボーディロンとエバンズはフェースの登攀にむかったが、雪と天候の状態はまったくひどいものだった。彼らは下から見ると、氷の段《ステップ》やクレバスがあまりなくて、直登できそうな、氷河のほぼ中央を登攀できればいいが、と私は思っていた。だが今の状態では、これはとうてい望み得べくもなかった。彼らはもっと左の、さらに複雑きわまりない地域に追い込められていた。ほんの短いスロープさえ深雪が不安定で、二人は雪崩の危険を感じた。しかも、彼らは、降雪のため視界がせまかったので、どの辺にいるのか突きとめ得なかった。彼らが帰ろうと決心した時の高度は、おそらく七三二〇メートルに近かったであろう。この到達地点は、正確にわからなかったが、この悪い状態では、そこから先へ偵察を押し進めることは、なんら益がないばかりか、たぶんに危険があったのだ。

事実、彼らの努力の結果はすばらしかったし、また役に立つものだった。ローツェ・フェースは予想したよりもはるかに骨の折れる問題であって、上方へのルートを準備し、キャンプをたて、その荷物を運び、サウス・コル以上に最高キャンプを設置する仕事は、非常に多くの時日を必要とするにちがいない。酸素使用、ことにまだ実験過程の閉鎖式補給器について得られた経験も同様に貴重なものだった。二日後、ベース・キャンプで私が質問した時、彼らは二人共その使用を熱心にすすめるので、むしろ驚いたくらいだ。クームでのみんなの経験から、私はこれを予想してなかったからだ。だが、より寒い気候で、より高い高度では、非常に満足すべき効果を挙げたのを知った。ワイリーはまた、仲間が病に倒れた後も、登攀を続行し得た特別なシェルパたちに非常に満足した。それはちょうど最後の登攀のための優秀なシェルパの精鋭を手に入れたかのようだった。

　この予備的偵察の結果、得られた感想が他に二つある。第一は、クームのアドバンス・ベースから直接ローツェ・フェースの中ほどのキャンプへ登り得るという希望、しかもその希望にもとづいてロンドンでの計画がたてられたのだが、それはほとんど無駄になりそうだということ。もっとも結局は、ロンドンでやった予測通りやれることにはなったのだが。第二の感想は、登攀者に対する酸素使用の許可は、ローツェ・フェースの基部のスイス隊の第五キャンプを出発する時まで、与えてはならないことだ。これは一つには、クームでマスクをかぶると不快になることにもよるが、さらに、五月三日、私が第五キャンプへ偵察隊に随行したとき、一三・六キロの補給器をかついでいたが、酸素を使わなかったことにもよるのである。私はその時、少なくも他の連中と同じように歩き、非常に愉快な気分を味わった。だが、これも後になってまちがっていたことがわかった。

攻撃計画

五月四日の朝、三人の病人を連れてもどったとき、ベース・キャンプは珍しく空っぽで静かだった。いつもの温かい握手と笑顔で迎えてくれたテンジンのほかには、タイムズのモリスとピュウ、バンド、それからシェルパが二、三人きりで、他の連中はみんなロブジェへ休養に行っていた。たくさんのニュースがあったが、一番嬉しかったのは新しい手紙の束がきていたことだ。この頃になると、われわれの郵便飛脚は、だいたい一週間の間隔で往復するようになった。ベース・キャンプとカトマンズ間の平均日数は――その間二四〇キロの山岳地帯――約九日だが、モリスのための一番早い飛脚は、これを六日間で飛ばした。それはまったく驚嘆に値するというほかはない。

私はモリスがバンドとウェストマコットについて、第三キャンプまで登ったことを聞いたが、今まで山登りを知らず、またこんな高さに馴化したことのない人間にとって、それは実にすばらしいことだと思った。気象通報の放送は五月一日から始まり、オール・インディアとBBC海外放送の両方からそれを受けることができた。天気予報によれば、毎日きまって定期的に「驟雪《スノー・シャワー》」があるということだった。これはわれわれに役だったが、荷上げの連中がきけば、この驟雪がアイスフォールやクームの荷上げをつらくするということに気づいて、むしろ気分をくさらせたにちがいない。われわれはまた、ここで聴取されるような気象の状態が、同時に実施されていた二つの大きな遠征隊にも影響を与えているのを知った。その一つは、マナスルに登攀を試みている日本隊で、他はダウラギリのスイス隊だ。ダウラギリはアンナプルナよりも高いその隣峰で、一九五〇年の遠征で、モーリス・エルゾーグが最初に目標とした山である。この季節では、ここより北西に位置するこれらの山々を訪れる季節的の気象が、いずれはエベレストへ向ってくるのだ。モンスーン接近の情報はまだ何もなかったので、私はバンドに、モンスーンに関して知らせてほしいと打電するようたのんだ。

そのころ、エベレストの経験者にはおなじみの苦しい咳がわれわれの間でも流行して、多数のシェルパが病人となってしまった。テンジンはその原因を、この季節にはむしろ普通の連続的な悪天候のせいにしていたけれども、この咳は乾燥した冷たい空気のために起るのではないかと思う。いずれにしても、われわれの隊列はひどく減少したので、温暖な気候のロブジェへやったら、多くの患者が健康をとり戻すだろうと思った。一番心配なのはストバートの病気だった。彼は病気になる直前、荷物輸送の行動を映画におさめるため、アイスフォールの頂まで、はじめて登ったが、ベースに帰ったときはすでに具合が悪く、ロブジェでは高熱を発して、呼吸困難をうったえた。ピュウは彼を診察に行く前、本人から直接の報告を得たいとしきりに思った。——医者のウォードとエバンズは、ローツェ・フェースにいた——そこでわれわれはただちに郵便飛脚に無電機をもたせて下方のキャンプへ走らせ、午後六時には通信をはじめる手筈をしたが、バンドは受信がうまくいくかどうか心配していた。というのは、一〇キロという距離はたしかにわれわれの無電機には遠すぎて、しかもこの二地点の間には高い丘が邪魔をしていたからだ。だから、われわれがロウの声をはっきり聞き得たときは、驚きと同時にホッとしたし、ピュウは患者の容体を詳しく知ることができた。ストバートの病気は肺炎らしかったが、翌日ピュウが訪ねるとやっぱりそうだった。

五月六日、私がストバートの容体を見に行ったときは、すでに非常によくなって、アイスフォールやクームで撮影する機会を失ったことを、口惜しがっていたのを見てすっかり安心した。しかし、しばらくの間は、ロウが予備撮影技師として代役をつとめ、ウェスタン・クーム以上の撮影にそなえて、小型撮影機の練習をやっていた。クーム以上の撮影は、攻撃隊員が実行しなければならなかったからだ。しかもストバートは、なんとかして撮影に出かけたいものだと切望していた。五月中旬にアドバンス・ベースでわれわれと一緒になり、撮影機をうまい場所に据えつけ、蜘蛛が巣のまん中にかまえているように彼自身はテントに控えて、どんな興味あるシーンでも逃さずに撮影機におさめたという事は、彼の回復力のものすごさと同時に決意のほどを物語るのだ。

攻撃準備の作業は、五月五日再び開始された。荷物総量の約半分が、アイスフォールの頂へ置きかえられて以来、第三キャンプは暫時われわれの活動の焦点となり、つづく一〇日間前進根拠地ともなった。二つの高地輸送班は、ロウとバンドの指揮の下にここへおくられ、ウェストマコットはまだ回復しなかったが、数日後には、彼らと合流した。この三人とシェルパ一四人の任務は、荷物総量を第四および第五キャンプに輸送し、五月半ばまでに第四キャンプをアドバンス・ベースに造りあげることだった。ロウは、いつもどんな仕事にも全力をつくし、とくに病気のため失った日々を取りかえさんものと焦っていたが、この大事な仕事を彼に託しながら私はこういった。『そんなに気にかけることはないよ、明日偵察隊が帰った時の報告によっては、ローツェ・フェースの登路開拓の仕事も、また君にたのむかも知れない』。だが、この数語が、後日この登山でロウの役割をどんなに重からしめたか、当時の二人にはほとんどまだわからなかった。こうしている間、低地輸送班を指揮したのはテンジン、グレゴリー、ノイスの三人だけで、他の者が動けるようになったのは、偵察隊が帰還し休養をとった後であった。装備、食糧の梱包が上へはこばれたから、その集積はどんどん減って、荷物の総量が予定の五月一五日に第四、第五キャンプに到着する見通しがついた。

エバンズの隊は、五月六日の夕刻、疲労してはいたが口には出せないある確信をもって帰着した。ローツェ・フェースのすさまじい状態や、登攀を中止した高度が七三二〇メートル以下だった事を聞いて、私は暫時驚きを禁じ得なかった。だが彼らには悪天候と雪の中で成就した業績を誇る十分な理由があるのを知った。あの急峻な斜面を登って、ともかく第六キャンプへ達したことは、たしかにすばらしいことだったし、それから先へ突進したことは賞讃にさえ値する。彼らがもたらした報告のお蔭で、これから先の計画やその実行に関して、私はもう疑心暗鬼ではなくなった。そして翌五月七日の朝、攻撃計画の概要を説明するため、全登攀隊員をメス・テントに招集した。この重要な会合の直前、ヒラリー、エバンズ、私の三人はボーディロンの酸素用テントの外で、朝の陽をあびながら攻撃計画について意見を交換し合った。

　この二、三週間に、われわれが考えついたことは、第三次の、つまり最終の攻撃が避けられないならば、そのためには、どうしても登攀隊員とその補給物資の点から二つの、連続的な山頂攻撃をしなければならない。その後で体力を回復し、キャンプに食糧などを補充するため、必然的に数日間の待機を必要とするということだった。この結論に従って、私は最初二つの突撃に匹敵するような一つの強力な突撃に総力を結集し、もしこれが成功しなかったら、いったん退いてすぐこれに続く、さらに二回の突撃を行なう準備をしようと考えていた。しかし後になってから、このような「一回突撃」の大きな欠点は、山頂攻撃を弾力性なく、不円滑なものにする危険があり、また好天のチャンスをのがしやすいことを知った。そこで結局考えついたのが「二回突撃」の方法で、それは緊密な共同のもとにきびすを接して二回の攻撃を行なうことであった。第一隊が登頂に失敗しても、第二隊は時を移さず、これを利用して、サウス・コル撤退の莫大な精神的打撃——コルへ達する労苦は非常に大きい——からまぬがれるようにする。第三次は、あるいは必要がないかも知れない。もしそれが避けられないとしたら、そのときはじめて時間をかけて徹底的な準備をすればいいだろう。

　そこで、二回の連続攻撃を採用することとした。だがどういう方法でそれを実施し、どういう酸素補給器を使うべきか？　この戦法が、ある程度まで酸素補給器の形式いかんに左右されていたから、右の二つの問題は、事実上密接な関係があった。少なくも従来、理論的にわかっていたことは、閉鎖式補給器の特殊な利点は登攀時に長時間もつことであり、いいかえれば、同じ酸素瓶で開放式補給器に用いた場合よりも、さらに長時間登り得るということだった。それからまた、異常な高度で、閉鎖式補給器の方が、重量は重いが、開放式よりかなり早く行動し得る可能性があった。われわれが今終ったばかりのローツェ・フェースの実験で求めていた、この二つの長所は、たしかに確認された。したがって、エベレストの最後のピラミッドの攻撃に、閉鎖式補給器を使えば、山頂から九〇〇メートル低く、一・六キロ離れているサウス・コルのキャンプから直接山頂に達し得る望みがあった。

しかしながら、開放式補給器を用いるなら、その中間にさらに一個のキャンプを設けなくては、山頂に達する可能性はなかった。酸素の寿命はいくぶん少ないし、酸素なしで登る者よりは非常に楽だとはいうものの、高く登るに従って、その行動は急激ににぶらざるを得ない。この中間キャンプを張らずにすめば、時間と労力の点で非常に経済的なことはいうまでもない。さらに、登攀が長引けば長引くほど、悪天候に遭遇する危険は増大する——どんな山でも迅速が安全をもたらすが、エベレストの場合はとくにそれがはなはだしい。だから、二種類の補給器を使う不徹底さを承知しながら、故障の多い閉鎖式補給器の徹底的なテストをボーディロンにやらせたのも、この理由からであった。また、この二種類の使用法に成功するためには、器具に対する完全な知識と、的確な効果のある操作法が必要であった。さらにサウス・コルからエベレスト山頂に至る最後の九〇〇メートルの負荷の問題は最も重大であり、攻撃隊員の荷物は絶対最小限にきめねばならない点を私はとくに重視していた。

要するに、この「二回突撃」の計画を実施するには、二つの方法しか考えられなかった。その第一は、開放式補給器だけを使用する二攻撃隊を出すことであり、第二は、閉鎖式補給器を使う一隊と、開放式補給器を使う一隊を出すことである。第三に考えられる閉鎖式補給器だけを使う二隊は、その器具が故障を起しやすいので、採用しなかった。それは機械が故障した時、いままで一〇〇パーセントの酸素を吸っていた登攀者が、突然稀薄な空気を呼吸するようになって、意識不明に陥る危険にさらされるからだ。つまり閉鎖式補給器の構造上の効果は、最後の登攀で使われるまで、まだ十分確信がもてなかったのである。ここに採用し得る二つの方法の中で、今まで述べた理由から第二の方法が日数、装備食糧、人間の労力の点で一番経済的であろう。この三資源を十二分に保持しておかねばならない最後の挑戦時に際して、このことはとくに大切であった。また、日数の点で、一日短縮されるから、天候の安全度も高かった。しかし、第一の方法といえども、もしうまく実施できれば、安全度はけっして低くない。つまり開放式補給器はすでに何度も経験されたし、破損も少ないからだ。かりに故障を起しても、登攀者はその携行する酸素に混じて、周囲の空気をかなり吸っているから、高度の突然の影響に屈服する程度がより少ないにちがいない。だから、この二つの方法は、実に選択のむつかしい問題だった。

どのような方式が採用されようと、山頂攻撃の人員構成は、同じものとなろう。登頂隊の人員は二名がよい。これを三名ないし四名に増加した方がよいという説もあるが、いぜん補給の限度に支配されるため、これを採ることは難かしい。荷上げの援助、登攀後の受け入れ、危急時の救援などのため、登頂隊はいずれも、他の登攀者によって後方から支援される必要がある。また第二次攻撃は、第一次に続いてすぐ行なわなければならないし、最高キャンプの大きさおよびその補給は、荷上げの問題で制限をうけるから、各攻撃間の時日を二四時間に圧縮せねばならない。だから第二次攻撃隊は、もし第一隊が失敗した場合、山頂攻撃を準備すると同時に、ある意味で第一隊の支援を行なうことにもなる。また第二隊は、第一隊よりも人数が多くなければならず、その中には第二隊自身を支援する人々を含む必要がある。

二つの山頂攻撃隊は、六五〇〇メートルのアドバンス・ベースすなわち現在の第四キャンプから出発し、同様な時間割に従って、八〇〇〇メートルのサウス・コルへ登る。つまり第一日はローツェ・

フェースの基部にある第五キャンプまで、翌日はローツェ・フェースの途中のキャンプ——その時これをローツェ・フェース・キャンプと呼ぼう——まで、三日目そこからコルへ達するが、コルにはそれまでにキャンプが設けられるはずだ。攻撃隊は烈風と悪天候を避けるため、コルに長く停滞することは禁物である。行動の延引から肉体の高度衰退《デイテリオレーション》と食糧の余分な消費は、とくに避けなければならない。

酸素使用について、山頂攻撃の二形式はだいたいにおいて同じである。当時われわれは、五月初めの二日にわたるローツェ・フェースの予備的偵察の不快な経験に強く影響されていたから、酸素の使用開始をアドバンス・ベースからではなく、第五キャンプからとしていた。登頂隊が登攀時に酸素を使うのは、そこから上ときめた。またクーム以上のキャンプには「睡眠用酸素」の瓶《ボンベ》が、スイス隊がのこした酸素瓶を活用して配置されるよう計画された。だから登頂隊員は、特殊な軽いマスクによって、夜間は流出量の弱い酸素（一分間一リットル）を吸い、その体力を維持することができるし、とくに安らかな睡眠を得て寒さに堪え得ると考えられた。

以上の主要な点は、すでに前から決っていたし、またこのために詳しい荷物明細表も準備されていた。したがって、五月七日の朝に私が決定しなければならなかった二点は、この二方法のいずれを採用すべきか、また各登攀隊の実施すべき任務は何であるか、ということであり、ヒラリーとエバンズと私が、そのとき熱心に議論したのもこの点であった。やがて、われわれは完全な意見の一致を見たので、仲間が集合しているメス・テントの方へ行った。

＊

テント内には期待と緊張の雰囲気が満ちていた。それはだれにとっても待ちに待った瞬間であり、山頂攻撃前の最大の出来事だったからだ。『自分の任務はなんだろう？』という個人的関心は、この場合避けられなかった。私は話をはじめる前に、仲間の一人一人をざっと見わたした。箱に腰かけている者もあり、寝袋に坐っている者もあった。モリスはタイムズへ重要な通信を送るため記録の準備をし、テンジンは私の近く、この大テントの入口にいた。だれの心も私の方へむけられて、蒸し暑いテントの中は咳一つきこえなかった。

私が説明せねばならなかった主なことは、次の通りであった。五月一五日以後なら、いつでも攻撃が開始されるように、われわれは荷物の集積作業を続行する。この間に、ローツェ・フェースの登路開拓という大仕事があり、それは最初考えたよりはるかに長い日数を要するだろうが、これも一五日までには完了しなければならない。

山頂攻撃は閉鎖式と開放式の両補給器を用いて行なう。閉鎖式による攻撃は、より迅速かつ経済的だから、まず最初に行なう。もしそれが成功したら、第二次の攻撃の必要はない――実際には、二回の攻撃ができるほど天候は続かないだろう――そうすれば、南東山稜上のキャンプはなしですむ。第一次の攻撃は、ボーディロンとエバンズが行なう。二人が実によい組合わせであるのと、閉鎖式補給器の操作に習熟しているからだ。この閉鎖式の攻撃を説明しながら私は次の点を明らかにした。第一次登頂隊は補給器がまだ試験期にあるのと大部分が未知の長大な行程を行くのだから、第一の目標をサウス・ピークとすること。そして、補給器の具合が良好であり、天候に恵まれ、主峰と南峰間の地形を見て主峰を往復しうる時間がある場合においてのみ、それ以上の攻撃を続行すべきこと。この第一次隊のすぐあとに、開放式補給器を用いるテンジンとヒラリーが続く。二人はなんら疑いをはさむ余地なく登頂隊員の資格を確保していた。この第二次登頂隊には、私とグレゴリーおよび四人、できれば五人のシェルパの精鋭がサポートそして随行する。このシェルパは、われわれがこの目的のために訓練し、のこしておいたものだ。われわれの特別な任務は、南東山稜のできるだけ高い地点まで最終キャンプをかつぎ上げるべきだという、ノートンとロングスタッフの意見に従おうと思う。それは今から予想できないけれども、その最高点を私は八五四〇メートルと心にきめた。そして重大なことは、小テントを張ることができる台地をそこに見つけることである。

ここですこし脇道へ入るが、後日このサポートの方法が変ったことを説明する必要があろう。最高キャンプの荷上げを行なう人員は、すべて一緒に行動すべきである、という強い意見があったが、サポート隊は、第一次登頂隊にすぐ続行しなければならない点を、私は強く考えていた。とくに二回の攻撃間の時間が、悪天候の原因から二四時間以上に長びかないとは保証し得なかったからだ。私は二回の攻撃期間中、ずっとコルにいたかったので、みずからシェルパ二名をつれて、第一次登頂隊について行き、グレゴリーはシェルパ三名をつれてヒラリーとテンジンのサポートに残るように決定された。

クームからコルまで進むのに何も障害がないと仮定すれば、第二次登頂隊がコルへ到着するのは、閉鎖式の第一次隊が山頂攻撃を決行してコルに帰って来るその日である。そこで第二次の攻撃をただちに続行すべきかどうかを決定せねばならないが、私は万難を排しても決行したいと思う。第二次攻撃は二日を要する。第一日は、サウス・ピークへの尾根上できるだけ高いところにテントなどの荷上げをしなければならないからだ。

しかし、山頂攻撃に先だって、なおすべき仕事は多かった。われわれは二週間にわたってエベレストを包囲する計画をすでにたてていたから、まず第一に天候が好機をもたらすまで待機できるよう、十分な物資を第四キャンプに集積しなければならない。もしエベレストがこの期間内に降伏しなかったら、あらためてベースキャンプから出なおさなくてはいけない。同時にわれわれは、攻撃に必要な物資を、その貯蔵所ともなる第五キャンプにはこび上げねばならない。その数量と重量はわかっていたから、高所用シェルパの人数は一二名と確定され、若干の予備員が加えられる。それは二隊に分けられ、各隊には、一名の登攀隊員が指揮者となる。この重要な仕事のリーダーとして選ばれたのは、ワイリーとノイスで、二人共シェルパについて特別な理解をもっていた。もし荷上げの完了まで天候がよければ、第一次の山頂攻撃隊は、サウス・コル輸送隊にすぐ続行してくり出されるだろうが、コルへの最後の「荷上げ」は、攻撃の時期とはいちおう独立して実施される。ローツェ・フェースのキャンプを必要以上に大きくしないため、ノイス隊とワイリー隊は、攻撃隊のように二四時間の間隔をおいて別々に出発することが望ましかった。

サウス・コルへの「荷上げ」が実施できるような態勢になっても、なおしなければならない仕事は、ローツェ氷河の頂からジェネバ・スパーへのトラバースまで、ローツェ・フェースに登路を開くことだった。この問題の困難さは過日の偵察でいくぶんわかったが、五月七日にはまだ本当に理解されなかった。私は、この仕事を氷上技術の達人であるロウにやってもらうことにきめ、バンドとウェストマコットおよび四人の優秀なシェルパをつけた。彼らは、ウェストマコットをのぞいてすでに第三キャンプまできていた。この仕事が五月一五日までに完成されるためには、すぐにも開始する必要があったので、第三キャンプで彼らが今までやっていた仕事は他の者が交代しなければならない。そこでヒラリーと私はその翌日上へあがる。ヒラリーは第三、第四キャンプ間の輸送隊を指揮し、私は第三キャンプから四人のシェルパを選びぬいて第四キャンプへ行き、スイス隊の第五キャンプ地へ荷物をはこび上げる。この間、グレゴリーとテンジンはアイスフォールで低地輸送の指揮を続行する。一方さきの偵察隊は、ロブジェへ下ってその功績に値する休養をとることにする。

こうした多くの仕事は、事実上、登攀隊全員の双肩にかかっていた。だから、この時以降、成功のチャンスをつかむため、登攀隊全員の体の調子を最良の状態に維持することは、なかなか骨の折れることだった。そこでは、登攀隊員外から一人の予備員としてウォードを考えていた。山頂攻撃時、登攀隊員が凍傷や消耗などで、被害を蒙ったとき、彼をベースに待機させておくことは重要だと思ったが、いまの段階でも、疲労者や病人の交代として、彼は非常に役立つにちがいなかった。

われわれは必要以上に、山に滞在すべきではないと、終始痛切に感じていた。だから、もしも五月中旬の天候が、先月のように悪かったら、またもしも天気予報によって、現在のような状態がさらに続くようなら、いったん登攀を中止し、天候好転の時まで氷河の下の気候のよい地へ下ろうと考えた。

以上が攻撃計画の全貌である。もし、これらについて私の持った感じをきかれたら、焦慮と不安が去って確信と満足の気分に変ったと言いたい。将来の目的に対する危惧は取り去られ、誰も彼もが行くべき進路を、なすべき任務を、そしてあらゆる任務が遠征の終局の目標に向って厳密に結合されているのを知った。そして、誰も彼もが、この目標に対して重要な役割を担ったことを知った。

打合せ会は終り、われわれは解散した。エバンズとボーディロンは、アイスフォールの上へはこび上げる残りの荷を分類し、テンジンとワイリーはシェルパ隊の選抜を相談し、低地輸送から戻ったばかりのノイスは、第三キャンプのバンドに代って携行食《ラツシヨン》の計算をした。バンド隊の者だけがここにいなかったが、私は彼らに合流した時、計画の概要を話してやることができるだろう。

しかし、この意気ごんだ気分も次の晩は新しい心配事でだいぶこわされた。午後五時の通話時に、私は無電でロウにこう話した。明日ヒラリーと私はそこへ行ってロウの仕事を引きつぎ、またウェストマコットをつれて行くから、ロウとバンドの三人で、「別の重大な仕事」をはじめてもらいたいと。その仕事の内容は、われわれが会うまでいわないほうがいいと思った。だがロウは悲しい報告をよこした。『ベースのジョンですか——こちらは第三のロウ——バンドが悪い——咽喉をやられて熱がある——今日は一日中ねていた——ここではとてもなおりそうもない——できるだけ早く下におろさないといけない——以上』。このように、ローツェ・フェースの攻撃員は一人減ってしまった。偵察から帰ったばかりのウォードやその他の隊員は、どうしてもしばらくはこの欠員の補充とするわけにはいかなかった。私はただちに、バンドをおろしてロブジェで休養させることに同意した。ロウは続けて『八時半から頑張り通しで正午に第四に到着——出発後一時間で雪が降りだした——一二時すこし過ぎに引きかえした——八〇〇メートルばかりステップをたどったが、風雪がひどくて足跡はすっかり消えた——五五メートル間隔の標旗を見わけること不能——トプキーがクレバスにおちた——若干のシェルパが恐慌をおこしたが、ダワ・トンデュプは大丈夫——ゴムプは完全にのびた——どこを見ても氷ばかりで見当もつかなくなった——雪は膝くらいの深さ——終始旗をさがしてうろついた——「ハントのガリー」の通路はえらい骨折り——梯子をはいつくばって渡り、ふらふらになって第三へ戻った——全員がまったく打ちのめされた』

第三キャンプの全員が、この苦行から回復するため一日の休暇をとるよう、私はロウにつたえた。もしかすると、計画遂行のために人員が不足するのではないかという心配の念が起りかけ、これが、われわれの最初の心配であり、それがだんだんにつのっていったのだ。

ローツェ・フェース2

荷物集積のわずかな休止期間に、アイスフォールは驚くほどの変化を蒙っていた。ローツェ・フェースでの新しい任務につくジョージ・ロウを解放するため、五月九日ヒラリーと私が第三キャンプへ上っていったときには、第二キャンプのテラスの端の美しい、指の形をした氷の突起――「地獄横丁」の下の急斜面へ近づくと、空をかぎって聳えていたあの氷の突起はもう姿を消していた。いまにも倒れそうな、そのセラックが影をひそめたので、ここを上下するパーティの安全度はましたけれども、一面に降り積った新雪の中で、正しい方向を指示する、貴重な目標を失うことにもなった。だが、ちょうどこれに代るような氷塔が「地獄横丁」のすぐ上にのしかかるように突き立っていて、これも早晩崩れ落ちそうに思われた。このために早く何か手を打っておく必要があった。「原爆地帯」は、以前とはすっかり変ってしまった。われわれは新たに口をあけた裂目を越えるため、丸木橋の必要を感じながら、この混沌《こんとん》とした光景の中に、新しい登路を求めて数分間を過した。その後で、私がアイスフォールの頂へむかう前、第二キャンプで休んでいた時、ちょうどグレゴリーが低地輸送班をひいてやってきた。第二キャンプの直下で、上部の氷塊が崩れ、グレゴリーの背後に落下し、ザイルを結んだ次の者におそいかかったが、幸いにも難を避けることができた顛末《てんまつ》を、彼はなんの誇張もなく話して聞かせた。これはわれわれのすべてが、こんどの登山で経験した一番危ない出来事であったろう。

第二キャンプ上部の不安定な氷塊に蔽われた危ない裂け目は、金属製のつなぎ梯子の両端がやっととどくくらいに大きくひろがっていたので、このことも夕刻の無電でベース・キャンプへ知らせるようにノートした。デブリの斜面の頂をトラバースしている時、われわれはたった今、頭上の障壁から落ちて崩れた大小さまざまの氷塊（小石大のものから高さ三・六メートルもある岩のようなものまで）の上を歩いて今まで知らなかったところへ来たような感じを覚えた。

その夜第二キャンプで、私はノイスと無電で話をした。彼は明日、輸送隊をひきいて上へあがることになっていたので、私は二つの緊急な問題、つまり「地獄横丁」をおびやかす例のセラックと、今にもクレバスに呑まれそうな第二キャンプ上の橋の、二つを処理してくれるよう彼にたのんだ。ノイスは、そのセラックの下で小一時間も難作業をつづけ、ついに丸太でセラックを突き倒し、われわれが苦労して上下する登路のかなたへこなごなに崩し去ってしまったのを、後になって知った。

最終の必需物資を集積する作業は、五月の最初の二週間にアイスフォールを経由して行なわれたから、錯雑した氷瀑の中で、はじめは安全と思われた地点に設置された第二キャンプは不安になってきた。氷河の氷が動く騒音は、今までよりも激しく、また無気味になって、ある晩のこと、テントの下の氷にはいくつかの裂け目ができた。それはごく小さかったが、危険をはらんでいたので、ポーター達は、荷物を直接第三キャンプへ運び、一日でベースへ下ってくるようになった。その労力は大きかったが、アイスフォールに一泊するのをいやがったからである。

ウェストマコットもこの日、ロウと一緒になるので上ってきた。彼は一月ばかり前のアイスフォールの偵察時にかかった病気の発作からなおりきっていなかったが、いままでも支援作業を強力につづけてきた。ローツェ・フェースの重要な作業を遂行する機会が彼に到来した際なのに、ウェストマコットの健康はまだ力いっぱいやれるほど回復していない。彼は酷い咳で咽喉をやられ、そのうえ胃腸を害していたのだが、快方にむかっていると言い張ってきかなかった。彼の言葉は信じられなかったけれども、その気概には頭を下げない訳にはいかなかった。そしてバンドが病に倒れた今となっては彼に頼るほかなかったので、ベースへ帰れというような指示はしなかった。

その夜の第三キャンプは、サーブ四人、シェルパ一九人ばかりの大世帯となった。それは、ローツェ・フェースのロウの作業を完成させるために、余分の人員を擁していたからだ。ヒラリーと私は、次のような手筈をきめた。ともかくも数日の中に、ヒラリーは第三キャンプから第四キャンプへ輸送を行なうこと、そして私は、第三キャンプにいる一四人の中から四人を選んで、第五キャンプへ攻撃用物資を集積するため第四キャンプへ移動することであった。

五月一〇日の夕刻、ロウはすでに第五キャンプにあり、ウェストマコットは私の隊と共に休息して、翌日ロウと合流することになっていた。私は第四キャンプにおり、ヒラリーは第四へ最初の荷上げを行なって、第三キャンプへ下った。

このような荷上げが、つづく八日間にわたってアイスフォールとウェスタン・クームで続行された。この間、出来事というほどのものはなかったが、天候だけは、四月九日に高度馴化の計画をはじめてからずっと悪くて、準備を少なからずさまたげたことは事実だった。天候はむしろ悪化していて、五月一〇日と一一日は、昼頃から夜中まで烈しく雪が降り、約三〇センチばかり積ったので、すこしくらいの風では飛ばされず、毎朝クームを占める酷暑の中で苦しいラッセルを強いられた。二日目にヒラリーの隊は、状態のよい時なら荷をかついだ者が三時間で行ける第三キャンプから第四への行程に四時間半以上もかかった。五月一二日の私の日記には、次のようにかかれている。『この言語道断な天候には、ほとほと失望した。今日はさらに一八センチばかり降雪があり、夕方にはクームを上下する登路は跡形もなく消えていた』。下のベースですら、悪天候は隊員の士気に影響を与えた。ある者は『まったく意気銷沈《しょうちん》するような午後。こんな下の方でも八センチの雪』と記している。はるか山上のローツェ・フェースでは、ロウが崩れやすい危険な雪に胸の深さまで没していた。こうした状況を考えると、全員が元気に満ちていたこと――とくにシェルパが元気だったのは驚嘆に値した。アイスフォールのこの状態にもかかわらず、隊はすっかり落ちついているし、病気で動けない人の数は前よりもへった、とワイリーは知らせてきた。天候というエベレストの武器は、われわれの速度を鈍らせたが、釘付けにすることはなかった。

しかしまったく突然、天候の変化があらわれた。ラジオの天気予報ですでに知ってはいたが、ほとんど信じられなかった。「驟雪」はなくなり、午後は快晴が続くようになった。アイスフォールとクームを通って、ローツェ・フェースの基部へ達する長い登路はよく踏まれた路となり、各隊は前よりも苦労せず、短時間でそれを上下するようになった。また、フェースにいる隊からのニュースが士気を鼓舞したので、計画の見通しがきわめて明るくなったのも事実だった。だが私は、まず攻撃準備の記述を終ることとしよう。

五月一五日には準備はまだ完了していなかった。一四日にエバンズ、ボーディロン、グレゴリー、ノイスの新しい隊が到着してから、一五日私は、前にきめた通り、ヒラリーと交代するためクームへ下った。五日間にわたる第四キャンプから第五への荷上げと、輸送隊の指揮が終って、いまやアドバンス・ベースへ全隊員が移行する時機となった。それは五月六日以来、われわれの活動力のすべてが集中された第三キャンプから行なわれるのが最善であった。第三にはピュウがおり、また下る者も二人いた。一人は休養にせまられているウェストマコットで、他は二度目にアイスフォールを登ったばかりでなく、その朝エバンズらに随って、アドバンス・ベースまで行ったモリスだった。われわれはすべて彼の行動を称讃した。彼は遠征隊の一員としての任務を十分やったからだ。その夜、私はワイリーと無電でかなり長時間話すことができた。そして低地輸送作業を終了し、余分のポーターを解雇して、五月一八日にテンジンと共にアドバンス・ベースへ上ってくるよう彼に命じた。第六キャンプから無電で伝えられたロウの報告は、それがきっとできると思わせた。この天候の好転に乗じてわれわれは攻撃のため勢揃いしなければならない。テント配置のプランはいつも面倒な仕事だったから私はその係のウェストマコットに、ロブジェへ休養に出かける前、ワイリーと最後の整備をしておくように命じた。第四キャンプとベースとの直接通話を維持することはできないようになったが、おもしろいことに、第三キャンプで私は、第六キャンプのロウを経由して第四キャンプと通話ができたことをここに述べておこう。

この時分、病気がなおって第三キャンプにいたダ・ナムギャルとベース・キャンプのテンジンとの間に、無電の会話が交されたが、ほとんど成功しなかった。テンジンは重要な通信をナムギャルに送りたがっていたので、ウォーキー・フォンを使うようにすすめられ、第三キャンプのナムギャルは気がすすまぬままに器機をわたされた。別にこれといった理由もなく二人共いままでこの器機を使ったことがなかったので、非常に驚いたようだ。それで会話は『おーい、ダ・ナムギャル』『おーい、テンジン』の繰り返しだけで話はいっこうに進まず、二人は通話を止めねばならなかった。

私は第三キャンプに二泊し、毎晩無電でロウと連絡をとり、また彼を経て第四キャンプのヒラリーと連絡した。その間ピュウが「睡眠用酸素」の試験を実施させてくれたが、それは有効かつ快適であることがわかった。この目的のために携行した特別に軽いマスクは、ＢＯＡＣ社が気密装置のない飛行機で用いる型のもので、われわれの大型のマスクと同じ方法で酸素瓶に接続する。普通一瓶が二人用で、T字型のゴム管から二人へ等量に流出される。われわれはそれぞれ一分間一リットルの割で使用した。マスクをつけてもなんら不快はなく、快適な眠りをむさぼることができた。

当時アイスフォールでも、これに劣らぬ重要な実験が行なわれた。われわれは、最後の目的である二回の頂上攻撃用の荷物が無事目的地へ運ばれるために、あらゆる努力を傾注していた。ウォードは薬箱の中に、戦闘が長引いた時、兵隊の耐久力を保持するのに効果があるという、ベンゼドリンをもっていた。その特質は睡魔を抑えることにあった。ウォードはこれを最初からローツェ・フェースで験《ため》すのは危険であると考え、アイスフォールで活動中の二人のシェルパに対して行なった。ワイリーがその結果をきくと、一人は『すてきです！　私の咳がなおった』といい、他の一人は『薬のおかげで楽にねむれた』と答えた。

五月一七日、私はピュウと共にまた第四キャンプへやって来た。晴天が続いたから、エベレストがすっかり姿をあらわしているこの期間に、山頂攻撃の準備を完了せねばならないと焦りを感じだした。準備のやまは一週間にわたって、ローツェ・フェースで登路を開いているロウにかかっていた。氷雪におおわれたあの巨大な障壁と取りくんだロウの登攀ぶりを物語ることにしよう。

＊

ロウは五月一〇日の午後、四人の最も優秀なシェルパ――ダ・テンシン、アン・ニマ、ガルゼン、アン・ナムギャルをつれて第五キャンプへ登っていった。シェルパの任務は、ローツェ・フェースの一時的キャンプ設置のために、ロウとウェストマコットをサポートし、その後で攻撃期間中、サウス・コルとの中継所となるべきスイス隊の第七キャンプ地へ荷上げをすることであった。ロウの仕事は、まずスイス隊の第六キャンプ地にキャンプを設け、そこから上下へ路を切り開くことからはじまった。ステップを切り、急斜面には固定綱が垂らされた。五月一一日、ロウとシェルパがそこへ移った。登攀はきわめてむつかしく、前の偵察隊がたどったルートには新雪が厚く積って、少なくとも偵察時くらい深く雪をこがねばならなかった。キャンプ地へ達する急な一八〇メートルの登攀に五時間半も要したので、一時間に三〇メートル強しか登れなかったわけである。

ロウが出発した当時、ウェストマコットはまだ第五キャンプに来ていなかったので、彼は一番技術がしっかりして経験も深いアン・ニマを彼と共に第六キャンプに残し、他は下のキャンプへ下らせた。ロウもアン・ニマもこの労多い登攀に疲れきって、テントを張るやすぐに横になり、一五時間も眠りつづけた。つづく数日間、ローツェ・フェース隊は二つに分れて行動した。ロウとアン・ニマは第六キャンプから下方の登路を補修改良し、また逐次ローツェ氷河の頂へルートを切り開いた。ウェストマコットは他のシェルパ三名をひきいて第五キャンプから、ロウのため日々の食糧、燃料、ザイル、ピトンの荷上げをすると共に、逐次攻撃用物資を運搬していた。下部の連絡線をいためてわれわれをひどく苦しめた、あのすごい天候は、稀薄な空気にさらされながら初めてぶつかる非常な悪場で行動していたこの突撃隊にとっては、さらに大きな試練であった。

五月一三日、私は第五キャンプへの輸送を完了して、第六キャンプへ登って行った。私が着いた時、ウェストマコットは第五キャンプにいたのだが、三日前よりも彼の健康は悪化していた。前日彼は全力をしぼり出して行動を起したが、自力で第六キャンプへ行き着くまでにはなっていなかった。彼は明らかに消耗の極に近づいていたが、なお私と同行することを主張した。これはシェルパの熱心な作業や優れた登攀と共に、まさに称讃に値しよう。とくに、荷上げ員の不足から特別に重い荷を担いで、その前日独力で第六キャンプへ往復したダ・テンシンとアン・ナムギャルの行為は立派だった――アン・ニマはロウと共に登攀者として行動していたし、ガルゼンは調子が悪かったからである。彼は今月初旬の偵察時にかかった病気がまだ回復していなかった。私はアン・ナムギャルをつれて、前夜降った深雪をわけながら登って行った。足跡はまったく消えていた。ウェストマコットとダ・テンシンが続いた。二時間後にロウとアン・ニマのところへ着いた時は、非常に疲れた。彼ら二人は、その日キャンプ下方の最後の急斜面を除雪し、バケツ大のステップを切り、風雪でもろくなったスイス隊のザイルのかわりに、丈夫なマニラ・ザイルを固定するのに懸命であった。彼らは二人共に元気だった。ロウはわれわれの労苦を撮影機におさめようと余念なかったし、また四月の終り頃、ロバーツと共にはじめてわれわれに加わった時は、なんとなく変な男に思われたアン・ニマは、今や彼の本領を発揮しているかのようだった。彼は疑いもなく高所へ登ると元気になる数少ない人間の一人である。ベース・キャンプや第三キャンプでは、それほど自分の仕事を率先してやった方ではなかったのに、ここローツェ・フェース下部の悪場では、熱意と立派な腕前をあらわし、しかも笑いを浮べながら難事にあたった。アン・ニマは続けざまに煙草をすうので、補給が苦労の種だったが、彼には十分その値うちがあった。

第六キャンプで約三〇分を過してから私は少時降った午後の吹雪の中を下って、かなり下に他の二人を認めた。ウェストマコットは明らかにこれ以上の前進が無理であったが、今日はずっと好調だといいながら、ともかくダ・テンシンと共に、さらに一六メートルをあえぎ登ってロウへの荷物を担ぎあげた。これはまさにすばらしい努力だった。

その夕刻帰着した私は、ロウの隊を増強するため、ノイス、その後からウォードも上って来るように、ベース・キャンプへ指示を発した。私自身の経験とロウの意見から考えると、ローツェ・フェースは偵察の結果から判断したよりも、はるかに手強い仕事であった。ノイスもウォードも、これに対してある程度の準備はしていた。というのは、行動が開始された五月七日に、私はかねてこのことを予想して彼らに話しておいたからだ。だから彼らは、勇躍この登攀に加わることになった。

五月一四日、ロウとアン・ニマは快晴に恵まれて、三〇〇メートルを登り、スイス隊の第七キャンプを発見した。その晩、私は増強計画を無電でロウへ伝えることができた。彼はこれに答えて、この日の成果と次の意図を熱心に伝えてきた。彼の意図によれば、次の日を休養にあて――それは彼が第五キャンプに達してから六日目にあたる――そしてその翌日ローツェ氷河の頂に攀《よ》じ登ってトラバースのルートを調査する――おそらくさらにそのルートを切り開き、それから――彼がそういったのではなかったが、不撓《ふとう》不屈のロウの心中は、想像に難くなかった。彼にはサウス・コル以外、何ものもなかったのだ。この会話は第四、第三およびベース・キャンプでもはっきり聞きとれた。それはまったく喜びの知らせであり、私の場合同様、あらゆる者に、仕事のやまが見えたような思いをいだかせたに違いない。

いまやあらゆる努力がすべてローツェ・フェースに注がれ、毎日二つのチームが第四キャンプから発足した。一隊は登攀隊員を一部ポーターとして組み入れたもので、健康を調整しつつ攻撃用物資を完全に充足するため、第五キャンプへ荷上げをし、他の隊は第七キャンプへ向って、ある時は直接第四から、ある時は第五に一泊して登り、第七キャンプとサウス・コルの荷物をそこへ集積した。この荷上げによって、サウス・コル隊がフェースを登って行けるような時が来たら、その負担を少なからず軽減できると思ったからだ。五月一五日にはローツェ・フェース隊にノイスが加わった。彼は十分な休養を必要とするアン・ニマと交代した。つづいてヒラリーさらにボーディロンが、またバンドとウォードが加わって、これに続く日々その六〇〇メートルをシェルパの作業に付き添って上った。

楽観的なロウは、高度が与える影響をあまり意に介しなかった。ノイスが第六キャンプに到着した晩、二人は睡眠薬の錠剤をのんだが、翌日ノイスはロウがひどくぼんやりしているのに気づき、出発の前には気を引きたたせるためロウの体をたたかねばならなかった。ロウの活動は鈍り、まるで眠りながら第七キャンプ地へ登っていったので、ノイスはだんだん心配になった。彼らは一八〇メートルを登るのに二時間半を費していた。行動中、休息や食事の時、ロウはたしかに数回昏睡に落ちたようだ。ノイスはロウが、口からサーディンをぶら下げたまま居眠りしているのを見た——彼はサーディンがとても好きなのだ。こんな状態で登りつづけるのは無謀なので、彼らは引き返してきた。『酩酊した人間がふらふら山を下るようだった』とノイスはいっている。第五キャンプに着くと、ロウは次の日まで昏々と眠りつづけた。

だが翌朝は、この睡魔から完全にさめて、二人は前日の失策をとりかえすためさらに高く登った。彼らは第七キャンプへ達したばかりでなく——第七への荷上げは、五月一五日にヒラリーがやったが、その時彼は、一日で第四から第七を往復する超人ぶりを示した——午後には第七キャンプをかくしているセラックのかなたへ姿を現わし、さらに一八〇メートルを登ったので、下からこれを見ていた者は非常に喜んだ。それはまったく胸のすくような登攀で、われわれは翌日の成功を十分期待できた。この時、ウォードがロウと合流するためやってきたのでノイスを解放した。ノイスは先頭にたって作業を続行したいといったが、五月二〇日から開始されるサウス・コルへの最初の荷上げのため休養をするように、という指示にしたがい引き返してきた。

しかし、このフェースの敢登で浮び上ったわれわれの希望は、翌一八日には惜しくもくだかれてしまった。というのは、その日第七キャンプを出発したダ・テンシンを含む三人の登攀者は、ついに前の到達地点とほとんど同じところから引き返してきたからだ。彼らがなぜそれ以上前進できなかったか判断にくるしんだが、後日、第七キャンプの荷上げから下ってきたボーディロンの言によれば、猛烈に風が強かったからだという――事実、われわれのいた風蔭からでも山上には汽車の轟音のような風のうなりがきこえた。だが、彼らが再び登攀を開始したときは、前日の登攀で疲労していたウォードの足は凍傷がひどく、ロウも手にすこし凍傷をうけていたので、彼らが出発できたのはむしろ驚くべきことといわねばならない。

ローツェ・フェース奪取の試みは弱められることなく続いた。死闘の一〇日目、五月一九日は烈風がはるか山上のエベレスト西面の岩を乱打していたが、風はローツェ・フェースを巻いて、第八キャンプをかくすセラックが形作っている漏斗状地点と、その後方斜面へ吹きつけていた。その朝、われわれは何時間も上のようすをながめていたが、行動しているものはだれも見られなかった。バンドもすでに上へいっていたので希望はもてたのだが、まだ安心できる状態ではなかった。また第七キャンプとの無電連絡は、もはや不可能だったので、ロウが自分で高所の状況報告に下って来てくれればいいが、と私はしきりに思っていた。ロウは驚異的な長期の登攀を続行して定めし疲れているに相違ない。ピュウも、七〇〇〇メートル以上の高所に長く滞在した彼の精神状態を非常に心配していた。

もう一つ心配なのは今までだれよりも一番元気だったエバンズが倒れたことだ。彼は第七キャンプへの輸送隊を援助するため、二日前に第五キャンプへ来ていたが、そこで空腹時にオーレオマイシンの錠剤を呑み、非常に具合が悪くなって、翌日は第四キャンプへ下らざるを得なかった。それ以来ほとんどものが咽喉を通らなくなり、第一次の山頂攻撃に活躍できるかどうかあやぶまれた。これらの心配事に加えて、食糧不足の兆があらわれた。バンドは神経質なくらい、食糧保有量を精査してきたが、数個のキャンプに分散した現在、これは非常な難事であった。最初の計画では、六月七日までの十分な「コムポー」――われわれの主食糧――があるはずであったが、調べさせると、どうも今月末までしかもたないらしい。仮にそうだとしたらこれはえらい打撃なのだ。というのは、山頂攻撃のためには、どうしても翌月まで頑張る覚悟が必要だし、このままでは第三次の攻撃は、とうていおぼつかないからだ。だが幸いにも、後日バンドが、その心配は無用だといってくれたが、食糧には、もう十分な余裕はなかった。

シェルパの食糧にも同じような心配が起った。アドバンス・ベース以下のシェルパの食糧は、大部分がツァンパで、僅かに攻撃用糧食を加えたものだった。シェルパの食糧を担当したノイスは、当初彼とテンジンが考えたよりも、はるかに多量のツァンパが消費されているのを知った。そこでシェルパのニムミに、さらに二三〇キロのツァンパを入手させるよう緊急命令がベース・キャンプへ発せられた。ニムミは体をこわしたシェルパで、現地食糧の購入を命ぜられていたが、この補給がうまく間に合ったのは幸いだった。

このような重圧も、五月一八日にテンジンとワイリーが残余のテントや物資をもって到着したので、消えていった。そこで私は、サウス・コルへの荷上げを次の日から開始することにきめた。つまり翌日は、ノイスの指揮する一隊が第一段階である第五キャンプまで登り、二〇日には、ワイリーがシェルパの第二隊をひきいて続行し、これが成功すれば、ただちに攻撃が開始されるように計画した。そうすれば第一次の攻撃隊は、五月二二日に出発することになろう。

こう決めたことによって、われわれはローツェ・フェースの準備にこれ以上時日を空費してはならないと判断した。すでに七日も続いている晴天は、それが続く限りは利用すべきだが、これ以上延引すればいつ崩れるかもしれないし、ロウはおそらく体力の限界まで働き、攻撃隊員に選ばれた者以外に、彼の代役を求めることはむつかしかった。だから、この決定はあらゆる者に喜びの知らせとなった。

次に喜ばしい出来事といえば料理長トンデュプのしんがりの隊が到着したことだ。前に述べた通り、トンデュプは腕の達者な料理人だったが登山者ではなく、シェルパの標準からいっても若い方ではなかった。しかし、彼がアドバンス・ベースへ進出すれば全員の士気が高まるだろうというワイリーの判断は正しかった。というのは、食べ物のことが全員の興味の中心であり、食欲の減退はまったく認められなかったからだ。五月一六日、バンドは『うまい晩飯。スープ、ステュウド・ステークに豆、缶詰の桃とパイナップル』と書いているし、ローツェ・フェースのロウでさえ、牛肉や果物を食べたがっていた。『そこで君は何を食べているんだね?』と、補給やシェルパや先の計画などの真剣なことを無電で話し合ったある晩、ロウはこんなことをきいた。『俺は桃が食べたいよ』とはじめて高所用の携行食《ラッシヨン》をとった時、彼は不平をならした。食べ物についてはとくに関心の深いグレゴリーが日記をつけなかったのは惜しいことだ。彼の評言は、たしかに一読の価値があっただろう。

トンデュプはアイスフォールの危険をおかし歯のぬけた口をあけて笑いながら、その日の午後に到着して、われわれ全員に歓迎された。着くなり彼は、アイゼンの爪を靴底の方へむけて取りつけようとしたなどと冗談をとばして、仲間のシェルパを笑わせた。テンジンと彼とは、さっそくこのキャンプを整備し、とくに調理場を満足のいくまできちんとして、お茶にはパンケーキを食べさせてくれた。

＊

山頂攻撃を目前にひかえた数日のキャンプ生活は、規則正しく過された。アドバンス・ベースに滞在している人数によって、多少の相違はあるけれども、隊員はだいたい六個のミード・テントか、さもなければ食堂にもなったピラミッド（大ドーム型）テントに起居する。テントはみな数歩以内の間隔でたてられている――つまり風蔭になった九メートル平方の小さいくぼ地に、いろいろな型のテントが一二ばかりたっていたのだ。

午前八時。テントの内壁には霜が真っ白についている。太陽はまだテントまで届かないのでおそろしく寒い。テントが開かれて、にこにこしたシェルパの顔が現われると、粉ミルクをたくさんいれた甘い紅茶が差し出される。これに元気づけられて、やがて太陽のあたたかみがテントの屋根にあたるのを待つのだが、それはだいたい九時一五分前頃である。寒気がきびしいので、これより早く寝床からはい出すには強い意志の力を必要とする。それからまた新しいエベレストの一日の中へとび出る。雲一つない空、ぎらぎらする光線のため、ただちに色眼鏡をつけて周囲を見廻す――まずローツェの高い斜面を。彼らはもう出発したろうか？　ついで双眼鏡をとり出して、見なれた障壁の途中にある第七キャンプをつぶさにながめる。動いているものは何も見えない。コルの末端近くから、またローツェの頂稜から盛んに雪煙がまい上っているのに気がつく。それから大テントの中で朝食をおえるのである。

ダ・ナムギャルが調理場から熱いオートミールを皿にもってはこんでくる。テントの中は、箱やルックザックや新聞紙や缶詰がちらばってえらい混雑さだ。この混乱のまん中に、このテントの主が空気マットレスをしき、寝袋にあたたまっている。朝食は相当時間がかかる。というのは、われわれはいつも朝食時にその日のいろいろなことを論じあったからである。ベーコンと卵か肉のフライを食べながら、次の郵便はいつごろ届くだろうか、と話し合ったりする。またサウス・コルのチームを支援するシェルパをふやすため、コルへの輸送計画を変更したり、ベース・キャンプへ送る重要な指令、例えば、ベースには「攻撃用」および「コムポー」の箱が幾つあるかなどの問い合せがあったりする。食糧の状況は計画立案にきわめて重大な結果をもたらし、このアドバンス・ベースで攻撃用携行食を食べねばならぬことにもなりかねない。ある者はベースのモリスへ通信を書いている。

こうしている間、エバンズはテントの入口に近い食糧箱に腰をおろし、双眼鏡で上方の観察をつづける。『チャールズ、彼らの進行はどうかね？』『ちょうど第七の上だ。速度はあんまり速くない……いまボーディロンのパーティが第五から登りだしたところだ』

仲間はしだいに散っていく。バンドは、攻撃用物資をもって第七キャンプへ行くとき、第五キャンプまで彼と一緒にゆくシェルパについて、テンジンと話している。彼らは攻撃に選抜された連中であろう。グレゴリーとヒラリーと私も、第五キャンプへ荷上げをするので、われわれのほうにもシェルパを配置せねばならない。両パーティは、すでに暑すぎるので、午後おそく出発するだろう。ミード・テントの開いた口からのぞいている靴は、寝袋にころがって書きものをしているノイスのだ。二、三羽の鴉《からす》が雪の上を歩いて残菜をあさっている。

昼食まではこんなことがつづいて、昼にはみながまたメス・テントに集まる。昼食はまずスープ、それからサラミ・ソーセージとチェダー・チーズ、それに缶入りのバターとスイス製のクネッケブロットとわがイギリスのビスケット。最後に攻撃用携行食からとり出す優秀なコーヒーもしくはレモネードといったところ。われわれはもう一度ロウやウォードの行動を見上げる。彼らはまた腰をおろしているが、ローツェ氷河の頂からそんなに下ではない――たしかにうんと近づいている。まだ前進するだろうか？　しかし、しばらく後で下っているのを知って、私はやや失望する。そうこうするうちに、ボーディロンとシェルパが六人、第七キャンプ下の最後の氷の急斜面を横切っているのが見える。彼らはまもなくセラックの蔭にかくれる――フェースの中間まで、さらに九〇キロの荷上げがなされていたのである。

午後四時には、ビスケットとジャムのお茶がでる。たいがい「コムポー」から出した果物入りのケーキが添えられる。それからさっきの二パーティが支度をし、ザイルを結び、昼から準備した荷をしょってくぼ地の肩をまわり、氷河の浅い溝をつたって動き出す。今では数百メートルもきれいに踏みかためられた氷河上の通路は、太陽に輝く雪面に鉛筆でかいた線のように見える。ストバートはキャンプの上の丘にのぼって撮影機をまわしはじめる。彼は数ショットを撮り終ると、クームまでわれわれと同行する準備をする。まだ暑いが、クームの入口から下の谷をとざしていた大きな雲が退却をはじめる。風が出だして、サウス・コルのはずれから雪煙が上る。ヌプツェの氷壁は、すっかり日影となって、プモリの背後に日が落ちるのもあまり遠くない。フェースのパーティは二つともすでに見えない。

そのすこし後、ちょうど日影がクームをはいおりて、テントへ近づく頃に、ボーディロンがシェルパのパーティと帰ってくる。彼は明らかに疲れているが、酸素なしで七三二〇メートルの高所へ行けたことがうれしいようだ。その日のローツェ・フェース隊の行動についてたずねると、『上では風がものすごい』というのが彼の答えである。

日が沈むと急にはげしい寒さが襲ってくる。第五キャンプのパーティは荷上げをすませて帰ってくる。われわれはジャケツを着、まっすぐにテントへ行って夕食を待つ。メス・テントではだれかが無電をきく。『こちらはBBCの海外放送。エベレスト遠征隊に対して天気予報をお伝えします。ただいまの時間は、グリーニッチ標準時一二時、インド標準時一七時三〇分。天気はだいたい曇りがちで、ときどき雷鳴があり、また相当の驟雪があるでしょう……海抜八八〇〇メートルでは主に西風で、風速は三〇ないし三五ノット、同高度の外気温は華氏マイナス一六ないし一二度でしょう』。だれかが『夕飯だ!』とどなるまでは、寝袋に入りこんで読書したりものを書く時間である。段々暗くなってくるが、メス・テントはブタ・ガス・ランプで輝くばかりにあかるい。このテントの主は、寝袋に入ったまま手渡された皿をもち、ほかのテントからの訪問者は、急造のテーブルをかこんで箱に腰かける。羽毛服をきても寒いので、テントの口をしめる。スープ、缶詰のステーキとキドニーのパイ、これらがスプーンやフォークやナイフで口へはこばれるが、これらの食器はすでに大分なくなったので、そのどれか一つを使うだけである。果物入りのケーキとコーヒーで食事がおわる。

食後にはきまって何かおもしろい話がさかんに出る。ストバートは冒険《アドベンチュア》の数しれぬ番組をもっている。だが訪問者の多くは、食事が終ると一人へり二人へりして寝袋へ再びあたたまりに帰る。私はトンデュプのところへ行ってローソクをねだる。彼は不自由な環境でも、おそろしく細々したものをたくわえている。前に私の酸素マスクが入っていた小さな厚紙箱の上にローソクをたてて、日記をひらく。私の万年筆は凍って書けないので、たえずローソクの焔《ほのお》にかざさなければならない。手先をあたためるため、バッグに手を入れ、楽な姿勢になって書きはじめる。『五月一八日、この遠征の歴史上、今日は重要な日であった。……われわれは全力をもってアドバンス・ベースを建設しおわった。……料理長のトンデュプが此処へ来たので、うまい食事が約束された……』私は日記をとじて、睡眠剤をとり、ローソクをふきけして寝袋にもぐりこむ。エベレストの一日がまたくれていく。われわれがこの山をおわるまであとどのくらいかかるだろうか？

＊

一九日の夕刻、私はノイスとその仲間と一緒に第五キャンプへ酸素の荷をはこび上げた。その日は風があったが、登路はすっかりかたまって歩きよい路となっていたから、われわれは一時間でそこへ達した。ノイスと別れるとき私は彼にいった。『ロウとウォードが明朝下る前に、彼らがトラバースの準備をおえなかった場合には、君は次の日、シェルパと共にコルまで荷上げをつづけるか、あるいは君だけ先ずコルへ上って登路の準備をするか、いずれかを選ばねばならない。もしそれが必要ならば、君のパーティは第七キャンプでワイリーと第二夜をおくり、二二日に彼と一緒に登らねばならない。そして、君は仲間の調子を考え、ロウから第七キャンプ上部のようすを聞いたうえで、この判断を下さないといけない』

ロウとウォードは簡単には屈服しなかった。彼らは二〇日にトラバースを敢行しようと再度行を起した。その日はノイスの隊と交代する前に、彼らに残された最後の日であった。しかし長期の過労が彼らの耐久力に大きく影響し、再度前進したが、まもなく引き返してきた。かりに彼らが失敗という気持をもったとしても、それはどんな人間も、けっして成功し得ないという意味での失敗であった。天候にさまたげられ、その仲間は病気にさいなまれ、しかも恐ろしい西風に痛めつけられながら、ロウは時たま他の支援をうけつつ上述の一一日にわたり、実に見事な仕事をやりとげた。それは英雄詩のような不撓練達の業績として登山の歴史に書き残されるであろう。

第五部　攻撃

サウス・コル1

　攻撃用物資をサウス・コルへ運び上げる時間表は、五日間にわたった。五日という短時日で行なうため、高所チームの中継地である中間キャンプへの荷上げは非常に忙しかった。高所チームの人数からいって、荷上げにこれ以上の日数をかけることはむつかしかった。なぜなら天候や肉体の高度衰退《ディテリオレーション》をいちおう別にしても、日数がふえれば当然食糧や燃料が増加するからだ。だから攻撃準備の最終段階であるこの計画は、必然的にすこしくらいの故障などは考慮に入れない、ぎりぎりのものだった。一九日の夜、第五キャンプでノイスに、彼は二晩目に第七キャンプでそのパーティと別れねばならないといったとき、私は『もし必要なら』という言葉をとくにつけ加えた。というのは、彼が去ればこまった状態が起るのはきまっていたからだ。第七には多人数を収容するだけのテントもなく、また彼らは攻撃隊に予定された食糧、燃料に手をつけるに相違なかった。

　アドバンス・ベースでは五月二〇日中――この日も晴天だったが、烈風が頭上の岩場に激突していたから、山上では定めし風が強かったろう――ワイリーがノイスのあとを追う準備をしていた。過ぐる数日間に、第七キャンプへは相当の荷が上げられたけれども、ワイリーの隊もノイスの隊も、非常な重荷をかついだ。われわれがロンドンで計算をたてたときは、ローツェ・フェースを登るシェルパの最大負担量は一三・六キロだった。しかしワイリーの隊は、一人二二・七キロ以上をかつぎ、しかも酸素なしであの急斜面を七三二〇メートルの第七キャンプまで喜んではこぶ準備をしたのだ。だが、この重荷の原因が、シェルパの側にあったということもいちおう説明しておかねばならない。シェルパは、その寝具――寝袋や空気マットレス――を別としても、われわれが絶対必要と思うものより、むしろ個人装具をはこびたがる欠点がある。しかしこの欠点をすべて勘定に入れても、なお「必要」な荷物の重量は約一三・六キロになった。すべての荷物を確実にはこび上げるために欠くことのできない最少人員は一三名だが、これに若干の予備員を加えようというテンジンとワイリーの意見に私は賛成した。病気などの事故で、登攀が続行できなくなったような場合、とくに第七キャンプからサウス・コルへの一部未知な六〇〇〇余メートルの地帯でそうなった場合、あるいはまたその地帯で個々の荷物をすこしでも軽くできるように考慮して、両隊にはそれぞれ二名ずつの予備員を配置した。どんな場合でも、彼らの寝具や個人の私物は、第七キャンプに残置すること、登攀の上半部では、荷物はできるだけ軽くすること、疲労が激しかったり病気になったシェルパを、第七から下降させることがきめられた。

その午後に、最初のサウス・コルへの「荷上げ」が第七キャンプへ到達した直後、第七から二人のシェルパが下ってくるのが見えた。彼らは病気か、あるいは疲労のため続行できなくなったのだが、アドバンス・ベースへ帰着した時、ノイスからの手紙を私に渡した。ノイスは登頂隊とは別の酸素を使うことになっていて、簡便な形式の酸素瓶《ボンベ》つまり訓練用の酸素瓶を使っていたのだが、手紙によると、彼の瓶は今は放棄された第六キャンプにつくと酸素が漏れていたので、そこで別の瓶を発見してそれを使った。しかしそれもまた漏れた。そして第七キャンプについたとき、翌日のためさらに別の二本を準備した。一本は彼自身のために、また一本は翌日の未知な登路で、彼を十分援助しうるようシェルパのアヌルウのために。しかしこまったことに、ノイスの手紙は次の言葉で終っている。『数本の酸素瓶は、栓をあけるとどっかしらん漏れる、トム（ボーディロン）にそういってください』

これはまったく困った知らせだった。容易に驚かないボーディロンも可哀想にすっかりいらだってしまった。一本九キロの目方がある九本の簡便型の酸素瓶が、苦労してすでに第七キャンプへ運びあげられ、山頂攻撃の詳細な計画に従って、その特別な用途を期待されていた。これが酸素補給の失敗となり、ひいては山頂攻撃に不幸な結果をもたらすのではないだろうか？　ノイスは非常に多方面のことに通じてはいるのだが、彼はとくに機械に造詣が深い方ではないから、その実験は決定的ではないだろう。しかしボーディロンは、七三二〇メートルで酸素欠乏症にかかったノイスがテストを実施したおかげで、九本の瓶が全部酸素が漏れるようになることもあり得るだろうと心配をいだきはじめた。ふだんは沈着なボーディロンの気持も、ひどくかき乱され、一方第七キャンプとの無電連絡をもたなかったわれわれは、さらにこれをたしかめてみることもできなかった。確定的な情報がつかめない限り、ともかく最悪の事態に備えて、私は第二回目の攻撃隊に携行させる余分の酸素瓶を手配せねばならぬと決心した。この準備は第三キャンプから緊急に指令され、また第二回目の攻撃隊と共にシェルパの補充隊の必要をワイリーに予告した。だが、シェルパはいまローツェ・フェースで行なわれている「荷上げ」に従事している。攻撃隊のメンバー以外に人間を求めることは非常に困難だ。彼らは自発的な者でなければならぬし、そのうち何人かはサウス・コルへ行った経験者である必要があろう。私は、たった今ローツェ・フェースの死闘から帰ったばかりだが、まだ大いに働こうとしているロウをかえりみて、このパーティを指揮してもらえまいかと頼んだ。もちろん彼は二つ返事で承知した。察するに、そのとき彼はもっと高いところまで登ろうとひそかに思ったのではないだろうか。後日、第七キャンプの酸素瓶の状態は心配したほどではないことがわかった。

その夜、私はサウス・コルの「荷上げ」でもし障碍《しょうがい》が起るとしたら、それはなんであろうかとじっくり考えてみた。昨年春、秋のスイス隊の遠征時のようなコルの手強さから考え、また今回の遠征でも過去一一日の死闘で、まだコルの半ばにも達していないことから考えて、われわれはいったい、荷上げをやりおえるだろうか、シェルパの中で登れるのは最も勇敢な二、三名だけではないだろうか？シェルパは迷信深い種族だから、多くの者が未知の障壁で威圧されたとしても、不思議はない。彼らには高い山々での数々の悲惨な思い出がある。あの高い鞍部はスイス人と同行のシェルパたちをほとんど困憊《こんぱい》させたのだったが、彼らも場合によってはそこまで登れるほど強くないかもしれない。だが結局は重荷を担ぎ、酸素なしで登りつづけてくれるだろう。

さらに計画達成に不可欠のことは、あらゆる荷物がその目的地に到着すること、しかも時間表に従って到着することであった。こう思いながら、私はいま進行中の行動を「後押しする」ため、何か手を打たなければならないと考え、その夜アドバンス・ベースで仲間の者と議論を交した。結論として、もしノイスが彼の隊をはなれて、アヌルウと上へ登る第二のプランを採った場合、そしてその時、彼の前進が思うようにいかなかった場合は――これを知るためには双眼鏡をのぞいていなければならない――われわれのうちだれか二人が両サウス・コル隊を支援するため登ることにきめた。これは精細な計画の実行に対して、相当の犠牲になるのだが、今の場合、最も大切なことをまず最初にやらなければならないのは明らかだ。だから五月二一日の出来事をわれわれは、どれほど心配しながらアドバンス・ベースで待っていたか、想像がつくであろう。

五月二一日の朝は美しく明けて、山上の風もすこしは凪《な》いだようだ。われわれは頭上の雪のひろがりを仔細に点検し、ある縦にさけたクレバスのそばの氷の突起を注視した。第七キャンプをかくしているセラックはこのすぐ上にあった。第一回の「荷上げ」が早朝に出発するのを期待したが、午前一〇時までは何も見えなかった。そのとき、肉眼ではほとんど見えないが、双眼鏡でははっきりわかる二つの小さな点が現われ、右手へ水平にうごき出してキャンプのうしろの、小崖の登路となる氷のくぼみの下へ向った。彼らは二人きりだったので、ノイスが第二のプランを採ったことがわかった。これが攻撃に与える影響を考えて、われわれは最初失望した。つまり当然そうならないですむことを望んでいたからだ。しかも、彼らは氷河の頂へつづく三〇〇メートルの斜面をあえぎ登っていたため、初めは遅々とした前進だった。もちろんあの高所には、登路を発見したり、ステップを切ったり、おそらくザイルを固定したり、さまざまの困難があったであろう。

この時、私は昨夜きめた行動、つまり「荷上げ」を強化するため、二人の登攀隊員をくり出すことを決心した。だがこれを実施するには、だれを選んだらいいか、非常にむつかしい問題であった。キャンプにいるのは、「荷上げ」が完了するや、ただちに飛び出す攻撃隊か、さもなければローツェ・フェースの苦闘から帰って休んでいる者ばかりだった。私はまず、第一次の登頂隊員を使うことはやめた。なぜなら、今それを使えば、二回にわたる山頂攻撃が駄目になるかもしれないし、また閉鎖式酸素補給器の使用を放棄せねばならなかったからだ。そこで私とグレゴリーが行くのが一番よかったかもしれない。だがそうなれば、攻撃隊の編成をくずす点はともかくとして、各攻撃隊からサポート隊指揮の責任者を奪い去る結果となるであろう。あらゆる観点からいって、解決はただ一つ、決断あるのみだ。テンジンとヒラリー以外に、それをやらせる者はなかろう。彼らが活躍する順番は最後だったし、まだ疲労の色も見えず、超人的に強い。しかもテンジンの評判は、シェルパの間でもかぎりなく高い。サウス・コルの「荷上げ」に選ばれたリーダーを支援するため、もしだれかを必要とするなら、彼こそまさにそれに値する最善の男だ。私は、もし二人があまり遅れるなら、第二次攻撃の好機を逸するだろうし、あまり過労になれば、攻撃に障害となるから、その点にくれぐれも注意を与えて、その日の午前一一時に、この二人に増援に上ってほしいといった。

二人はこれに同意したばかりでなく、その使命に大喜びのようだった。テンジンはとくに喜んだ。荷物集積の全作業を通じて彼は今まで低地輸送隊を指揮したり、携行食や燃料の隊を組織したり、ベースで通信員を送り迎えしたり、ベースの秩序を維持したり、ポーターたちの元気を保持したりなど、あまりぱっとしない、あらゆる仕事に従事してきた。これらの仕事を彼は喜んで実によくやった。そうすることが彼の性格だったからだ。しかし私は、彼の心が高所を、より高所を望んでいたことを知った。彼は登っているときが、一番幸せだった。はじめて私がそれを知ったのはチュクウン・ピークへ登ったときで、その後二人でクームを登り、スイス隊の第四キャンプを発見したとき、さらにそれがわかった。五月二日、彼がヒラリーとベースから第四キャンプを往復して、ものすごい馬力をみせて以来はじめて、彼はその勇気を示す機会をつかんだ。そしてこの機会を彼は長いこと待っていたのだ。二人はなんの苦もなく準備をおえ、正午には出発していった。

そうしている間も、われわれはノイスとアヌルウの行動をずっと見守っていた。二人は、ヒラリーとテンジンが出発した直後ローツェ氷河の最高到達点をすぎ、一二時三〇分にローツェにのび上る最後の斜面下の棚に立った。そこからジェネバ・スパーのそばのクーロアールに向って、左方へトラバースがはじまるに相違ない。その高度はほぼ七六〇〇メートルだった。彼らがこの有名なトラバースにさしかかったのを見たとき、われわれの興奮はさらに高まった。当時はまだ知るよしもなかったが、ノイスの目に映じたアヌルウは『信頼にたるスイス・ガイドのような足取り』で先頭をきっていたそうだ。

下から判断するのはむつかしかったが、いま彼らがたどりついた浅いガリー――それは雪（もしくは氷）の広い斜面の手前にある氷河との境となっている――には、崩れやすく危険な雪がたまっていたらしい。われわれは、スイス隊が通過を安全にするためにとりつけた、その写真にもある固定綱を取替えるものと思った。しかもなお二人は着実に進んだ。彼らはジェネバ・スパーの頂へ直進するかのように、想像したよりはるか高いラインをとっていた。これが前からの彼らの意図だとは思わなかったが、その不安定な地点に足をとめて、ザイルを固定するのは上策でないと判断したことが十分わかった。彼らの速度はみるみるうちに増した。そしてノイスとアヌルウがいまやサウス・コルの一角に取りつこうとしたとき、われわれの興奮は歓喜にかわり、はじめの心配はまったく消えて、その午後中、彼らを注目しつづけた。

彼らはスパーの岩場に接近するまで、ほとんど休みなく登りつづけた。さらに登って、ついに突き出たバットレスのかげにかくれたので、私は気がかりになって、もっとよく見ようと氷河の真ん中へ二〇〇メートルばかり移動した。だが前日、ボーディロンがテントから僅か数メートルのところで、かくれたクレバスに二メートルもおちこんだことから考え、この行動は賢明なものとはいえなかったが、この緊張で日頃の登山の判断がにぶったに相違ない。私はそれからしばらく彼らを眺めることができたが、ちょっと見えなくて、その次にとらえたときは、スカイライン直下の岩場を背にした青い点となっていた——それは防風衣の色だ。そしてあっという間に背後の空にかさなってしまったのだ。時間は午後二時四〇分。この瞬間、ノイスとアヌルウは高度約八〇〇〇メートルのエベレストのサウス・コルに立った。彼らはスイス隊の敢闘の跡を見おろし、またエベレストの頂上のピラミッドを仰ぎ見ていた。それは二人にとって偉大な瞬間であったし、下から見ていた者にも、それがまざまざと感知された。今そこに彼らが存在していることは全登攀の最も決定的な課題を首尾よく解決した象徴であった。つまり彼らは過ぐる不安の一二日間に、われわれがなんとか達しようとしていた目的地に到達したのだった。

彼らは短いスロープ——おそらく六〇メートルばかりの——を下ったが、それはエベレストを登って帰路にある疲れ果てた登攀者にとっては、けっして楽なものではないだろう。そう思って私はかねてノイスに、この斜面を戻ってくる隊のため、ここに固定綱を設けるようにたのんでおいたが、彼は帰路にこの仕事を全うしてくれた。われわれは後日、これを非常に有難く思ったのだ。彼らはコルの平らな台地に、スイス隊が残したものを発見した——破れたテント、酸素器の枠、登山用具、食糧など。お手盛り勝手というわけで、アヌルウは彼の酸素装置を、いっぱいつまったルックザックにとりかえ、ノイスはビタ・ホイートト、サーディンの缶詰、マッチ箱などをひろい上げたが、これらは六カ月以上も風雪にさらされながら、完全な状態だった。そこは風がすこし強いだけで、この無比なひと時を彼らは一二分に堪能することができた。

もはや漏洩がなくなった酸素瓶を使いつづけたノイスは、それが異常に長くもつものだと思いながら、彼らは第七キャンプにむかって下りはじめ、午後五時三〇分、比較的元気でそこへ帰着した。ノイスにとって、それは『わが登山生活の最良の一日』であった。テンジンとヒラリーを後続としてワイリーの隊は、その頃はもう第七キャンプに到着していた。ノイスとアヌルウが、固定綱の箇所を下り、テントに近づいたとき、シェルパの連中は熱狂して迎えた。彼ら二人が、この日サウス・コルに登ったあと、なんの事故もなく帰還したことはたしかだった。この二人がなし遂げたことは、待機中のシェルパに強い印象を与えたことはたしかだった。この二人がなし遂げたことは、他のシェルパもなしうるだろう。ワイリーはそこへ着いてからシェルパの疲労や頭痛や咳をいたわり、薬を与えながらしばらく彼らと話して過した。彼らは翌日全力を尽すと約束したが二人が無事に帰る瞬間までは、実は自信を失っていたのだ。だが、このすばらしい手本を示されて、その士気は急に高まり、さらにテンジンの翌日に対する激励と明確な指示に鼓舞されて、「荷上げ」の成功が確約されたのである。

だが、下のクームで見ていた者には、こうしたことがわからなかった。だから、われわれの懸念は翌朝までつづき、第七キャンプのようすを知ろうと、ふたたびローツェ・フェースを見上げたが、こんどはあまり待たされなかった。午前八時三〇分、高所キャンプでは、異例の早い時刻に、例のアイス・ピナクルの蔭から小さい二つの点が動き出すのが見えた。この瞬間を、今か今かと待っていたので、アドバンス・ベースの雰囲気は急に緊張した。そうだ。彼らはまさに出発したのだ。光り輝く雪の拡がりを、一列となって突き進むシェルパの数を、われわれは次々に声高くかぞえた。一四……一五……一六……一七、一見信じられない数が、七三二〇メートルの高所で、同時に行動していた。キャラバン全員が、サウス・コルへ向って、われわれの生命である物資をはこび上げていたのである。

二人のリーダーは先頭にたっていた。それはヒラリーとテンジンにちがいないと思ったが、その日おそくノイスとアヌルウが戻ったとき、やっぱり彼らだとわかった。最初私はこのことを悲観した。というのは、前にヒラリーに対し、この荷上げを確実に成功させる支援は、最小限にとどめるよう命じておいたからだ。この場合、何が必要かを考えたとき、言葉だけの激励が、一番望ましかった。だから、私は、せいぜい氷河の頂までリードすれば十分だ、と指示しておいた。それなのに彼ら二人は、前夜の風ですっかり消えた登路をなおしながら、シェルパに対して磁石の役目をひきうけつつ、着実に登って行った。だが前進は遅々として進まなかったから、下からでも、その登攀の困難さがよくわかった。しかしその苦労を十二分に知り得たのは、それを体験したごくわずかの者だけであった。

その夜、第七キャンプには一九人の者が泊った。彼らはそんな大世帯には、不十分なテントにつめこまれ、風にたたかれた。多量の携行食が上方におくられ、出発後はじめてその不足がわかったので、食糧は非常に欠乏した。しかも、この狭いテント内での炊事は、らくではなかった。テンジンは終日先頭をきって、登らねばならないと思ったから、当然早い出発を主張したが、そんな高所では、簡単なことをやるのさえ、精神的にも肉体的にも、非常な困難が伴った。それで、起床は午前六時だったが、一杯の紅茶を準備して、どうやら出発し得たのは八時三〇分になった。そして紅茶のほかに、グレープナットをすこし食べたのは、ごく少数だった。だから大部分のシェルパは、食べものらしい食べものをとらずに出発した。

シェルパの多くは、高度の烈《はげ》しい影響を感じ、他の者より速度がおそかった。しかしザイルが結ばれると、パーティの速度は当然最もおそい者の速度になる。二歩進んでは苦しく喘いでピッケルにもたれかかり、また二歩進む。こうして一〇歩進んでから二、三の者が斜面にへたばり、元気をとり戻すまでみんなが待たねばならなかった。こうした苦闘が終日つづき、しかも食糧はひどく欠乏していた。『われわれはポケットにあるものをみんな食べつくした』――あとになってワイリーはそういっている。しかし彼らは、その任務を忠実に遂行した。

下からでは、彼らの進行はほとんどわからなかったので、縦隊が大雪面を進んでいるかに見えたが、ついに最後の一人もジェネバ・スパーの岩場のかげに入った。この一人だけが彼は力の限界にきて、中途でとまってしまったのだ。シェルパをかばい、任務に忠実であったワイリーはただちにこの男の荷をしょって前進をつづけた。そのすぐあとで、ワイリーの酸素補給器は流出量四リットルの接続部で漏洩がはじまった。そこで、彼はそれまで一分間二リットルの割合で使っていたから、洩れる方へ接続栓を付け換えて酸素の流出を多くする以外に、なす方法がなかった。結局酸素の量は二倍になったので、まもなく彼はそれを使いきったが、スパーの頂の岩場までは、まだ一二〇メートルの距離があった。ワイリーは、前のローツェ・フェースの偵察時に遭遇したように、長時間酸素にたよったあとで、急にそれがなくなり、稀薄な空気をすわねばならなくなったため、シェルパよりももっと悪い状態にさらされたが、猛烈な頑張りで登りつづけ、ついにスパーの頂に達した。しかも精力的な彼は、サウス・コルについて後も、かつぎ上げた荷を注意深く積みかさね、烈風に吹きとばされないように石で重しをすることさえやった。それから彼は、四囲の光景を観察し、これをフィルムにおさめた。これらの行為は、今考えてもとうてい本当とは信じられないのである。

食糧不足からきたこの疲労の状態で、サウス・コルからの下降は登攀にも増した危険なものだった。最後の落伍者が第七キャンプに帰着したのは午後七時で、すでに暗くなっていた。彼らは一〇時間半も外で動いていたのだ。多くの者は、そこで二晩目をおくるようになり、三晩目の者も何人かいた。彼らは前の晩よりもっとつらい夜をすごした。風は強まり、ローツェ・フェースを吹きまくった風が、セラックと山側の間をぬける時は、ふいごのようになった。テントはしばしば風に持ち上げられるような危険に瀕し、中にいたものは、坐ったままでテントの内壁を押さえつづけながら、神経を引き裂かれるような時をすごした。

屈強な数名の者は、居心地のよいアドバンス・ベースまで頑張って下ろうといい出した。アイスフォールとウェスタン・クームでの目ざましい活躍を認められ、サウス・コル・チームの選抜員に合格した不屈のベテラン、ダワ・トンデュプに引率された五人のシェルパは、第一次の攻撃隊がその夜第五キャンプへ到着したとき、そこへ下ってきた。ダワのようにまだ元気な者もいたが、疲労でふらついている者もいた。その朝七時から、たった一杯の紅茶をのんだだけだということを自慢しながら、みんな笑顔をうかべてアドバンス・ベースへ下って行った。ヒラリーとテンジンは、彼らに先行していたが、この二人は前日の午後、アドバンス・ベースから第七キャンプへ直登し、困難なウィンド・クラストの雪に登路を切りひらきつつ、全員をサウス・コルまでリードし、しかもその日のうちにコルからアドバンス・ベースへ下ってきたのである。彼らがそこへ帰着した時は、もう暗くなっていた。三〇時間で、この二人は六四〇〇メートルから八〇〇〇メートルの間を登降したのだ。私は、ヒラリーがこんなに疲れているのを見たのははじめてだったので、彼らが第二次の攻撃に出かけられるまで、相当日数がかかるのではないか、と心配になったほどだ。

午後二時頃、サウス・コルの「荷上げ」が目的地に到達した時、われわれはすべて心の底から救われた感じをもった。風の状態は予言するわけにいかないが、晴天はまだつづいて、必要な物資がファイナル・ピークの根元に上げられた。これ以上、何をぐずぐずする必要があろう。いまや攻撃に着手するばかりだ。私は、ようやく元気をとり戻したエバンズに、またボーディロンにこう語った。われわれはその夜、第五キャンプへ向って前進をはじめよう。クライマックスは着々と近づいてきた。われわれはいまや、登路開拓の仲間が示した見事な手本に従って行動しなければならない。

サウス・コル2

五月二二日の夕刻、われわれが第五キャンプに着いたときは、すでに風が強くなって雪を飛ばし、寒さも烈しかった。テントの中に落ちついたころは、風は刻々に強まっていった。われわれはそこで辛い一夜をおくったが、第七キャンプのサウス・コル隊は、むろんもっとひどい目にあったに違いない。

翌朝、出発の準備をしていたとき、ダ・テンシンが私のテントを覗き込んだ。よく計算をたてたのだが、第七キャンプへ運び上げる荷は、想像したよりずっと多かったので、私はさらに二名をキャラバンに追加するよう命じた。いつでも支援にゆける状態にあったダ・テンシンがまず従い、それにチャンジゥという若者がこのベテランと上へ行くことになった。彼らはここより寝心地のいいアドバンス・ベースから直接出発することになり、すぐに前進するのを熱望した。ダ・テンシンはよく登り、またルートを熟知していたから、私はこれになんの反対もしなかった。

私は開放式酸素補給器を使って、第一次攻撃隊の二人のシェルパ、ダ・ナムギャルとアン・テンシン（あだ名をバルという）と共に、八時三〇分キャンプをあとにした。ルートは、私が一〇日ばかり前、ロウのところへ登っていった時とはすっかり変っていた。あの急峻なフェースのつけ根につづく登路は、今はすっかり締って、よく踏まれた路となった。フェースには、まだ一カ所技術的に困難な箇所があったが、前からみるとずっと楽になっていた。雪の箇所には深い足跡がつけられ、氷のところはステップが切られ、もろくなったスイス隊の固定綱のかわりには丈夫なマニラ・ザイルがさげられていた。こういう状況下に、われわれは二時間以内というまず普通の時間で第六キャンプの地点まで行った。荷物をかついだシェルパにとっても、酸素の力をかりずに良好な前進だった。しかし、どういう理由からか、私にはこの登りも苦しい登りだった。いまは放棄された第六の幕営地に腰をおろしながら、ひょっとすると、第七キャンプにたどりつくことすらできないで登頂隊を落胆させるのではないか、と不安を感じた。私の隊が出かけようとした時、ちょうどエバンズとボーディロンが到着したが、彼らも同じように悩んでいるのを知って嬉しいくらいだった。なぜこんないやな気分で出発したのか、理由はなんであれ、これにつづく三〇〇メートルの登りは、それほどあきあきするものでなかった。シェルパのことを心配するくらいの余裕があった。彼らは勇敢に登ってはいたが、明らかに高度の影響を感じ出し、私と同じ速度では進めなくなっていた。

第六キャンプと第七の間のルートは、さらに急になったが、だいたい真っ直ぐに登った。ほんのわずかの間、ローツェ・フェースの大氷壁の端にあたるローツェ氷河の先端のロウが選んだ登路を行った。この地点で、われわれは、だいたいジェネバ・スパーの最下部の岩場とほぼ同じ高さになった。ここから向きをかえ、一大氷壁下の氷河のかかった斜面へ長いトラバースを行ない、さらに急な氷上に数歩を進めると、壁の垂直な部分に垂らされた固定綱の下に達した。この悪場の上で休みながら見上げると、先週私がアドバンス・ベースで何度も注視したあの裂目のある突起が頭上に近くせまっているのがわかった。われわれはさらに氷のステップを登り、テラスを越え、まだ見えないキャンプに一歩一歩近づいた。

風に消されながら、上の方から人声が聞えてきた。それはサウス・コルの連中が荷をおき、元気に下ってくる声だったのだ。彼らはちょうど日曜学校がおわって帰ってくる子供のようだった。このむつかしいトラバースでは、上下のパーティがすれちがう余地はなく、また数メートルはなれた地点には、もう一つの固定綱が下っている悪場があったので、われわれは休むことにした。上からの隊のしんがりにはワイリーがいた。その時私は、まだ前日の彼の奮闘を知らなかったが、その成功を祝った。向い風に叫びながら『ジョン、尾根の最後のところは、べらぼうに悪い。なんとかして、うんと高い所にキャンプを上げてくださいよ』と彼はいった。まさしく、私はそれに元気づけられた。キャンプまでの最後の三〇メートルは想像したよりはるかに急だった。例の裂目のある突起の下へ、ななめに登るトラバースがおわると、こんどは左手へ巻き、それから一五メートルの急傾斜を登った。そしてさらに固定綱、さらに氷のステップがつづいた。テントは最後の瞬間まで見えなかったが、広い台地にそれが見えた時は、まったく救われる思いだった。そこはうしろが大きな壁で、前には高い楔形のセラックがたち、下のクームからは見えなかった。ダ・テンシンとチャンジュは、すでに荷物の集積をおわり、われわれが上の山側から例のセラックの裂目につづくクレバスを越えたとき、帰路についていた。彼らはわれわれの幸運を祈った。われわれは第五キャンプから第七まで、三時間半を要した。

第七キャンプのバルコニイは、ローツェの急な大斜面に張り出した驚くべき場所にあった。昨年一一月、スイス隊がはじめてこれを発見したときも、驚いたに相違ない。それはまったく思いもよらぬところにあり、あの巨大なローツェ・フェースで二つ以上のテントが張れるただ一つのキャンプ地だったからだ。われわれの到着前に、すでに八個のテントが張られていた。数歩あるいてその南端にたつと、この高さよりもすこし高いヌプツェ山稜がすっかり横顔をあらわしているのを眺めることができた。剃刀の刃のようなその頂稜は、寒気を覚えるほどにすばらしかった。その山稜には一カ所、ちょうど七六三〇メートルのところに深い切れ込みがあり、ここから南の方へ九〇〇メートルとはなれていない。高度馴化の期間、われわれはこのギャップ――ヌプツェ、ローツェ山稜間の最低箇所――を仰ぎ見た。チアンボチェの最初のベース・キャンプを九〇〇メートル登った地点から、幾日か前、ウォードと私は初めてこのギャップのかなたにサウス・コルを眺め、エベレストの最後の部分をしらべたのだった。いま私は、過ぐる日々、われわれが泊った場所をさがそうと、前とは逆に、上から下を眺めた。しかし、それにはまだもっと高く登らねばならなかった。

このバルコニイの北端からは、目指す山の上半部が堂々と眺められた。鳶色《とびいろ》の西壁の上の頂稜は、今までよりもっと圧縮され、信じられぬほど接近してみえた。その日高所では、風が強く――こんな日はとても攻撃はできまいが――雪煙の長い尾が南東山稜の上から下までかかっていた。エベレスト自体がばかに近く見えるのに比べて、サウス・コルへの道は非常に遠く感じられた。ロウもここから、そのような感じをたびたび味わったが、クームにいた頃は、楽観と焦慮からそれが私にはわからなかった。私は比較的元気で、二人の「登頂隊員」がたどり着くまで、三〇分ばかり写真をとったりなどした。彼らは第六キャンプで休んだとき、閉鎖式補給器のソーダ・ライムの缶をそこの雪の中にあった新しい缶にとりかえた。それでエバンズの補給器は、冷却しきった新しい缶のために管の中が凍結して難渋した。これは後日の出来事の前ぶれであった。

賢明なバンドが無電装置をここへ移してくれたお蔭で、その夜われわれは、アドバンス・ベースと連絡をとることができた。こうして数日の中休みの後に、通信が再開された。私は第二次攻撃隊の計画をぜひとも知りたいと思っていた時だから、この再開はまことにうってつけだった。だからロウが、次の攻撃隊は明晩第五キャンプに移動する、第一次攻撃とは、わずか四八時間しかはなれてないと知らせてきたときは、まったくホッとした。サウス・コルから下ったテンジンとヒラリーの調子を知っていた私は、彼らがこんなに早く動けるとは思わなかったからだ。私はまたベース・キャンプのモリスが、おそらく第三だと思うが、クームのどこか上のキャンプと話し合っているのを、かすかに聞いた。最近の山上のニュースを送ろうと、私は無電で長いレポートを発したが、これはベースでは聞きとれなかったそうだ。

夕食時にわれわれは、この高度を、過去の経験をひき合いに出して比較してみた。エバンズは三年前、アンナプルナで約七三〇〇メートルまで登っていたし、私は一九三五年カラコラムのサルトロ・カンリーで約七四〇〇メートルまで登ったことがある。ボーディロンにとっては、これが彼の最高高度だった。

その晩、風はまた猛威をふるった。前の晩のようにテントは風をはらんでバタバタいい、われわれは、宵のうち少々休んだだけだった。全員が体ごともち上げられ、谷底へ吹きとばされるかもしれないような不安な状態では、とうてい睡眠などとれないからだ。しかし酸素の調子がよかったのと、ボーディロンの技術のおかげで、第六キャンプで発見され、ここまで運び上げられてあったスイス隊の瓶をつかい、深夜になって熟睡した。この使用法は睡眠時は酸素瓶一本が二人用となり、一分間二リットルの流出量が二人に等分にわけられる。三人目の、しかも攻撃の時は、三人の中で最も任務の軽い私は、一人で一瓶を使った。私の場合は、一分間二リットルで、流出がつづいた間は、他の二人よりよく休んだが、それは四時間しかもたなかった。

五月二四日の朝の出発は、私にとって楽なものではなかった。氷のガリーの固定綱へたどりつくため、上の壁とここをへだてるクレバスの下縁ぞいに、一〇〇メートルを横に進んだ時でさえ、一歩一歩がえらい骨折りに感じられ、ガリーの急なピッチを登る時は、まさに悪戦苦闘だった。一歩を登るごとにとまっては、息をきらした。テントのすぐ上のテラスに沿って進んでから、さらにしばらく登った時、私はこれ以上進めなくなり、一瞬、私はついに落伍して登頂への役割も果せなくなったのかと情なく思った。ボーディロンとエバンズがわれわれのところへ上ってきた時、私はボーディロンに酸素補給器を見てもらうと、マニフォルド（流出量調整管）とエコノマイザー（節約器）とを結ぶ管が折れまがったので、私は酸素なしで二二キロ以上の猛烈な重荷をかついでいたのだ。だから、それが苦しい経験であったとしても、なんの不思議があろう！　ボーディロンはそれを正しい位置になおしてくれたが、そのとき流出量二リットルの接続部に酸素の漏洩があるのを発見し、この接続器の方へ管をつなぐ以外これを防ぐ方法はなかった。それは二日前、ジェネバ・スパーのそばのクーロアールでワイリーが経験したのと、ちょうど反対の状態であった。それまで私は、四リットルを使っていたから、それより少ない流出量で登るほかはなかった。この思わざる苦労を別にすれば、このことはかならずしも不利ではなかった。というのは、私の歩調をシェルパのそれと同じように落すことができたし、酸素の節約ができたからだ。つまり酸素の流出がきれてしまう危険は、前よりも減ったのである。

この出来事のため貴重な三〇分を空費して、われわれはまた前進した。下で見ていた者は、かつて同じような時に私が感じたように、『第七キャンプを出発して間もなく、いったい何をぐずぐずしているのだろう？』と不思議に思ったにちがいない。実際われわれは、遅々としてローツェ氷河の頂まで登った。ザイルを結んだ二つの隊は、蝸牛《かぎゅう》の速度で行動したからだ。頂のテラスへたどり着く直前、最後の二つの邪魔物が道をふさいだ。それは新しい氷壁とその根元に口を開いたクレバスだった。奇《き》蹟《せき》的にも、氷の棚が左から右へクレバスの口をつないでいた。それは、われわれの進行方向から氷がずり落ちているのを示していたが、そのおかげで、氷壁の頂へ達することができた。ここにもまた、古いスイス隊のザイルがぶら下っていたが、それは危険で、また使わないでもよかった。

その上で、別の大きなクレバスがわれわれの足を止めたので、その口が飛び越えられるくらい狭くなっているずっと右へ移動しなければならなかった。クレバスの両側は、オーバーハングしていたから、崩れやすい一方の雪から向う側へ飛び移るのは、危ない芸当だった。しかし前に多くの者がやったように、われわれも飛び越え、さらにしばらく登って、例のトラバースの高さに達し、休息のため腰をおろした。それは午後一時頃で、クームははるか下方に小さく見えた。ちょうどそれは、地図のような大きさに縮小されていた。アイスフォールが落下している下方には、クーンブ氷河が底なしの不吉なくぼ地のように横たわり、僅かな雲が白い斑点となってその上にかかっていた。エベレストの西尾根の下のわずかに下ったところの小さい点みたいなのがアドバンス・ベースである。また私は、ヌプツェ山稜の例の切れこみのかなたに、南方の木におおわれた山々を眺めることができ、プモリの小さい尖頂のうしろには、二つの巨峰、ギャチュン・カン（七九二二メートル）とチョー・オユー（八一五三メートル）のひらたい山頂が望見された。そしていまいる高度が、ほとんどそれらに等しいことを知った。われわれはこの地上の非常な高所にいたのだ。

われわれはトラバースにかかった。しかし、わずか二日前、ここを一七人の足が通りすぎたのに、足跡はまったく残っていなかった。風が足跡を吹き消し、あてにならない板のようなクラストがその雪をおおってしまった。下層の軟雪に足をとられることもあり、またクラストの上へどうやら立っていられることもあった。前進は非常に疲れた。すこしの間は、傾斜も想像したよりずっと急になった。

——ガリーがローツェ氷河のそばを走っているところでは四五度以上だった。下方三〇メートルのところに、氷河のはずれと岩場の平らなバンドの間に固定された古いザイルが見えた。それから広大な斜面にさしかかると、傾斜はすこしゆるくなった。ランベールが、なんとかスキーで下ることができそうだ、といっていたのを思い出す。事実それは、スキー回転の斜面としては、最大の傾斜度であった。クームまでの九〇〇メートル、豪快だが、危険な突込みに相違ない。

　このスロープを横切って行った時、時間はずいぶんすぎていた。エバンズとボーディロンは、クラストを破って登路を作る難作業をつづけながら、先頭をきった。私のあとにつづくシェルパは急速に疲労がまし、われわれの速度は先頭の二人よりぐっとおちた。時は限りなく流れるように思われた。われわれは、せめて四歩か六歩ぐらいはあるきつづけようとした。すると三歩目にうしろから苦しそうな声がする——バルが休みたいともらしているのだ。もう一歩前進すると、『サーブ、休ましてください《アラム・マングダ・ハイ》』とせがむ。私がさらに一歩前進すると、うしろからザイルを強くひっぱられた。こんな時は、あえぎ苦しみながらピッケルにもたれている二人の苦しみを眺めながら、しばらく足をとめる以外に手がなかった。『もういいかい？《テイク・ハイ》』と私はきく。ダ・ナムギャルはまだ不服そうだが、もうコルが近いぞといって、元気づけながら前進した。こんな動作がそれからなんども繰りかえされた。だいたい九〇メートルぐらい進むと、きまって私は立ちどまり、斜面に三人が安心して坐れるくらいの大穴を掘りあけて、この大斜面に足をぶらさげながら長いこと休息した。目の下は急に切れ落ちて、第五キャンプが小さな点のように見えた。

　三時頃、例のクーロアールに入り、岩場にすれすれとなった。登りだしてすでに五時間半もたっていた。酸素瓶の圧力計を見ると、一平方インチ三〇〇ポンドで、だいたい酸素がなくなることがわかったから、ボーディロンとエバンズに、そこまで登っていくから待ってくれるよう、叫んだ。私は酸素なしで登りつづけるべきだろうか？　酸素はあと三〇分でなくなってしまうだろう。さもなければ、エバンズらのザイルに入り、二人のシェルパからはなれて、彼ら自身の歩調で登らせるようにすべきだろうか？　われわれはこの時、クーロアールから左手へトラバースし、ジェネバ・スパーの上部を越える地点の、わずか七五メートル下にいた。だからコルはもうそんなに遠くなかった。ダ・ナムギャルに相談をもちかけると、あとからゆっくりついて行くと安心させてくれた。それは今までのように引っ張られて歩くよりよっぽどましだったのだ。私はそれでエバンズらのザイルに入り、シェルパたちが無事についてくるか始終ふりかえりながら、彼らの先を進んだ。

午後四時、ジェネバ・スパーの頂に達し、小さい平らな堅雪上にしばらく休んだ。サウス・コルのはるか頭上には、エベレストのサウス・ピークが聳えていた。かつてロンドンで私が「小隆起」と名づけたこのピークは、もはやそんなやさしいものでなく、われわれの頭上に息の根がとまるほど近くなお九〇〇メートルもそそり立つ、すばらしい雪の峰であった。このピークの右手に延び下がる南東山稜は、はじめ非常に急峻だが、しだいにゆるくなり、中ほどに雪の肩ができている。ここが一番高いテントを張る地点で、それが明日の私の任務なのだ。それからこの山稜は、再び急降下し、稜上は雪に岩場が交錯して、低い別の棚に達しているが、また急角度をなして、ここから七〇〇メートルはなれたサウス・コルの右隅、つまりコルの東端にあたる顕著な隆起のうしろへ岩のバットレスとなって落ち込んでいた。

サウス・コルに面したこの山稜の正面は、非常に急峻で、岩場の所々に雪がまじり、雪のつまった何本かのガリーが走っていて、われわれが面しているコルの上部斜面におちていた。この山稜とサウス・ピークの眺めは実に印象的だったと、まえにノイスから聞いていたが、たしかにこんなに鋭く、こんなに壮麗な光景を予想したものは、われわれの中に一人もいなかった。威風堂々たる、まったく新しい峰がサウス・コルの上に聳えているようにしか思われなかった。そして私は、これまでのくるしい登攀を終った今、またしてもこんな難問に直面することは――と、狼狽《ろうばい》と無念に近い感じをいだかしめられたのである。

では、われわれの足許にあるサウス・コルはどんなところだろう？ われわれの視野に入ったコルは想像を絶した寒々とした荒涼たる所だった。コルの両端は、それぞれ三六〇メートルの長さをもった広い台地で、北端からはエベレストへ、南端からはローツェへ、ともに急な斜面がのび上り、西側はクームへ、東側はカンシュン・フェースへ急激におち込んでいる。そしてこの台地の上は、ある所は岩に、ある所はあらわな青氷におおわれていた。そのはずれは雪に縁どられていたが、それは風のため、氷のように堅くなっていた。そして風がこの地を領するものおそろしさを、いっそうかきたてている。われわれが、コルの平坦地へむかってスパーの頂から下って行った時も、猛烈な風が吹いていた。右の方へ向って進むと、石の間にちぎれた、色の布切があった。オレンジ色の斑点がわれわれの眼をとらえたのだ。この布切はまさしくスイス隊のキャンプのあとを示すものである。

われわれの長い苦しい登攀の果てに、このように下って行くのは、なんだかだまされているような気がしないでもなかったが、この気分は近づいてくる光景によってさらに深められた。なぜなら、眼前にはスイス隊のテントの残骸が三つ四つあったからだ。すりへった張り綱にささえられているむき出しの金属支柱、風にもぎとられてわずかに残っている布地、テントはこんな姿でたっていた。その周りには凍りついた布地のきれはしや、もっと重いものが残っていた。二個のドレーガー式酸素瓶の枠とナイロン・ザイルが目についた。だが周りの品々を仔細にしらべる時間はなかった。時刻はずいぶんおそく、寒さが烈しくならないうちに急いでテントを張らねばならなかったからだ。われわれは携行したあらゆる衣類――防風衣、羽毛服上下、羽毛と絹と防風用の手袋等――を身につけた。これらをジャージィ、毛のシャツ、下着などの上にきたのだが、まだ寒かった。われわれは五月二二日に、サウス・コル隊が荷上げした集積から、ピラミッド・テントを引っ張り出し、設置にとりかかった。

それから、われわれ一同にとって、忘れようとしても忘れられない闘いがはじまった。スパーの上の風も強かったといっても、こんなにものすごくはなかった。私の酸素はコルへ着かないうちになくなってしまったし、エバンズは自由に活躍しようと、酸素補給器をはずしていた。われわれは悲愴までに無力であり、この烈風の猛威とたたかうには、あまりにも弱かった。低地ならば、二分とはかからないのに、一張りのテントを建てるのに一時間以上も長いこと、言語に絶した悪戦苦闘をつづけて、この烈風とたたかったのである。手にもったテントの布地は、たえず風にひったくられ、こんがらかった張り綱に足をとられ通しだった。お互いにあっちこっちへよろめきながら、この状態を御することは、まったく絶望であった。ボーディロンはしばらく酸素補給器をつかっていたから、エバンズと私が酔っぱらいのようにふらふらしているわけがよくわからなかったようだ。一度私はごろた石につまずき、五分以上もうつぶせになったままで、やっとのこと起き上ることができた。しかし、そのうちボーディロンの酸素もなくなったので、彼も同じようにころんで、ほとんど意識をなくしたようにたおれていた。

その頃――おそらく午後五時――二人のシェルパがようやくたどり着いた。バルはすぐさま半分建ちかけたテントの中へはいずり込んだ。彼は完全に気力を失っていたからだ。しかし無意識のうちにも、有効な仕事をしていた。つまり内にいる彼へ、テントの内隅の重しにするため、石塊や酸素瓶を手渡しすることができたからだ。こうしてなんとかテントは建てられた。次のミード・テントは、こんなに時間がかからなかった。そして五時半頃、われわれ三人はピラミッド・テントに、シェルパ二人はミード・テントに入りこみ、この厳しい苛責から生きかえるために、寝袋やマットレスやルックザックや酸素器具の混乱している中へ身を横たえた。

あたりはすっかり暗くなった。エバンズはストーブを点じ、私は水を作ろうとおもてへ出て、近くの石の間から氷塊を切りとり、集積物の中から携行食の包みを引っ張り出した。ごたついたテント内をできるだけ片づけあらゆる衣類の上に、防風衣を着こんで寝袋の中へもぐりこみ、午後五時半から九時までの間に、各自四杯ばかりの流動食を作って飲んだ。それはレモネードやスープや紅茶やココアなどで、非常においしかった。エバンズと私がこの飲物をつくっている間、ボーディロンは睡眠用の酸素器具を整備していた。こうして結局横になったが、烈風が耳について安らかにねむれなかった。荒れくるう風は、この人煙を遠く離れた地から、われわれを吹き飛ばさんばかりに、テントをばたつかせたのである。

＊

われわれは昨夜、翌朝はできるだけ早く出発することが望ましいが、それは不可能だろうと思っていた。われわれはあまりにも疲労し、条件はあまりにも悪かったからだ。だが、風がひどかったわりには、酸素のお蔭で二人は、かなりよくねむれたようだ。私は四時間つづいた酸素の流出がなくなった時、突然眼がさめてもう眠れず、呼吸が苦しくなって寝袋の中で寒さを感じはじめた。だが、そんなことがあったにもかかわらず、翌朝は休んだ後の回復を覚えたが、まもなく次のような結論に到達した。それは山頂攻撃を二四時間延期することであった。だがこれは、非常に重大なことを意味する。携行食、燃料は余分に消費され、高度衰退が明らかに感じられだして、この衰弱のためせっかくのチャンスをのがすかも知れないからだ。さらに大事なことは、われわれは、苦労のはてに晴天の、風のない貴重なチャンスをつかみかけていたことだ。まったくこれが一番気が気でなかった。五月二五日の朝は風がおさまり、空はぬぐったように晴れたからだ。皮肉にもコルを吹きぬけるのはそよ風ていどのものだった。

しかしわれわれの攻撃準備は、完全ではなかった。食糧はまだ整理されてなかったし、バルは出発ができなかった。だが、すこし休養すれば、きっと回復すると思われた。決定的な原因は、酸素の準備ができていなかったことで、それはこのような高度では、まだるっこい仕事である。なぜなら、簡単な事をするにさえ、非常に時間がかかるので、ましてこのようなこみ入った仕事は、ことに始末が悪いのだ。だが幸いにも、攻撃計画の点から考えると、今日一日を延ばすときがあった。というのは、ヒラリーの隊は、前に計画されたように、われわれと二四時間の間隔をおいて出発するのではなくて、明日の夕刻ここへ到着する予定だったからである。

われわれはその日を休養にあてた。ゆっくり朝食をとってから――何を食べたかは覚えてないが、コルで見つけたすばらしいスイスの蜂蜜と、われわれが携行したサラミ・ソーセージがあったことは確かだ――私はテントのぐるりを整頓しようと外へ出た。ダ・ナムギャルが援助に来たので、三つ目のテント――小型の二・七キロの「ブリスター」――を設置した。私はすこし付近を片づけようと思い、気のむくままに酸素瓶をテントの外側にきちんとならべたり、入口に近く食糧箱を積み上げたり、スイス隊の装具をわれわれのから別にしたりした。また私は、一つの小梱包を岩の上においた。この中には宇宙線を記録するための写真乾板が入っており、インドへたつ前にチューーリッヒ大学を訪れた時、オイグスター教授から渡されたものである。第七キャンプではすでに二週間近く感光された。しかし残念ながら、その乾板はサウス・コルに置きざりにされたので、今頃は定めしこの興味ある現象の明確な記録を作ったことに相違ない。

スイス隊の残したものの中から、私は蜂蜜四缶、チーズ、ビタ・ホイートのほかに、まぐろの缶詰一個を見つけ出した。私は仲間の気持も考えず、このうまいものをこっそりかくし、小さな「ブリスター」テントにもちこんで、一人で平らげてしまった——私は確かに恥ずかしさを感ぜずには書けないのだが——このことはまた、八〇〇〇メートルという高度における食慾と動物的本能についての興味ある説明にもなるであろう。

こうした雑事をしてから、二枚の毛の靴下の上に、薄い羽毛の靴下をはいたままで、コルの上をぶらついてみた。まず最初に、下から目印となっていた大きな四角い岩からクームを見下ろしてやろうと、西側の末端へむかった。僅かな向い風をうけながら私は、ゆっくり歩いた。一歩一歩は注意を払う必要があったけれども、この土地はゆるく傾斜していて、たいした苦労とはならなかった。西端に達したとき、はるかヌプツェの山稜を見おろしたが、それはすでにまったく眼の下になり、その向うにはるか南方の低い山々が見えた。すぐ下には三つのキャンプがはっきりと見られた。雪の上の汚点のようなアドバンス・ベースは、そのくぼみに、その左手すこし高い所には第五キャンプの小さい数個のテントがほとんど一塊りになって見えた。一番印象的なのはもう半分上ったずっと左の第七キャンプで、その漏斗状地点は、ちょうど飛行機から見下ろすかのように、私の眼の直下にあった。第七キャンプと私とをわかつローツェ・フェースの大斜面はおそろしく急であった。ベース・キャンプの真上に君臨していたプモリは、いまはもう背後の氷雪から見分けられぬくらい低くなり、その頂のむこうにチベットを望むことができた。この端を去るとき、ちょうどこの瞬間に、下の方でだれかがこちらを見ているかも知れないと思って、手を振ってみたが、この動作を下から見た者はついになかったようだ。

こんどは背に風をうけて、ゆるい斜面を登りながら戻ってきた。無事に帰りつこうと思い、数歩いっては立ち止るので、帰りの方が苦労が大きかった。テントに近づくと驚いたことに一羽の鳥、ベニハシガラスが近くの石の上をゆうゆう歩いているではないか。いままでどのキャンプにもこの鳥がやってきた。第七キャンプでさえ二、三羽の烏《からす》がいたので、サウス・コルへ行ってもまだ烏はついてくるだろうかと思ったほどだ。しかし、この八〇〇〇メートルの高所にも、ベース・キャンプの仲間と同じようにふるまいながら意外にもその烏がいるではないか。この日エバンズも、渡り鳥のようにコルを越えていく灰色の小鳥の群を見た。

すこし休んで元気をとり戻してから、こんどは東側の眺めを見ようと出かけた。テントはだいたいコルの真ん中にあったので、反対側までの距離も前と同じくらいだった。ただ東端へ達するまでには、たくさん氷の箇所を越えねばならなかった。これはナイロン覆いの羽毛の靴下をはいたままでは厄介だったし、こんな風の強い時には——その時、風はだいぶ強まっていた——絶端から滑り落ちるといけないので、あまり端っこまで行くのはやめた。ここに展開された光景は、私が長いこと見たいと思っていたものだった。一九三七年、私は地上第三の高峰カンチェンジュンガ（八五七九メートル）に近接するネパール・ピーク（七一六八メートル）の南西峰に登ったことがあった。その頂から北西を望むと、手前のマカルー（八四七〇メートル）のかなたにエベレストやローツェが実によく見えた。それは私の想い出の中に消えることなく、秘蔵された光景であった。

いまここに、その時の光景のちょうど裏側がひらけている。すぐ近くのマカルーは、雪と赤黒い岩をみせて大ピラミッド型に聳え、そのうしろにはテント型のカンチェンジュンガが雲上に姿をあらわし、トウィンズやネパール・ピークなどの無数の衛星峰が、それをとりまいていた。こうして私は、一六年後に、このなつかしい山々に再会したのである。約三〇〇〇メートルもの下方には、雪のない土地が見え、カンシュンの谷が東の方へ流れていた。私はまたキャンプに帰ってきた。

ボーディロンとエバンズは、翌日の準備をはじめていた。私が小さい方のテントへ移るなら、まえのテントには余裕ができて、翌朝の早出を楽にするように思われた。そこで荷物を移して、午後はボロウの「ワイルド・ウェールズ」を読みながら休息した。もうここでは、できるだけ体を使いたくないと思うのだったが、これこそ高度衰退の危険信号なのだ。

コルへ運び上げられた器具の中に「ウォーキイ・フォン」があったので、私はそれを見つけ出して、夕刻の通話時に使ってみようと思った。しかし、残念にも乾電池の一つが途中で破損したので、連絡はうまくいかなかったが、ベース・キャンプで、モリスが聞いてくれるかと考えて、通信を送ってみた。八〇〇〇メートルから五四九〇メートルのベースへ通信を送ることができたのは、興味あることといわねばなるまい。

ミード・テントは一米ぐらいしか離れていなかったので、バルの具合を知ろうと思い、ダ・ナムギャルに大声できいた。返事はあまりかんばしくなかったので、翌日かつぎ上げる荷物は、われわれ二人だけで分担しなければいけないとダ・ナムギャルにつたえた。われわれはボーディロンの力を借りて、酸素補給器を準備し、睡眠用のを枕もとにもってきた。あらゆる準備が偉大な日のためになされた。

サウス・ピーク

バルが使えないことが明らかになってから、高度約八五〇〇メートルのスノー・ショルダーまで私とダ・ナムギャルだけで最高キャンプ用の荷物の全量をかついで行ける可能性は非常に少ないということが、夜のうちにわかっていた。現在考えられる最善の方法は、その荷物をできるだけ高所まではこび、その地点から先の荷上げは、第二サポート隊のグレゴリーと三人のシェルパにやってもらうことであった。彼らは元来、荷物全体の半分弱を荷上げすることになっていた。私はこのことを五月二五日にエバンズとボーディロンに話した。荷物は酸素、テント一張、食糧、ケロシンなどで、私の荷はカメラなどの個人用品をすこし加えると、三〇キロばかりとなった。グレゴリーの隊は、四本の攻撃用酸素瓶《ボンベ》と小さなプリムス・ストーブ一個を携行してくることになっていた。

翌朝五時半に起床した時、私は昨夜も四時間ばかり酸素を使ったおかげで、かなり元気があると感じた。隣りのテントのダ・ナムギャルが準備をはじめたかどうか、大声で呼んでみた。エバンズとボーディロンは、われわれよりもっと行程が長いので、六時には出発することになっていた。それで六時頃、彼らの出発を見送ろうと外をみたが、まだテントから出ていなかった。風の中へどなってみたところで、僅か五メートルの距離でも何もきこえはしなかったのだ。こうしている間に私は、自分の準備のため外に出て靴をはきアイゼンをつけた。すべてがいやになるほどものうい動作だった。ダ・ナムギャルが紅茶をはこんできて、バルの具合が悪いので、一緒に行けないと伝えた。七時すこし前、われわれ二人はコルの上に立ち、防風頭巾をかぶり、羽毛手袋の上から大手袋をし、色眼鏡をかけて、ザイルを結びあった。酸素補給器は夜のうちに準備したので、私は自分のテントからひき出した。

ピラミッド・テントの外では、エバンズが酸素補給器をのぞきこんで、管の一つをぷうぷう吹いていた。いったいどうしたのだときくと、流出弁がこわれたという。困ったことに、あまりぴったり合わない開放式のほうの弁ととりかえるには一時間以上もかかったのだ。これは縁起のいい出発ではなかった。

数分たっても、この技術的な故障は解決されず、エバンズとボーディロンは、まだテントのそばにいた。だが、このままではどうにもならない重大事態だったのでエバンズは私のところへやってきて、これでは山頂攻撃の見通しがおぼつかないから、最高キャンプ用の荷上げに協力した方がよくはないかといった。しかし、アドバンス・ベース以来、終始酸素を使ってきた二人の登山者が、酸素なしで南東山稜の高所に到達しうるかどうか、はなはだ疑問なので、この申し出には賛成しなかった。私はこの日の荷上げのため、あまりにも努力を傾注していたので、攻撃に対するこの悪い知らせをそれほど悲観しなかったのであろう。私自身の任務を続行することが、できることのすべてだと思われた。それ以上いうべき何物もなかったし、風の中で口をきくことは苦労でもあった。そこでダ・ナムギャルと私は、各自三〇キロの荷物を背負い、一分間四リットルの割合で酸素をすいながら、午前七時過ぎ南東山稜へ向って出発した。

われわれは非常にゆっくり進んだ。事実、ゆるやかに高まる斜面を登る労力は、昨日私が酸素なしでコルを歩いたときの労力とちょうど同じようなものだった。斜面は風にみがかれたテラテラの氷でところどころ小石のところがあった。斜面の傾斜がますにつれ、雪は煉瓦のように堅くなり、爪の短いアイゼンでは、ときどき滑るようなことがあって、すでに疲労を覚えはじめた。ふりむくと、嬉しいことに、ボーディロンとエバンズがちょうどテントをあとにし、こちらへ向って登りはじめるところだった。彼らは酸素補給器の具合をなおしたに違いない。そして第一次の攻撃が最後の段階に着手されたのである。

と同時に、今までの三〇分間に進みえたものがいかに少なかったか——高度にして四五メートル、距離二〇〇メートル程——を知っていささか失望した。私は雪のつまったガリー（もしくはクーロアールというか）ガリーを先にたって登っていた。それは南東山稜への唯一の可能なルートとして、スイス隊の撮った写真に示されていたものだ。山稜はわれわれの頭上三〇〇メートル以上も高く、真っ直ぐに聳えていた。それで、ダ・ナムギャルは、進路を右にとって、コルのすぐ上でこの山稜をすっぱり切りおとしている、岩のバットレスの基部へ向った方がいいといった。われわれが達したこの地点から、ガリーは非常に傾斜を強めていたので、私もしばらくは別のルートを採った方がいいと思った。しかし右へ巻くのは、相当長い距離であり、できるだけわれわれは精力を節約しなければならないときでもあった。われわれの余力は、あますところそれほど大きくはなかったからだ。

ボーディロンとエバンズは、あとから確実に登ってきた。ダ・ナムギャルと私が、そこから急にガリーの傾斜が強まる最初のベルグシュルンドの浅いくぼみにすわりながら、第一回の休息をとっていたとき、こんどは彼らが先頭になった。二人が元気よく登るのを見ているのは嬉しいことであり、またこれから上は、キック・ステップやカット・ステップの労力をうんとへらすことができると思ってホッとした。

登るにつれて、まだアイゼンの爪を滑らせるような堅氷がつづいていたが、やがて柔らかい雪が現われ、ガリーの両側の岩壁の風蔭に入るにつれて、軟雪の箇所が多くなった。気がつくと嬉しいことに、われわれはすでにサウス・コルの東端に立っている突起よりも、もっと高く登っていた。クーロアールはさらに急になった。その傾斜は、中頃でだいたい四五度、頂近くは五〇度にも達していたので、この高度ではどうしてもステップ・カッティングが必要だった――雪が柔らかい時はキック・ステップですんだが。

ボーディロンとエバンズはたえずステップを切らねばならなかったので、速度がぐっとおちたが、まだわれわれの前方四〇メートルのクーロアールの上半部にいた。われわれの速度も疲労のためおそくなった。一歩一歩がえらい労苦で、意志の力を必要とした。葬列のような数歩のあとには、登攀を続ける元気をとり戻すため、小休止が必要だった。私の呼吸は苦しくあえぎはじめた。この苦しい登攀で、こんな登り方をやってみた――まず小休止を行ない、それから歩行と呼吸との調整などにおかまいなく、続けざまに八歩か九歩をできるだけ早く――といっても笑うべきおそさで――前進する。それからピッケルにもたれて、また新しい一歩が踏み出せるまで呼吸をととのえる。だが、これは死よりもなお苦しい動作で、将来のエベレスト登山者には、とうていすすめる気にはなれない。私が山登りのおきてを軽蔑して、ともかくこんな実験をやったのも、まったく絶望の表現にほかならなかった。ボーディロンとエバンズはクーロアールの頂へ向い、それを越えてさらに岩と雪の交りあった急斜面にとりかかっていたが、ここの直登はおそろしく急であった。われわれは彼らが刻んだステップをたどった。私は最初の岩角に腰をおろし、つづいて登ってくるダ・ナムギャルのザイルをたぐりよせた。彼は何もいわなかったが、あきらかに深刻な疲労の色があらわれていた。

こうして山稜の近くへ接近していった。傾斜はひどかったが、稜線へ達するまで、とくに悪場はなかった。突然われわれは、ちょうど一年前にランベールとテンジンがたてた小さいテントにばったりぶつかった。サウス・コルの場合と同様、それは支柱がたっているだけで、ごく僅かのオレンジ色の布切が風にはためいていた。われわれはテントの上の小さい平地にがっくりと腰をおろした。私の肺臓は、はりさけるように思われ、もっと空気を吸おうと呻き苦しんだ。それは自制の力をまったく失わしめるような残酷無比な経験だった。しかしその苦しみは、それほど長く続かなかった。クーロアールの下で経験されたような、平常の状態が突然やってきて、それと共に登高の意欲と周囲の景観をたのしむ能力がもどってきた。

私はまずぐるりと世界をながめた。われわれは今やその屋根の上にいたからだ。カンチェンジュンガとマカルーが急に高まった雲海の上にそびえていた。風は強く吹いていたがいつものように北西風だったので、われわれのところは風蔭になっていた。それからサウス・コルを見下ろした。そのとき私の心には、大きい満足が感じられた。われわれは、三時間を費したとはいえ、高度にしてすでに四二〇メートルを登ったので、そのためテントが小さく見えた。コルの直下にはローツェ・フェースと第七キャンプが望まれたが、その高度が七三二〇メートルという高さなのに、かぎりなく低いところのように思われた。そして私は、サウス・コルの上下にわたるこんな絶壁をどうやって攀じ登って来たのだろうかと思ったりした。最後に私は、半ば霧に隠れた山稜を見上げた。雪が舞いはじめ、風が頬を打った。スノー・ショルダーへむかって急峻な箇所を登りつづけるボーディロンとエバンズが見えた。二人は少なくも、頭上九〇メートルのところを元気よく登っているように思われた。そして私は、どうして彼らが休みもとらずに、あんなに元気で登れるのだろうかと不思議に思った。

この時まで、ダ・ナムギャルは少なくも私より苦労せずに登っていたようだが、ここへ来て、全力がぬけたようになった。私がさあ出かけようといっても、ほとんど感じなかったほどだ。彼は簡単に降参するたちではないから、われわれはもうそれほど先へ進めないことが明らかとなった。私は、第二次攻撃の補充用に一本の酸素瓶を持ち帰ることを決意してここに残し、登頂隊が切り開いた登路をゆっくりたどった。はじめはそんなに急でなく、山稜は痩せていたが面倒なことはなかった。しかし稜線の岩場を包んだ堅い氷雪の上に八センチほどの粉雪の層がかかっているようなところもあった。先の二人が作った足跡をたどることができたときは、たしかに助けられた。私は調子を整えるため、こんな試みもやってみた——一歩進んで四ないし六回の苦しい呼吸をし、また一歩を踏みだすことだ。それは前の突進よりも苦痛は少なかったが前よりも早く登れなかった。

それから二〇分たって——スイス隊のテントから三〇メートルは登っていたが——ダ・ナムギャルはもうこれ以上登れないといった。その言葉を疑うにはあまりにも彼は善良だった。なぜなら、彼ほどに豪胆でまた不平をいわない人間はなかったからだ。だが、ここには荷物が置けるような場所はなく、もう五〇メートル登ると適当な場所があるように思われたので、私はもうすこし登ろうといいはり、そこまで行って足を止めた。しかし来てみると、よくこんなことに出っくわすように、ここもいい場所ではなく、せいぜい荷物を安全におくのが関の山で、坐る広さもなかった。私にはまだ一五メートルぐらい登る余力があったので、頭上九〇メートルにせまったスノー・ショルダーへむかって前よりも急なところを登り、もうすこしいい棚を見つけようかと思ったが、ダ・ナムギャルはとても登ることができなかった。私も彼の状態に近かったから、彼が力を出しきったのを責めるわけにはいかない。そこでわれわれは前進をやめ、山稜の上にケルンを作った。その直下の小さいギャップは、どうやらテントやその他の荷物を置く広さがあった。

その地点は、われわれが山稜へ達するのに利用した例のクーロアールの直線から、僅か上にあたっていたから、下からでも容易に認められる場所だ。ここへテント、食糧、ケロシン、われわれ自身の酸素瓶などを置いた。私はまた第二次登頂隊に小さな喜びを与えようと、一本のローソクとマッチを加えた。ここの正確な高度はまだわからなかったが、スイス隊のテントの位置が八三二六メートルであることから推して、当時は八三八七メートルと思っていた。後日われわれは、他の地点の高度と同様、全体を修正したので、この荷上げ地点を八三四一メートルと決定した。

われわれは南側の斜面を数メートルほど横切り、力なく一つの台地を作ろうとしたが、今では、どうしてこんなことをやったのか、よくわからない。最高キャンプはどうしても八五四〇メートルの圏内に建てるべきで、それにはスノー・ショルダーがいいと前から心にきめていた私にとって、この動作はまったく理窟に合わなかった。一人のシェルパが動けないいまとなっては、最後の荷上げを第二隊にゆだねるほかないことが、はっきりしてきた。われわれは午前一一時三〇分まで休んで、帰路につこうとした。

そこで休んでいた間、ダ・ナムギャルは片方の手袋を脱いでいたにちがいない。二日後、アドバンス・ベースで彼の指が酷く凍傷におかされていたのを知った。この凍傷は、ウォードの優れた手当で、切断されることなくきれいに癒ったが、遠征を通じて起った唯一の酷い凍傷であった。

酸素瓶《ボンベ》をはずした枠だけを背負い、霧が巻く山稜を、背に雪をうけながら下っていった。歩行はおそろしく遅く、足もとはふらついていた。スイス隊のテントの台地に着いたとき、クーロアールの急なところでアクシデントでも起すといけないから、登りにここへ残した酸素瓶を使うことにきめた。しかし酸素を使いだしたら、呼吸は前より苦しくなったので、急いでマスクをはずした。今まで私は、酸素補給器の効力になんら疑いをもったことはなかった。管がつまるような心配があった時でも、それをしらべようなどという気は起らなかった。しかし、われわれがクーロアールを下ろうとした僅か数分間におこったこの故障は、見逃すことができないものだ。二四時間後、マスクと器具との連絡管を取りはずした時に、それが完全に氷でふさがれているのがわかった。このことは、けっして言訳としてでなく、私が経験した登りの呼吸と登攀との異常な苦しさがなぜだったかを端的に説明してくれるのでここに述べておくのだ。この経験は高度の相違はあまり大きくはないが、ローツェ・フェースの終末部の経験とは、まったく比較にならないものであった。

クーロアールでは細心の注意を払った。それはサウス・コルの石がちらばっている氷の斜面へ続いていたが、クーロアールに入った地点からコルまでの高さは、優に三〇〇メートルはあったから、もしスリップでもしたら助かる見込みはなかったであろう。一人が行動している時は、他の一人はピッケルを雪に深くさし込み、それにザイルを巻きつけて確保した。ダ・ナムギャルが先に下って、次に私が彼の地点まで行くと、彼がさらに下って行く。こうした下降法で、ザイルの長さだけ下って行った。ダ・ナムギャルは一回だけスリップして一、二メートル落ちたが、確保のザイルで止まることができた。彼は非常に着実な登山者なのに、こんなことが起ったのは、まったく疲労困憊のためで、それはまた、さらに注意が必要だという予告でもあった。

下降の途次、ローツェ・フェースを横切って、サウス・コルへ上ってくる人影がわれわれの眼に入った。第二次攻撃隊がやって来たのだ。われわれはやっとすこし楽なところまで下ってきた。クーロアールをぬけ出て、コルの上方の斜面に達したとき、下から来たパーティの二人が、テントに着いて、すぐこちらへ登ってきた。困難はおわり、傾斜はゆるくなったが、われわれは一〇歩ごとに腰をおろした。登ってくるのはテンジンとヒラリーであることがわかった。私は急に、力が水のように体から流れ去るのを感じた。彼らがやって来た時、私の膝はくずれ、おかしいほどがっくりしてしまった。ダ・ナムギャルもばったり坐りこみ、二人はテンジンの水筒にかじりついてレモネードを飲んだ。ヒラリーは力を貸してくれたが、私はすこし歩くと動けなくなって、酸素補給器を取りに行ってもらった。そして一分間六リットルの酸素をすうと、たちまち元気になった――勢いよく流出する酸素をすいこんだのをいまでもはっきり思い出す――こうして最後の数メートルを歩きおわることができた。彼らの異常な忍耐と親切とは、永く私の記憶から去らないであろう。

＊

われわれは、高度八三〇〇メートルで、初めてエベレストの南東山稜の上に立ったのだが、ボーディロンとエバンズがそこの岩棚に達したときは、まだ調子がよく自信があった。彼らがそこへ着いたのは午前九時過ぎで、一時間半に四〇〇メートルを登ったが、サウス・サミットまではだいたい同じくらいの高度が残っていた。この登高速度一時間約三〇〇メートルというのが続けられれば、エベレスト主峰へ達する未知の山稜を乗り切るだけの時間が残されていたであろう。この日の早朝には、一抹の不安があったし、エバンズの酸素補給器は、流出量一分間二リットルの箇所で固定されていたけれども、閉鎖式補給器の調子はよかった。ただ天候だけが絶好ではなかったが、しかしまだ、決定的な障害ではなかった。彼らは自信満々、希望にみちて登攀をつづけた。

だが、この地点から先の登攀は、苦しいものになった。堅氷の上に積った新雪の層は、アイゼンの働きをいちじるしく困難にし、細心の注意を要求して登高をにぶらせた。こうして二時間の登りを続けたが、サウス・ピークまでの半分も登れなかった。しかし彼らが達したのは、重要な目印となるところで、ジェネバ・スパーの頂からはっきり見えるあのスノー・ショルダーだった。後日テンジンが指摘したように、それは一九五二年の春、彼とランベールが達した最高点であったようだ。雲がようやく視界をつつみ、雪が山稜に吹きつけていた。

　彼らがこのすこしゆるい地点で一服していたとき、酸素補給器について厄介な問題が起った。閉鎖式補給器の構造の一部であるソーダ・ライムの缶は、平均三時間ないし三時間半の寿命があるが、彼らはちょうど二時間ほどそれを使っていたので、あと一時間くらいしか使えないことがわかった。だが二人は、新しい缶を持っていたから、ここで新しいのに取りかえようか、どうしようかと思案した。ここで取りかえれば比較的場所が広いから休憩にもなるし、またこの先は山稜が急になるので、休む場所が見つかりそうもなかった。しかし冷えきった新しい缶を取りつけると、弁が凍結する心配があった。このことは、三日前に彼らがサウス・コルへ登ったとき、第六キャンプで新しい缶を取りつけた際に起ったことだ。もしこの危険がどうしても起るならば、それはサウス・ピークの頂よりもまだここで起ったほうが始末がいい。サウス・ピークで起ったら、助かる望みはなかったからだ。また、缶の使用をやめるならば、酸素の寿命は急激に衰えて、その結果、彼らの行動がうんとちぢまるだろうという議論もあった。仮に私が、この問題をもっと詳しく論じたとしても、エベレストの南東稜上八五四〇メートルにいたエバンズとボーディロンにとっては、それがまったく判断に苦しむ問題であったことを示すばかりである。そこは、酸素マスクをかぶったまま、この難問を議論するにはあまりにも不適当な場所だったからだ。

　彼らはともかく、缶を取りかえることにきめて出発した。エバンズの補給器は、はげしい呼吸の結果、再び故障が生じた。それは新しい缶のためであったかどうかわからないが、登攀を続けるのに想像に絶した苦労をかさねた。彼らは、大スロープがサウス・ピークへおそろしく急角度でつきあげている最後の急斜面の下に達した。雪は不安定で、こわれやすいクラストが下層の柔らかい深雪をおおっていた。先頭のボーディロンは、この雪に不安を感じた。左は岩場で、サウス・コルの西端へ切れおちている西壁の境目となっていた。彼らはこのいやなスロープを半ばのがれたい気持で、岩場の方へトラバースしていった。岩場の傾斜も急で、ところどころくずれていたが、エベレストのこの面の岩は、幸いにも順層であったから、小さい岩棚《レッジ》でもホールドの役目をはたしてくれた。一歩一歩おどろくほど遅い速度で、最後の一二二メートルを攀じた。エバンズは酷く苦しい呼吸をつづけたが、ついに登高を中止しなかった。突然、岩場の傾斜がゆるくなった、とほとんど同時に彼らは八七五〇メートルをこえるエベレスト南峰山頂に立っていたのだ。時刻は午後一時だった。エバンズとボーディロンの二人は、今まで人間がエベレストで到達した最高点よりももっと高い地点へ登りついた。しかもそれは、人間が登り得た最高峰頂でもあったのである。

　雲は視界をぼかし、最後の山稜からカンシュンの谷へ落込んでいる東壁に旗のようにからみついていた。しかしファイナル・リッジははっきり出ていた。彼らは今、すべての登山者が重大な関心をよせ、ことにわれわれ一同が見たいと熱望していた一つの問題をじっと見つめていた。それは勇気づけるようなものではなかった。ここから見られる限り、痩せた急峻な山稜だった。左側は、この山の西壁の頂をなす岩場まで鋭く切れて、さらにアドバンス・ベース上部のクームまで二四四〇メートルの急傾斜がつづいている。右側、つまり東の方は、西側よりもさらに高く急な断崖をなしているが、今は雲にかくれていた。稜線からは雪の大きな張り出し、つまり、強い西風が形作るヒマラヤ級の大きなコーニス（雪庇）がのしかかっていた。

登高をつづけるべきだろうか？ 彼らにとっては、まさに登頂の絶好なチャンスなのだ。しかし登りだけでなく、下りもあるのだから、時間と天候の要素を十分考える必要があった。そして時間の問題は、酸素補給の問題に直結するのだ。もし彼らの酸素が、これから先の山稜を登降する間もたないならば、登頂は難かしかった。ここから見られる最高点は、おそらくまだ真の頂上ではなかったから、未知の山稜に必要な時間を算出することはやさしいことではなかった。頂上までは三時間を必要とし、サウス・ピークに帰着するには、さらに二時間を要するだろう、とエバンズは考えた。そうすれば、残りの酸素は、それまでにつきてしまうだろうし、もしかりに酸素なしでサウス・ピークに帰着することができたとしても、午後六時より早いことはないし、そのうえ、九〇〇〇メートルを無事に下ることはむつかしかった。だから、実際、登頂はまったく問題にならなかった。

しかし、いざ下降ときまったら、かなりの未練が残った。そして、山頂へ向うのがすでに無益だとわかると、二人は非常な疲労を感じた。エバンズの補給器はいぜん故障がつづいたので、ボーディロンはこれに開放式の方法を応用したが、この高度でそれを為しおえたことは驚くべき技術だった。しかし、その後でエバンズの補給器が前よりも悪化したため、立ち止ってまた閉鎖式の方法に戻さなければならなかった。彼らは登りに採った岩場の小さい岩棚を好まなかったので、左手の雪の斜面をクラストを破って深雪に足をとられながら下ったが、その危険性に気をくばるには、あまりにも疲れていたにちがいない。スイス隊のテントまで、四五〇メートルの下りに約二時間かかった。彼らのように、しっかりした登山者が、このテント上の、技術的にやさしいところで、何回となくころんだことは、その疲労困憊がどんなにひどかったかを如実に物語る。そこへ着いたのは、午後三時半ぐらいだった。

それから二、三時間前の私とダ・ナムギャルのように、クーロアールを下らねばならなかった。彼らもまた、いつものように用心したが、われわれよりも足もとがふらついていた。ボーディロンが先にたち、ちょうどザイルの長さまで下って、確保のためピッケルを雪につきたてた時、エバンズがうしろからものすごい勢いで、ボーディロンの言葉をかりれば『弾丸のように』滑り落ちてきた。ボーディロンのピッケルにザイルがしっかり巻かれていたので、雪から抜け、彼もステップをふみはずして、クーロアールの堅雪上をしだいに早く滑り落ちた。しかし、彼のピッケルがきいて綱がぴんと張るとエバンズの落下も勢いがおとろえた。ボーディロンは、本能的に正しい姿勢をとった。はらばいになってピッケルのピックを打ちこんでいた。こうして彼らは停止し休息をとってまた下降をつづけた。

＊

サウス・コルでは、私は「ブリスター」テントで休みながらテンジンと話していた。すると突然、入口からロウが顔をさし入れた。彼はひどく興奮し驚喜に輝いていた。『彼らは登った、きっと登ったんだ！』と叫んだ。これはまさに飛び上るようなニュースで、この日の私の死ぬような苦しみを消すに十分だった。みんなが喜びにあふれた。グレゴリーやロウのあとから、ジェネバ・スパーの頂へ登っていたシェルパも、われわれと同様に感動していた。彼らはサウス・コルからすぐ聳えている峰が、真の頂上だと思っていたので、われわれよりもっと感動したに相違ない。彼らはエベレストが登頂されたと思った。テントに着いたとき、アン・ニマは私の方をむき、なまりのあるヒンズー語でこういった『エベレスト・カトム・ホ・ギャ』（エベレストの仕事は終ったの意）。彼らがみた光景は、とくに感動的だったにちがいない。その日の午前中、ローツェ・フェースを登っていた時、彼らは終始われわれの行動を見守っていた。しかし、ボーディロンとエバンズは、あとになって山を包んだ雲にしばらくかくされていた。午後一時頃、鋭いサウス・ピークをまいた霧の晴れ間から、壁にはう小さい虫のような二つの点がピークの上に見られた。彼らは、とても登れそうに見えないその急斜面を着実に登り、すぐ頂のかなたへ消えていった。それはちょうど、なんの故障もなく、最高点へむかって登高をつづけているかのように思われた。

ひょっとすると、エバンズとボーディロンは帰って来ないかもしれない、という不安な気持で、われわれはその午後を過した。雲は完全に視界から山稜をうばい、風はしだいに威力をました。午後三時半、クーロアールの頂の雲がうすれると、二人の姿が見えた。彼らはゆっくり下ってきた。われわれは彼らを迎える準備をした。四時半、二人がテントに近づいたので、迎えに行った。彼らは、厄介な補給器を背負い、かさばった衣類をまとい顔は凍結して、まるで別の世界から来た人間であるかのように思われた。二人ともまったく疲労の極にあった。

あとで、二人は、いま私が述べたような、エベレスト南峰の初登頂の物語をきかせた。彼らは最後の目的のすぐ近くまで達していながら、しかもそれを断念しなければならなかったのだから、無念の思いがその心を占めたのは当然である。しかし、彼らは期待されたことを立派にやりとげたのである。サウス・サミットが目標であり、それに達すれば、第二次の登頂隊に重要な指示が与えられるということは、私はかねてから主張していた。つまりこの二つの攻撃は、相補うように計画されたのだ。一日で八七五〇メートル以上の高度に登りサウス・コルに帰還したこの登攀はまことに堂々たる業績であり、あのように限りなく心労をかけた酸素補給器の勝利でもあった。彼らはたしかに、山稜の最上部を眺めてかえり、テンジンとヒラリーにそれを説明することができた。そして最後の勝利への計り知れない確信を、身をもって示したのであった。

＊

第二次攻撃隊とその荷物が、無事サウス・コルに達したので、翌日、南東山稜へ登るための準備がととのえられた。

第二次攻撃隊にしたがって、ここまで荷を担ぎ上げたシェルパは、下る用意をした。この日、見事な働きを示して疲労しきったダ・ナムギャルを、彼らと共に下ろすことにきめ、またバルも下ることになった。この英雄達の名前はエベレスト登頂の物語に特記されるに値しよう。五〇歳に近いダワ・トンデュプ。もう一人の老練者ダ・テンシン。トプキイ、まだ少年でアイスフォールやクームでは、その不注意や、やかましい咳が気にさわったが、獅子のような精神の持主。不撓不屈のアン・ノルブウ。陽気なアヌルウ、彼の足どりは『信頼にたるスイス・ガイド』の足どりだった。ダ・テンシンをのぞいては、この遠征で二度目のサウス・コルであった。ダ・テンシンは、ローツェ・フェースでロウと共に、異常な健闘を示し、また第一次攻撃隊が第七キャンプへ登った日は、何回目かの行を共にした。彼らに対しては、どんな賞讃もけっして大きすぎることはない。

ロウは彼らにしばらく付き添ってから、最高キャンプへ「荷上げ」をサポートするため、コルへ残ろうといった。私はこの申し出を喜んでうけた。第二次攻撃隊に従って、第九キャンプへ荷上げをする三人の特別なシェルパの中で、使えそうに見えるのは唯一人だけだった。それはアン・ニマで、ローツェ・フェースでロウと一緒に仕事をしてから、すっかり名をあげていた。あとの二人はアン・テンバと、山麓行進中の私の当番だったペンバで、ここへ着いてから二人共調子が悪かった。だから第二次のサポート隊も、また登攀隊員をポーターとして使うことが避けられなかった。

その夜の第八キャンプは、超満員だった。第二次攻撃隊の四人は、ピラミッド・テントに入り、任務を終えたわれわれ三人は、二人用のミード・テントにおさまった。第二次サポート隊のシェルパ三名は小さな「ブリスター」テントにどうにか押し込められた。恐ろしい一夜だった。ヒラリーにとっては、『自分が経験した最悪の一夜』であった。サウス・コルに三日目の夜をおくったわれわれは、酸素も使えず、サーディンのようにぎっしりつめこまれ、昼間の苦しい登攀に疲労しきって、悪夢のような一夜をおくった。寒暖計は摂氏零下二五度をしめし、終日吹きあれた風は再び猛威をふるいはじめた。われわれはテントの壁にすっかり押しつけられていたので、ぜんぜん覆いがないかのように感じられた。風は夜通し吹きすさんだので、眠ることなど思いもよらなかった。それは何時間も続いて、疲労困憊したわれわれをさらに悪化させたのである。五月二七日の朝が訪れた時、第一次攻撃隊は疑う余地もなく実にみじめな状態になってしまった。とくにボーディロンの状態が悪かった。

この日の私の日記を開いてみよう。

『八時になっても、ヒラリーの隊が出発しないのは、別に驚くにあたらない。風は気狂いのように吹きまくり、テントの外へ出るとまったく悪夢のようだった。狂乱そのものの光景がエベレストのぐるりを支配し、南東山稜から舞い上った雪は、雲にまじってこの山をおおっていた。われわれはピラミッドにもぐり込み、どうしようか相談した。その間、テンジンはプリムスに火をつけて何かやっていた――シェルパで元気なのは、アン・ニマだけだった。だから攻撃を二四時間のばすのはやむを得なかった。幸いにも、この延期を可能にさせるだけの荷が上っていたので、われわれはできるだけ食糧をとって力を保つことが一番たいせつだった。私はもう今日で、コルに三日三晩過していた。しかし、昨年ここで同じ日数をおくったスイス隊の人々が、ほとんど生きた心地がなかったのと、今のわれわれの状態を比較するのは興味がある。われわれは食糧や燃料や酸素に十分めぐまれ、ベースにいるような気持で、八〇〇〇メートルの高所にいたのだ。

昼頃エバンズとボーディロンが下っていった。間もなくエバンズが戻ってきて、ボーディロンがスパーの頂への斜面が登れず、心配な状態にあることを伝えた。もし彼が元気を取り戻さないならば、だれかもう一人付き添ってやらねばなるまい。だが、私はもう一つむつかしい決定にせまられた。私の任務はコルにいて、次の攻撃隊が無事に出発するのを見とどけることと、もし必要なら、攻撃の延期や撤退を決定することだった。と同時に第一次攻撃隊をサポートする役割をもっていた。もしグレゴリーかロウを付き添いに派遣すれば、第二次の攻撃は弱体化するだろう。そこで私は、自分が行くべきだと決心した。私は仲間の援助をうけつつ、急いで荷物をまとめ、スパーへの斜面をゆっくりたどった。ヒラリーがザックをかついでくれた。

ヒラリーと別れを告げたとき、できうる限り敗退しないように、また支援隊はかならず派遣すると約束した。われわれ（エバンズ、ボーディロン、アン・テンバ、自分）はゆっくり――ひどく骨を折って――クーロアールを下り、ローツェ下方の大斜面を横切った。われわれはなんども、また長いこと休んだ。ボーディロンの足どりがまったく乱れ、アン・テンバもそれに近かったからだ。私は先頭にたち、エバンズがしんがりを支えた。そうして下って行って、ついに力の限界に達したとき（すこし元気があったのはおそらくエバンズだけだ）、最後の一、二メートルをころがりおちて第七キャンプへたどり着いた。そこでノイスとウォードに会い、彼らに助けられて心から蘇生の思いを得た。ちょうどキャンプの上の氷のピッチを下っていた時、テンバがスリップして大きなクレバスに落ちた。エバンズがザイルで支え、ノイスが彼のザックをつかんで（彼はさかさまになっていた）引き上げた。私は、この出来事の間中、疲労困憊して指一本動かす力もなかった』

ノイスが第七キャンプに来ていたことは、まったく幸運だった。彼がいなかったら、ボーディロンもアン・テンバも私も、とうていその夜を過すことはできなかったろう。彼は看護婦のようにわれわれを見守り、夕食の用意をしてくれた。さらにいいことは、彼がここまで来ていたのはコルへ登るためだったことだ。ノイスにはまだ話してなかったが、コルを去るときヒラリーに、ノイスと三人のシェルパに荷物をもたせて増援によこし、悪天候がもう一日続いてもコルで頑張れるようにしようと話しておいた。私はまた、ノイスとこのシェルパのうち一、二名は、コルで起るかもしれない傷病人に代って、第二次の攻撃に参加してもらえると思った。そこで、五月二八日に第七キャンプでノイスと合流するように、三人の者を上にのぼらせる手配をエバンズにたのんだ。彼はその夕刻、ウォードと共にアドバンス・ベースまで下って行ける元気があったからだ。

翌朝、ボーディロンと私は、クームに下った。途中で三人のシェルパをつれて登ってくるワイリーに会った。ローツェ・フェースを三人のシェルパだけで登らせるのはよくない、というワイリーの判断は正しかった。彼はまた、第七キャンプはヒラリーの隊が帰着するまで確保されねばならない、と思っていた。そして、この役割を彼みずから買って出たのだ。これは攻撃隊がなんら不安なく行動するのに、いかに貢献したことであろう。彼とすれちがったとき、そのかさ張った荷の中に一本の攻撃用酸素瓶があるのに気づいたが、それこそまことに彼らしい配慮だった。彼と一緒に行くはずの四人目のシェルパが、第五キャンプの先で落伍したため、彼がその酸素瓶を他の補充用物資と共にかついでいたのである。ワイリーが酸素を使わずに登っていたのは、いうまでもない。

われわれはその日の昼過ぎ、アドバンス・ベースに着いて、当面の仕事が完了した。そして、第二次攻撃の結果を待つことだけが、われわれのすべきこととなった。

頂上

エドマンド・ヒラリー記

五月二七日の早朝、私はひどい寒さと、なんともいえない心の重荷を感じながら、不安な眠りからさめた。われわれはエベレストのサウス・コルにいたのである。同じピラミッド・テントに寝ていた仲間のロウもグレゴリーもテンジンも、みんな苦しそうにたえず寝返りをうって、このきびしい寒さからのがれようとしていた。冷酷な風が恐ろしいばかりに吹きすさび、絶え間ないテントのはためきが深い眠りをさまたげた。私はしぶしぶ寝袋から手を出して時計を見た。午前四時であった。マッチをすって、テントの壁の寒暖計を見ると、気温は摂氏零下二五度を示していた。

われわれはその日、南東山稜の高所にテントを張りたいと思っていたのだが、この強い風では、とうてい出発はむつかしかった。しかし、万一風が凪いだら、いつでも出られる準備だけはしなければならない。私は辛抱強いテンジンに肘で合図し、食べ物や飲み物のことを二言三言ささやき、それからまた寝袋の中へもぐりこんだ。間もなくプリムスの燃える音がして、テントの中があたたまると、われわれに生気がよみがえってきた。ビスケットを食べレモンの結晶と砂糖を入れた熱い湯を飲みながら、ロウとグレゴリーと私は、この日の計画をあまり希望なく論じ合った。

午前九時、風はまだ烈しく吹きあれていたが、私は衣類を全部身につけてテントからはい出し、ハントやエバンズやボーディロンの泊っている小さいミード・テントへ行った。ハントも、この状態では、とうてい出発はおぼつかないと思っていた。アン・テンバは病気で、明らかにこれ以上の荷上げに堪えられなかったから、昼頃、エバンズとボーディロンが第七キャンプへ下るとき、一緒におろすことにした。ボーディロンの状態がとくに悪いので、ハントもついに彼らの隊について下ることになり、ロウと私はキャンプの上の登りに、この疲労しきった四人を援助し、彼らが疲れた重い足をひきずりながら第七キャンプへ下って行くのを見守った。

風は終日吹きまくり、われわれはいくぶん絶望的な気分で、翌日設置しようとしている山稜キャンプの荷を整備した。サウス・コルからの出発がすこしでもおくれれば、その結果は高度衰退をまし、弱体化するだけだ。ひどい風のため、この夜もまた寝ぐるしい一夜だったが、われわれは皆一分間一リットルの割で酸素を吸ったので、七、八時間はやすらかにまどろむことができた。

翌早朝は、風がまだ強く吹いていたが、八時頃にはかなりおさまったので、出発することにきめた。しかし新しい障害があらわれた――ペンバが夜通しひどく調子を悪くして、登れないことが明白となった。それで最初にきめた三人のシェルパの中で荷上げのできるのは、アン・ニマただ一人となった。攻撃を放棄することはとうてい考えられなかったので、われわれが自力でキャンプを担ぐ以外に方法はなかった。われわれは現在の自分らの負担力を考慮して、かつぐ荷を必要最小限にきりつめたが、酸素の必要量だけは減らせなかった。

午前八時四五分、ロウ、グレゴリー、アン・ニマのサポート隊がまず出発した。彼らは各自一八キロの荷をしょい、一分間四リットルの酸素をすった。テンジンと私は、先の隊が作ったステップをできるだけ早く登って、精力と酸素をすこしでも節約できるよう、あとから出発することにした。われわれは個人用衣類、寝袋、空気マットレスのほかに、若干の食糧を酸素補給器の上にくくりつけ、各自二二・六キロの荷をかついで、午前一〇時にテントをあとにした。

サポート隊のあとを追って、大クーロアールの下まで長いスロープをゆっくり登り、それから急なクーロアールの堅雪にロウが刻んだ梯子段のようなステップを登った。このステップを一歩一歩登っていったとき、かなり上から、たえず落ちてくる氷のかけらを浴びた。ロウとグレゴリーが、南東山稜へむかってしきりにステップを切っていたのだ。正午に山稜へ達してサポート隊と一緒になった。近くには、昨春のスイス隊のテントがみじめな姿でたっていて、この高所に寂寥と荒廃の気を添えていた。このテントからランベールとテンジンは、寝袋もない一夜を過した後、頂上目ざして勇敢な攻撃を行なったのである。

ここから見た四周の景観は、まことにすばらしいもので、われわれは写真機をとり出してしばらくたのしんだ。みんな非常に元気で、南東山稜の高所に、かならずキャンプをたてることができると思った。再び荷物を肩にして、山稜を四五メートル上ると、二日前にハントらが荷をおいた地点へ来た。山稜は非常に急であったが、順層の岩場はよい足がかりを与え、急な岩場につもった軟雪は、注意を要したけれども、登攀に技術的な困難はなかった。荷物がおいてあったところは八三四〇メートルの地点だったが、ここはまだわれわれの拠点には低すぎると思い、すでに相当大きい荷物の上へ、この余分の荷をしょって行くことにした。グレゴリーは酸素を、ロウは食糧と燃料を、私はテントをしょった。すでに一八キロ以上をかついでいたアン・ニマをのぞいて、われわれ三人は、各自二二・六ないし二八・五キロをかついだ。われわれはやや速度をおとして山稜を登りつづけた。速度はおそかったが、こんな重荷をかついでいながら、前進は確実だった。山稜は急になり、堅雪のスロープがあらわれた。ロウは一五メートルばかりステップを切った。午後二時頃、ようやく疲労を感じ、キャンプ・サイトを物色しはじめた。山稜にはまったく出張ったところがなく、崩れたところも見えず、上へつづいていた。われわれはゆっくり攀じながら岩棚《レッジ》を求めたが、だめだった。何回も何回もそれらしいところへ登ってみたが、そこへ着くと四五度も傾斜したところばかりだった。いくぶん望みを失いかけたとき、テンジンが、昨年の記憶を思い出し、左手へ急斜面をトラバースしてみようというので、行ってみると絶壁の下にやや平らな場所を見つけることができた。

　時間は二時三〇分で、われわれはここにキャンプすることにきめた。終日われわれを睥睨《へいげい》していたローツェの雄大な峰頂は、いまや眼の下になっていた。われわれの高度は八五〇〇メートルだった。ロウ、グレゴリー、アン・ニマの三人はホッとして、この場所へ荷物をおろした。彼らは疲れてはいたが、ここまで荷を運び上げたことがいかにも嬉しそうだった。事実、翌日の成功も大半は彼らのお蔭だった。時を移さず、彼らはサウス・コルへ下っていった。

　元気な仲間がゆっくり山稜を下って行くのを見ていると、急に淋しさを覚えたが、われわれにはまだたくさん仕事があった。酸素を倹約するため器具をはずし、ピッケルで小さい台地を作る仕事にとりかかった。雪をすっかり取りのぞいてみると、傾斜約三〇度の岩の斜面があらわれた。岩は凍結しきっていたが、正味二時間の作業のすえにゆるんだ石をとりのぞき、幅一メートル、長さ一・八メートルの地面を二つ作り上げた。この一方は他方より〇・三メートルばかり高い。酸素を吸わなかったが、われわれは十分この辛い仕事に堪えた。しかし呼吸をととのえ、元気を取り戻すため、約一〇分ごとに休息した。われわれはこの二段になった地盤にテントをたて、できるだけしっかり固定した。テントの張り綱をむすぶ適当な岩もなく、アルミニュームのくいをさしこむには雪は柔らかすぎた。そこで数本の酸素瓶を軟雪にうずめ、いくぶん不安を感じながらも、それに張り綱をまきつけた。それから、テンジンはスープをあたため、私はかぎられた酸素の量をはかった。それは予想したよりかなり少なかった。攻撃用として各自一瓶と三分の二ほどしかなかった。これでは初めの計画通り、一分間四リットルの割ではもたないので、一分間三リットルにへらせば、どうにか成功の可能性があることがわかった。私は器具を準備し、必要な調整をした。唯一つよかったことは、過日エバンズとボーディロンがこのキャンプの百数十メートル上方に、まだ三分の一はのこっている酸素瓶《ボンベ》二本を残しておいたことである。サウス・コルへの帰路は、これにたよることにした。

太陽が沈むと、われわれはテントに入りこみ、衣類を全部身につけて、寝袋にもぐりこんだ。たくさんの液体食をとり、携行したご馳走で十分な食事をとった。ビスケットにのせたサーディン、缶詰のアンズ、なつめやしの実とビスケット、ジャムと蜂蜜など。缶詰のアンズは非常なご馳走だったが凍りついていたので、まず第一にプリムスの熱でとかさねばならなかった。こんな高所にあっても、何か急に力を出す時、多少息ぎれがする以外、呼吸はほとんど平常と変りなかった。テンジンは、急斜面に半ばかぶさり気味の下段に空気マットレスを敷き、安らかなねむりに入った。私は上段に半ばすわり、半ばよりかかるようにし、足を下段の棚におろして、できるだけ楽な姿勢をとった。これはとくに気持のいい姿勢ではなかったが、こんな利点があった。その頃は一〇分くらいの間隔で猛烈に強い突風が吹いていたから、山稜の上の方で風のうなりが聞え、突風が近づくのがわかれば、一瞬おそろしい勢いでテントがゆらぐ時、私は足と肩に力を入れ、貧弱な留具をおさえることができると思った。われわれの睡眠用酸素は、一分間一リットルの割で使って、四時間しかもたなかった。私はこれを二つに分け、午後九時から一一時までと、翌日の午前一時から三時までの間に使うことにきめた。酸素を用いている間は、うとうととねむり、かなり気持がよかったが、酸素がきれるとたちまち寒くなって気が滅入ってくるのだった。夜間、寒暖計は摂氏零下二七度を示したが、幸い風はまったく止んだ。

午前四時、天気は非常に静穏だった。私はテントの入口を開き、はるかに暗く寝しずまったネパールの谷々を見渡した。眼下に見える氷の峰々は、夜明けの光に美しく輝いていた。テンジンは四八八〇メートルも下方の大きな支尾根に、かすかに見えるチアンボチェの僧院を指さした。こんな早朝から、チアンボチェのラマ僧はわれわれの平安を仏陀に祈願しているであろうと思うと、元気がでてくるのであった。

食事の用意をはじめたが、われわれは水分の不足から衰弱がくるのを防ぐため、思いきって多量のレモンジュースに砂糖を入れて飲み、それから最後のサーディン一缶をあけ、ビスケットにのせて食べた。私はテントの中へ酸素補給器をひき入れ、氷をきれいにはらい、綿密に点検しテストした。靴をとってみると、昨日すこしぬれたので、カチカチに凍っていた。このまま放っておくわけにいかないので、プリムスの焔にかざすと、皮のやける強烈な臭いがしたが、間もなく靴はやわらかくなった。羽毛服の上に防風衣を着込み、三組の手袋——絹のと毛のと防風用の——をはめた。

午前六時三〇分、テントから雪の中へはい出し、背に一三・六キロの酸素補給器をしょってマスクに連結し、われわれの肺臓に生命の綱である酸素を吸いこむため、栓をひねった。そして二、三回深く吸いこむと、出発の用意ができた。私はまだ足先のつめたいのがすこし気になったが、テンジンに出かけようといった。彼は、主稜の左側の深い粉雪の斜面につき出てテントを守った岩壁の先から、キック・ステップで深い一本の路をつくった。山稜はすっかり太陽の光をあび、第一目標であるサウス・サミットをはるか頭上に仰ぎ見ることができた。テンジンはキック・ステップで、長いトラバースをしながら稜線へ向い、われわれはちょうど顕著な雪の突起をなしている八五四〇メートルの地点で稜線に達した。ここから山稜はやせて刃のように鋭くなった。私は足があたたまったので先頭にたった。

われわれはゆっくり、しかし確実に進んだので、呼吸をととのえるため休む必要はなく、十分の余力を残しているのを感じた。

不安定な軟雪のため、稜線沿いのルートはむつかしく、また危険だったから、私はすこし稜線を下って左の急斜面を登った。そこは風が薄いクラストをつくり、私の体重を支えたこともあったが、しばしば急に崩れて体のバランスをくずし、危険な思いをさせられたこともあった。このかなりむつかしい山稜をなお百数十メートル登ると、小さなくぼみがあって、そこに最初の攻撃の時、エバンズとボーディロンが残した、二本の酸素瓶《ボンベ》が置かれてあった。私はすぐさま氷をはらって目盛りをみると、まだ数百リットルの酸素——もし倹約して使えば、サウス・コルへ下るまで十分もつだけの——が残っているのを知ってホッとした。この酸素に元気づけられつつ、さらに山稜を登りつづけると、それは間もなく広い恐ろしいばかりの急峻な雪の斜面となって延び上り、南峰頂上まであと一二〇メートルをのこしていた。このフェースの雪の状態は、きわめて危険だと感じたが、ほかにルートは求められなかったので、われわれは悪戦苦闘を重ねて登路を切り開いた。このむつかしい場所では、しばしば先頭を交代した。一度など、私が深雪に登路を作っていたとき、まわりの雪が崩れだし三、四ステップうしろへすべりおちた。はたして前進したものかどうかテンジンの意見を求めると、彼も雪の状態が非常に悪いと思っていたが、いつも彼が口に出す『あなたのお考え通りに』といった。私は登ることに決めた。

こうしてついに雪がややしまったところへ達した時はホッとした。それから最後の急斜面にステップを切って午前九時サウス・ピークの頂に立った。われわれは少なからぬ興味をもって前方の処女山稜を見上げた。ボーディロンもエバンズもこれを眺めたときは、その提示する問題と困難性に明らかにたじろいだというが、われわれもここへきて、それがほとんど越えがたい障壁であることを知った。最初一見したときはたしかに印象的で、恐ろしくさえなった。右手には巨大な雪庇か氷雪の塊りがのしかかるようになって、落差三〇〇〇メートルのカンシュン・フェースへ、ゆがんだ指のように突き出ていた。ちょっとでもこの雪庇にふれようものなら惨事をひきおこすにきまっている。この雪庇から山稜は、左へ向って急に切れおち、その雪は下方でウェスタン・クームからつき上げる大岩壁に合していた。ただ一つ勇気づけられることがあった。それは、この雪庇と岩壁の間の急斜面がかたくしまった雪のように思われたことだ。もしその雪が柔らかく不安定だとしたら、山稜伝いに登ることはほとんど不可能だった。またもし、この斜面にステップを切って登れるならば、少なくとも多少の前進はできそうだ。

われわれは南峰頂上直下に腰をおろし酸素をはずした。そしてもう一度、この山の登降に際し、私の重要な仕事であった暗算をやってみた。最初の使いかけの酸素瓶《ボンベ》が空になったので、われわれにはいっぱいつまった新しい一本だけが残されていた。八〇〇〇リットルの酸素は、一分間三リットルの割合で使ったら何時間もつだろうか。四時間半は使えることがわかった。酸素補給器は非常に軽くなって、九キロばかりになった。そして私は南峰からステップを切って下っていたとき、実に自由な幸福な気持を感じた。それは前に私が想像していたこのような高所での気持と、まったくちがったものだった。

ピッケルを山稜のあの急な斜面に突きたてたとき、私の最大の期待が現実となった。雪がかたく結晶していたからだ。ピッケルを二、三回リズミカルにふるうと、大型の高所用山靴にも十分あう、大きいステップができた。そして、一番うれしかったことは、ピッケルを強く突きさすとシャフトが半分くらい雪にうずまって、しっかりした確保点となったことだ。われわれは、一時に一人ずつ進んだ。このような高いところでは、安全の限界があまり大きくないから、たえず細心の注意を怠ってはならないと感じた。そこでテンジンが確保してくれる間、私は一二メートルほどステップを刻む。それからこんどは、私がピッケルを雪にうち込み、それにザイルをまきつけると、テンジンが今までの確保点から私のところまで登ってくる。そしてまた彼が確保し、私がステップを切りつつ登るというふうにした。いたるところでのしかかった大きな雪庇にぶつかったが、こんな時は、雪が西側の岩場と合わさる下の方までステップを切って移っていった。この膨大な岩の斜面から真っ直ぐ下をむいて、二四四〇メートルも下方のウェスタン・クームの第四キャンプの小さいテントを見るのは、非常なスリルがあった。岩を攀じたり、あるいは雪に手がかりを刻んでこれにすがりつつ、われわれはこうした難場をきり抜けることができた。

こうしている間に、一度私は、今まで非常に調子よく登っていたテンジンが、急に速度をおとし、息苦しそうにしているのに気づいた。シェルパは酸素補給器の作用をよく知らないので、私は従来の経験から、これは酸素のせいにちがいないと直感した。彼の酸素マスクの管から氷柱《つらら》がさがり、近よってみると、直径五センチほどのこの管には、完全に氷がつまっていた。この氷を取りのぞいてやると、彼はすっかり楽になった。私の補給器をしらべると、まだ息苦しい状態にはならなかったが、同じようなことが起りかけていた。それ以来私は、とくにこの点に注意を払った。

天候はまったく申し分のないものだった。われわれは、羽毛服と防風衣をすっかり着こんでいたので、寒さと風にわずらわされることがなかった。しかし一度、山稜のある困難な箇所をもっとよくたしかめようと眼鏡をはずしたら、たちまち寒風に舞い上った粉雪に視界をうばわれ、あわてて眼鏡をかけなおしたこともあった。私はステップ・カッティングをつづけた。かつて故郷のニュージーランド・アルプスの、あるすばらしい尾根を快適に攀じていたときのような気持で、私がこの登攀をつづけていたのが、不思議なくらいだった。

一時間ばかり確実な登高をつづけると、この山稜中で今までに一番手ごわく見えた問題——高さ一二メートルほどの岩壁——にぶつかった。われわれはすでに航空写真で、この岩壁の存在を知り、またチアンボチェから双眼鏡でみて知っていた。この高所では、それが成否の鍵をにぎっているように思われた。イギリスのレーク・ディストリクトでなら、こうした手がかりのないすべすべした岩壁は、岩登りの熟練者達にとって定めし日曜の午後の興味ある対象となったかもしれないが、ここにあっては、われわれの弱い力では打ち勝ちがたい障壁そのものだった。それを避けて西側の急な岩の断崖を巻くような登路はなかったが、うまいことに、唯一つの活路がのこされていた。その東側に、今一つ大きな雪庇があって、その雪庇と岩の間には、一本のクラックが、例の一二メートルの岩壁のほとんど上まで通っていた。そこで、できるだけしっかりとテンジンに確保してもらい、このクラックにすっぽり入りこんで、アイゼンで背面をけりつつ、その爪をうしろの凍った雪に深くくいこませて、末端からじりじり体をすり上げた。小さい手がかりも見のがさずにすがりつき、膝と肩と腕のあらゆる力をしぼり出して、雪庇が岩からはなれ落ちないようにとひたすら念じつつ、文字通りアイゼンのチムニー登りでこのクラックを登った。これはえらい難場で、登高はおそかったが、確実にすすみ、テンジンがザイルをゆるめるにしたがってじりじりとのし上り、ついに岩のてっぺんへ登りついて、クラックからぬけ出すと、そこは広い岩棚になっていた。ほんの僅かの間、私は身を横たえて息をととのえた。そして、頂上をきわめようとするわれわれをはばむものは、もう何もないという固い決意をはじめて強く感じた。岩棚にしっかり身を構え、テンジンに登ってくるよう合図した。ザイルをたぐり上げると、テンジンもえらい苦しみでこのクラックを登り、上へ着いたときは、ちょうど大魚が激闘の末、海からひき上げられたときのように、精力を使いはたしていた。

私はここで二人の酸素補給器をしらべ、消費量をだいたい計算した。万事が具合よくいっているように思われた。酸素補給器のわずらわしさによるのだろうか、テンジンの速度はやや遅かったが、登攀は確実で、これが最もたいせつなことだった。私が体の調子をきくと、彼はだまってにっこり笑い、手を振って答えるだけであった。われわれは一分間三リットルの酸素で、きわめて調子がよかったから、もっと使用時間をもたせる必要があれば、一分間二リットルにきりつめてもよいと決意した。

山稜はいぜんとして続いた。右手は巨大な雪庇、左手は急な岩の斜面だった。私はせまい雪のところを、ステップを切って進んだ。山稜は右へゆるくまがって、どこが頂上だかわからなかった。一つの隆起をまきおわると、さらに高い隆起が行手をはばむ。時間は過ぎ、山稜はいつ果てるとも知れなかった。一カ所、山稜の傾斜が比較的ゆるいところで、私は時間が惜しいので、ステップを切らず、アイゼンだけで登ろうとしたが、こんな箇所のこんな急斜面では、危険であるとすぐさとって、再びステップを切りつづけた。私はようやく疲労をおぼえはじめた。二時間というもの、ひっきりなしにステップを切ったからだ。テンジンもまた動きが非常におそくなった。さらに新たな隆起をまいて、ステップを切りながら、いつまでこれを続けたらいいのかと、まったくうんざりした気持に襲われ、最初いだいた晴れやかな気分は、冷酷そのものの死闘にかわっていた。その時、ふと前方に気をつけると、今までひたすら高まってきたこの山稜が急に切れおちて、はるか下にノース・コルとロンブック氷河が見えた。そして頭上を見ると、一本の細い雪稜が雪の頂にむかって走っていた。われわれはこの堅雪に、さらに幾度かピッケルを振って、ついに頂上に立ったのである。

真っ先に私がいだいた感想は、もはやステップを切ったり、山稜を乗りこえる必要もなく、頂上近しと見せては、われわれをじらした隆起も、もうないという安心の感情であった。テンジンを見ると、帽子《バラクラバ》も眼鏡も酸素マスクも、すっかり氷柱《つらら》が下って彼の顔をかくしていたが、あたりを見廻しながら心の底からわき起る喜びに相好をくずしていた。

われわれは手を握り合い、テンジンは両腕を私の肩にまきつけ、息の根がとまるほどお互いの背中をたたき合った。時刻はちょうど午前一一時三〇分。山稜を登りきるのに二時間半を要したわけだが、私にはそれが一生涯のように永く感じられた。私は酸素の栓を止めて器具をはずした。それから、凍りつくのを防ぐために、懐にだいてきたカラー・フィルムの入ったカメラをとり出して写しにかかり、まずテンジンがピッケルに、一つにつないだ国連旗、イギリス、ネパール、インドの国旗を振っているところを撮った。ついで、われわれの眼下の四周に横たわる雄大な景観に注意をむけた。東隣の巨峰マカルーは、まだ踏査もされてないし、もちろん登られてない。私はエベレストの頂上にいてさえ、はたしてマカルーには登頂可能なルートがあるだろうかと、登山者の本能にかられてしばらくこの山をながめていた。はるかかなたの雲上には、カンチェンジュンガの大山群が霞んで見えた。西方には一九五二年以来、われわれの好敵手であったチョー・オユーが視界を占め、その向うには、ネパールの膨大な未踏の山脈が延々と連っていた。私は北山稜を見下して、一九二〇年代、一九三〇年代のあの偉大な登山者たちが悪戦苦闘を重ねた、有名な北側のルートとノース・コルを写真にとることが一番たいせつなことだと思った。不便な手袋にカメラをしっかりもっていることは、ひどく骨だったので、あまりよくとれているとは思わなかったが、少なくも、記録として役だつだろうと思った。一〇分間くらいすると、指はぎごちなく、動作は緩慢になったので、急いで酸素補給器をつけ、数リットルの酸素を吸い込んで元気を回復した。こうしている間に、テンジンは雪の中に小さな穴を掘り、その中に小さいいろいろな食べ物——チョコレート一枚、ビスケット一包、甘玉一つまみ——を入れた。それはまことにささやかな供物ではあったが、しかし、あらゆる熱心な仏教徒によって、この高い頂に住むと信じられている神々への捧げ物にちがいなかった。二日前、まだサウス・コルにいた時、ハントは私にキリスト像がついている小さな十字架一個をわたし、頂上へゆくときもっていってくれといった。私は同じような雪の穴をつくり、その十字架をテンジンの供物にならべてうずめた。

私はもう一度、二人の酸素補給器を点検し、酸素の残量をしらべた。われわれはサウス・ピークの下で生命を救う、とっときの酸素に達するため、なるべく早く出発しなければならなかった。そこで一五分後には、頂上を後にすることにした。マロリーとアービンがのこした物がないかと探したが、何も見つからなかった。反応がおこりはじめたので、二人共すこし疲労をおぼえたから、すみやかに山を下らねばならない。私は登りのステップをつたって、頂から下った。時間をきりつめ、残り少ない酸素にせきたてられて、われわれはアイゼンをきかせて往路をたどった。雪の隆起を次々にすばやく越えた。ほとんど奇蹟のように早く下って、登りに苦労した岩壁の頂に達した。知っているという気安さで、そのクラックに入って、一歩一歩降りきった。われわれは疲れたが、気にかけるほどではなかった。用心して、岩場のトラバースをおわり、不安定な雪の箇所では、かならず一人が確保し、最後にわれわれが刻んだステップを登ってサウス・ピークに帰り着いた。

頂上から僅か一時間！　ここで甘いレモネードをぐっと飲んで元気を回復し、また下って行った。これから下ろうとする大きな雪のスロープは、今までの長い登降の間、たえずわれわれの不安となっていた。先頭になって下った私は、あらゆるステップに、われわれの生命がかけられているような思いで、一歩一歩細心の注意を払った。直下二七五〇メートルのカンシュン氷河を見下すと、何も支えられるもののない恐怖感におそわれて、思わず足先に全神経を集中するのだった。そして一歩下るごとに、一歩安全に近づくような気がした。このスロープを下りきって岩場へ達した時、二人は互いに顔を見合わせ、この日一日中、われわれにまつわりついていた恐怖感を払い落したような気持になった。

二人ともすでに非常に疲れてきたが、期せずしてここに残してあった二本の酸素瓶《ボンベ》の場所へ足をはこんだ。キャンプまではもうすぐで、われわれの酸素もまだ数リットルは残っていたから、この二本の酸素瓶をもってすこし下り、不安定な台地のテントに到着したのは午後二時であった。午後のかなり強い風がテントをねじり、その支えが多少ゆるんで、あわれな姿になっていた。われわれは、これからまだサウス・コルまで下らねばならなかった。テンジンがパラフィン・ストーブに火をつけ、うんと砂糖を入れたレモネードを作っている間、私は酸素瓶を最後の使いかけの瓶にとりかえ、流出量を一分間二リットルに切り下げた。このキャンプで、酸素を吸わずに元気いっぱい働いた昨日に比べると、今のわれわれは、非常に衰弱していた。はるか下方のサウス・コルに小さな人影が見え、ロウも、われわれの下降を心まちに待っているだろうと思った。サウス・コルには余分の寝袋や空気マットレスがないので、ここにある二人の分を、酸素補給器の上にしょった。それから、よい泊り場となってくれたこのキャンプに名残りを惜しんで、重い足を引きずりながら山稜の下降にとりかかった。

われわれは感覚を失ったように感じ、時は夢の中でのように過ぎたが、ついにスイス隊のキャンプの跡につき、最後の下降である大クーロアールにさしかかった。しかし驚いたことに、厄介なことがわれわれの前にあらわれた。登攀時の後半に吹きはじめた強風のため、登りに刻んだステップは跡形もなく消え失せ、堅い急峻な凍ったスロープが眼の前にたれ下っていたのだ。他にルートの求めようもなく、再びステップを切らねばならなかった。私は不平を言いながら、くたくたになって六〇メートルばかりステップを切った。この時、うなりをたてて山稜を吹き下ろす烈風が、われわれをステップから吹き倒しそうになった。今度はテンジンが先頭になって、さらに一〇〇ばかりのステップを切った。そしてだんだん柔らかい雪に移って、クーロアールの底のすこし緩くなったスロープを、キック・ステップで下った。それからわれわれは、アイゼンをきかせ、サウス・コル上部の長いスロープを疲労困憊しておりていった。

一人の仲間がわれわれの方へやってきて、キャンプの六〇メートルほど上で一緒になった。ロウが熱いスープと新しい酸素をもってやってきたのだ。

われわれはあまりに疲れていたので、ロウが熱心に登頂の話を聞くのに、何も返事ができなかった。重い足を引きずってコルへ下り、キャンプのわずかな上りをゆっくりと歩いた。ちょうどテントのすぐ近くで、われわれの酸素はつきた。頂上を極めるに不足はなかったが、けっして多すぎることはなかった。われわれはテントにもぐりこみ、心の底から喜びの溜息をはいて寝袋の中へ崩れ折れたが、外にはいぜんとしてサウス・コル特有の烈風が吹き、テントをばたつかせていた。サウス・コル最後の夜のこの晩も、まったく休息を与えられないものだった。ひどい寒さのため、深い安眠などはむろんできず、登頂の興奮でわれわれの頭はさえきって、緊張した場面を思い出しては、歯の根をがたがたさせながら、お互いにささやき合って、夜の半ば以上を眼ざめていた。翌早朝、われわれはだれも非常に弱っていたので迅速ではなかったが、はっきり出発の準備にとりかかった。

サウス・コルから登りになる六〇メートルのスロープは、非常な労苦であり、さらに第七キャンプへの長いトラバースにかかってからでも、うんと歩調をおとし、なんども休みをとらねばならなかった。ローツェ氷河の上部は、今のわれわれに非常に急峻に見え、第七キャンプへ向って氷に刻まれたステップを下っていた時は、もう休みたい一心にかられていた。キャンプから三〇メートルのところに来たとき、嬉々とした叫び声が起って、ワイリーと数人のシェルパが出てきた。みんなは、非常に元気で丈夫そうに見えたが、異口同音に質問を浴びせた。彼らは熱い飲み物をわれわれの手に握らせながら、登頂事実を知って驚喜した。体の疲労はなおらなかったが、頭だけはすっきりして、ローツェ氷河を下り続けた。

第四キャンプに近づいたとき、小さい人影がテントから出てゆっくり登ってくるのが見えた。われわれは何も合図をせず、疲れきった足どりで彼らの方へ下っていった。五〇メートルの間隔に接近した時、突然ロウが声高らかに登頂の合図をし、エベレストの頂の方角へピッケルを振り上げた。すると場面は、がぜん歓喜の様相にうってかわり、仲間は疲れを忘れてかけ上ってきた。われわれがいくぶん感動的にみんなと挨拶を交した時ほど、この全遠征を通じて、決定的な要素であった友情と協力を、ひしひしと感じたことはなかった。

混沌たるアイスフォールでの努力が、ウェスタン・クームの雪の地獄の苦しいあがきが、ローツェ・フェースの困難な氷雪登攀が、サウス・コルでの神経がすりへるような苦痛が、今や完全に報いられたこと、そしてわれわれが頂上に達したことを、彼らに語り得るとはなんたる感激であったろう。

剛毅《ごうき》果敢な隊長の、疲労のあらわれた顔に晴々した歓喜の色がひろがっていくのを見ただけで、私の心は十分に報われたのだった。

第六部　山を下って

帰還

アドバンス・ベースで登頂隊の結果を待った日は、なんとしても落ちつけない一日だった。天気はまったくすばらしく、一片の雲もなかったが、サウス・コルにはあきらかにすこし風がたっていたようだ。われわれは、終日ローツェ・フェースを注視し、第七キャンプから登っていくノイスと三人のシェルパを見守っていた。——先頭にいた彼は、画期的な彼の最初の登攀のときより、ずっと速度が遅かった。

ローツェ氷河の頂で一人が落伍し、すぐ後で、残りの三人のうちの一人があと戻りして、初めの落伍者と一緒になるのが見えた。だから前進を続けたのは二人だけで、落伍した二人は、第七キャンプへ下り始めた。ヒラリーにとって連中が増援隊にせよ、救助隊にせよ、大して役だつ助けになるとは思えなかった。そうこうしている間に、三人の者がコルから下りはじめ、前の二人の隊と共に第七キャンプに下り着いた。それは非常に好奇心を呼び起し、ここからでは見えない登頂隊のようすを、あまり心配することがないようになった。それからしばらくたつと、五人を下らない人数が、第七キャンプからあらわれ、クームへ下ってきた。この中にはノイスの援護隊から落伍した二人が入っているに相違ない。これらの行動はすべて、われわれの臆測をあれこれと起させるのに十分であった。

その午後、グレゴリーと四人のシェルパ——アン・ニマ、病気のためサウス・コルから下ったペンバ、ノイスの隊の三人のうちの二人であるアン・ドルジとプウ・ドルジ——が帰着したとき、登攀の結果についてある見通しを得ることができた。グレゴリーがもたらした知らせは、まさにすばらしいもので、彼は前日、第九キャンプを設置した顚末を語り、さらに彼はこの日の午前九時に、ちょうど三日前サウス・ピークの最後の雪の斜面を登っているボーディロンとエバンズを見たその位置に、ヒラリーとテンジンの姿を見たという、最も新しい大ニュースを付け加えた。ノイスが見ていた限り、二人は好調に登りつづけていたそうだ。このニュース、とくに二人が見えた時間から判断すると、十分登頂を期待してよいと思われたので、われわれは辛抱強く夕方まで待機した。その頃には、ノイスと私がかねて手配したなんらかの信号が見られると思ったからだ。私はさきにコルからの帰路、第七キャンプで、ノイスと、サウス・コルから登頂成否の結果を下に知らせるにはどんな方法がいいだろうか、と相談した。その方法として、われわれがきめたのは、アドバンス・ベースからよく見えるコルの末端の適当な雪面に、寝袋を置くことだった。寝袋一個を置いた時は、登頂隊が不成功に終ったことを、寝袋二個を縦にならべた時はサウス・サミットの第二回登頂を、二つの寝袋をT字型に直角においた時は登頂完成の意味をあらわすようにきめたのである。

だから、この時のわれわれの感情がどんなだったか想像がつくと思うのだが、夕暮になると淡い霧がクームから立ち昇り、サウス・コル下方の斜面をつつんだ。われわれは眼を皿のようにして、雲の薄い切れ目から雪の斜面を模索したが、なんら信号らしいものは見えなかった。太陽はプモリの背後に沈んだ。その後は、いくら辛抱強いノイスでも、もうコルのテントの外に出ていることはあるまいと思った。気がかりな状態がつづいた。

成功であってくれればいい。よもや失敗ではあるまいと思いながら、われわれは翌日も待った。過ぐる一〇日間、アイスフォールで見上げた仕事をやり終えたウェストマコットが、前夜上ってきた。彼の報告によれば、後日われわれ自身もまざまざと見せつけられたように、氷の状態は急激に変化をうけ、そのため彼はこの人目につかぬ危険な、しかもたいせつな作業に休みなく従事せねばならなかった。第二次の攻撃に参加している者と、第七キャンプでサポートの任についているワイリーをのぞき、翌日モリスがシェルパ二名をつれて第三キャンプからクームへ上って来たとき、全隊員がここに集った。全員は何か知らせがないかと、そればかり待ちこがれ、平静を装うことさえ困難であった。

九時頃、五人の人影がジェネバ・スパーの岩蔭からあらわれ、クーロアールに移るのが見えた。救助信号はもう不要になった。攻撃隊は一人も欠けてなく全員無事だ。彼らの歩みはのろいが、苦しんでいるような者は一人も見られなかった。ヒラリー、テンジン、ロウ、ノイス、パサン・プタールは下降路についていたのだ。われわれがなし得るすべては、ただ待つことだけだ。彼らが続けてきた努力がどれほどだったかを思えば、待たされたとは言えないのだ。第七キャンプにかくれた直後、その中の三人はまた姿を現わし、ローツェ・フェースの最後の下降についた。ストバートはシェルパの一人を連れて第五キャンプへむかった。彼は結果がどうであろうと、帰還パーティを一刻も早くフィルムにおさめたいと思っていたからだ。

午後二時、ちょうどインド無電のニュース放送がわれわれの失敗を報じたすぐ後で、五人の人影がキャンプ上方五〇〇メートルの浅いくぼみの頂にあらわれた。とみるや、仲間の何人かが飛び出した。ウェストマコットと私が先頭になった。シェルパ達も、われわれと同様結果を知りたがって、ドーム・テントの外側に集まってきた。しかし下ってくる連中は、なんら合図もせず、いかにも落胆したようにとぼとぼ下って来て、挨拶の手振りさえしなかった。私の心は沈んだ。がっかりした私は、この路を登って行くのさえ苦労だった。足は鉛のように重かった。登頂は失敗だったにちがいない。それなら第三次、つまり最後の攻撃を考えねばならない。

その時、突然パーティの先頭にいたロウが、ピッケルを振り上げ、正しくはるか高いエベレストの頂をさしながら、力強く数回打ち振った。うしろに従ったあとの隊員も、同じように明瞭な合図をした。失敗ではない、成功なのだ！　彼らはついに登頂したのだ‼　私は歩調を早めながら、わきあがる喜びを抑えることができなかった。――私は走ろうとしても力が入らず、ウェストマコットが先になった。誰も彼も、みんなテントから飛び出して、歓呼の叫びをあげた。われにかえると、私は彼らと共にいて、二人の勝利者と握手していた。いや――恥しいながら――彼らをだきしめていた。とくにテンジンには、心から握手をした。この勝利は、彼自身にとっての勝利であると共に、彼と同じ民族にとっての勝利でもあった。

にぎやかな話声につつまれて、彼らをテントまで送り込むと、シェルパ達もにこにこ笑いながらまるく集まり、うやうやしくヒラリーに手をさしのべて握手し、また彼らの偉大なリーダーであるテンジンを、尊敬をもって迎えた。一同は登頂の偉大な物語を聞こうと、メス・テントの中へ入った。オムレツをぱくつき、大好物のレモネードを飲みながら、ヒラリーは五月二八、二九日にわたる登頂の模様を、ありありと、しかも簡潔に述べた。一方、モリスはこの大きな出来事を全世界に伝えるため、手帳をひらいて記録をとっていた。このとき彼は、この輝かしいニュースをエリザベス女王戴冠式に、かならず間に合わしてみせる、と思っていたに違いない。それは、モリスが新聞記者として最もはりきっていたと同時に、彼の使命の最高潮に達した時でもあった。時を移さず彼はクームを下っていった。ウェストマコットは、モリスに付き添って、その夜ベース・キャンプまで無事に彼を送りとどけた。

この忘れられぬ午後、それからすこしたって、私はノイス、ワイリー、パサン・プタールの三人を迎えに出かけた。彼らもまたすばらしい仕事を成し遂げたのだ。ノイスとパサン・プタールは、サウス・コルへ二回も登った。二回目の登高時には、この二人は仲間のシェルパ二名が落伍したところ、つまり第七キャンプとコルとのほぼ真ん中から二二・六キロ以上の荷をかついで登ったのだ。またノイスとワイリーは、酸素を用いずにサウス・コルまで登った唯二人の登攀隊員であり、しかも彼らは、シェルパより重い荷をかついだ。ワイリーは五月二二日、酸素なしで最後の約一五〇〇メートルを登ったし、ノイスは五月二八日、酸素が空になってから約四〇〇メートルを登ったに相違ない。

私はノイスに、例の信号のことを聞くと、たしかに信号を行なったという。彼がサウス・コルへたどり着いたのは、ヒラリーとテンジンが南東山稜から帰還する一、二時間前だったが、ノイスはなんのことかと戸惑いしているパサン・プタールに、二個の寝袋を持たせてジェネバ・スパーの頂へ連れていった。こんなおそい時間に、しかもコルへ着いてすぐ出て行き、たしかに外で寝ることにしているとは、ずいぶん変ったサーブだとパサンは思ったことだろう。ノイスが、ここなら下からもよく見えると思った斜面に来た時、彼は寝袋をT字型におき、自分でその一つに横になり――風が強かったので、寝袋が吹きとばされないように――パサンにも同じように横になれと命じた時は、このシェルパの驚きはいっそう深まったようだ。何も知らないパサンは、ずいぶん大胆なことをやるものだと思ったらしい。そこで彼らは寝袋の中へは入らなかった。ノイスはこうやって下方の仲間に、この偉大な知らせを伝える最善を尽したいと思い、太陽がプモリの背後に沈んだ後一〇分間も寒さにふるえながらそこに留っていた。そして、この苦しい仕事も完了したと思い二人はテントへ戻った。

夕食後、われわれはラムをとり出し、この遠征のパトロンであられた、エジンバラ公のために乾杯した。殿下は非常な興味と関心をもって、われわれの行動に注意しておられた。われわれはまた、今日の成功に他のだれよりも貢献したエリック・シプトンのために乾杯した。

その夜われわれの心には期せずして今までのエベレスト登山者のことが思い浮んだ。彼らの苦闘が、彼らの技倆と勇気が、そして登頂に寄与したあらゆることが、あらためて脳裡《のうり》を去来した。この長年にわたる苦闘が、輝かしい勝利に終末を遂げたことを知って、彼らも定めし言い知れぬ喜びにひたっているであろう。私はまたあらためて、テントの中のわれわれの仲間を見まわした。彼らは仕事を完遂し、みんなすっかりくつろいで、いかにも幸福そうに見えた。彼らこそ、その幸福感をうけるに値するのだ。そしてテンジンとヒラリーが打ちたてたあの光輝ある偉業は、彼らの一人一人がみんな同じように担っているのだ！　私はこの仲間たちに測りしれぬ誇りを感じた。

登山が完了した今となっては、撤収に時日を空費すべきではなかった。われわれは、ここよりもっと快適な下界へ下りたい強い衝動を感じ、一方クームには今月いっぱい分の糧食しか上げてなかったので、食糧や燃料の手持ちが非常に減ってきた。しかし、まだ使用にたえる登山装備品はできるだけ持ちかえりたいと思い、第三キャンプへ荷物を下げる隊と共に、ワイリーをクームに残すようにした。昨日第七キャンプから下ったパーティは、そこのテントやストーブをおろし、バンドが率いるシェルパの一隊は、第五キャンプへ行って、その残品を引きおろした。あとの者は五月三一日、ベース・キャンプへ向って下降を開始した。

このエベレストの撤収には、だれも思いをのこすことはなかった。ウェスタン・クームもクーンブ・アイスフォールも、もはや仕事を終えたわれわれを幻惑することなく、また事実、過去一四日間の強い日射でクームの美しさはそこなわれ、雪は激減して凹凸ができていた。雪面は風にはこばれた塵埃できたなくよごれ、もう一度、雪の衣をつけたほうがよかったくらいだ。第三キャンプは空箱や缶詰の空缶やいろんな屑がちらかってごったかえしており、にぎわったスキーの盛場を初夏に訪れると、ぶつかる風景を思い出した。もっと下って、アイスフォールへ来ると、ひどい変化があらわれ、前の登路は跡形もなくなって、ちょうど砂糖菓子のようにとけかけていた。あとになって、あまり重要でなくなった第二キャンプ地では、テントの台地に小さいクレバスがあき、そこも同様にごみ屑でよごれていた。元来が、非常に不安定な「原爆地帯」では、最初の頃とはまったく変ったところに、新しい登路ができて、もしわれわれがもっと長く山に滞在したら、次にはどんなことが起ったろうかと、不安に襲われたほどだ。ベース・キャンプと第五キャンプの間にたてられた数多くの標旗は、一本も満足にたっているものはなく、みんなクレバスの底や雪がとけてできた深い溝に倒れていた。それはエベレストが、われわれの侵入がいかにはかないものであったかを、われわれが去るにあたって、まざまざと見せつけているようなものであった。

私はグレゴリー、アン・ノルブ、バルの三人と一緒に歩いていたが、グレゴリーと私は、サウス・コル以上の登高の影響がなおりきらず、まだ非常に衰弱していた。「地獄横丁」の急な場所を下っていた時、二度もスリップし、アン・ノルブのザイルに支えられたことは、私の疲労が回復していない証拠だった。その下では、付近のようすがまったく変ったので、すっかりまごついた。前には一面に氷が張りつめていたところが、大きな川になって、氷塔の間を水が流れていたからだ。他の連中もわれわれの隊と同じようにまごついた。その日おそく、非常に疲れてベースに帰着したが、もう上へ登る必要がないと思った時、心の重荷はすっかりとれた。

なんども荷物引きおろしの輸送をくりかえして、全員がベース・キャンプに集結したのは、六月二日の午後だった。ウェストマコットは、最後の隊を率い、最終の荷下しを行なうワイリーの隊を支援するため、二日の朝第三キャンプへ登った。他の者を休息させ、しかも危険な箇所は、かならずシェルパだけで歩かせないという原則を最後まで守り通した、このウェストマコットの行為は、模範的な没我の精神によるものだった。彼の名前は、クーンブ・アイスフォールを思う時、永く忘れることができないだろう。この偵察に際しては、第一線に活躍し、準備期間は輸送隊をひきいて何度も往復し、攻撃敢行期間にはその補修を続行したのである。

夕食のあとで、メス・テントのわれわれは、戴冠式のニュースを聴こうと無電機をひねった。バンドがオール・インディア・ラジオに波長をあわせると、ニュースの第二番目に、『昨夜ロンドンを驚喜させたすばらしいニュースは、イギリスの遠征隊がエベレストに登頂したことであります……』というアナウンサーの声が聞えてきた。われわれは皆、唖然とした。今カトマンズへ向っているモリスが、クームでわれわれと別れる時、登頂のニュースをできるだけ早く本国へつたえると確信をもっていったが、今から二四時間も前に、それが故国に届いていたとは、だれも夢想だにしなかった。戴冠式の時までにエベレストに登頂したいとは、もとより私のひそかな望みであったが、時がたつにつれて、この希望はだんだん望み薄になり、この空前の盛事のあと、できるだけ早く登頂の知らせを送ればいいが、と思うようになったのだった。

沸き上る感激と喜悦をおさえきれず、われわれはその先を聴きつづけた。女王と首相とが、われわれ宛の祝電をカトマンズのイギリス大使へ打電されたこと、登頂のニュースが、戴冠式の沿道のラウドスピーカーでいっせいに伝えられたこと、群衆が驚喜したことなどがききとれた。それはまるで夢のようだった。このことが、どれほど大きな意味をもっているのか、われわれにはとても十分にはわかっていなかったのだが、一晩にこれだけ聞ければ十分満足だった。ラムの瓶がとり出され、二度目のお祝いの宴がはられて、いろいろなことがつづいた。シェルパ達も、この祝宴の仲間入りをした。われわれは場所が十分でないので、下にじかに坐ったり、食糧箱に腰かけたままでもかまわぬとのお許しがあったものとして、女王のために杯をあげた。一人の飛脚が至急通信をナムチェへ届けるよう派遣された。そこからインド無線局のはからいで、カトマンズへ打電される。それは女王と首相宛のお礼の電信であった。私はまたヒマラヤ委員会へ、テンジンとヒラリーをイギリスへ連れて行きたい――ロウはすでに行くことを計画した旨の打電を託した。同時に、もしできるなら、われわれは全員一緒に飛行機で帰国するのを許してもらいたい旨を付け加えた。成功の余映に呆然とし、芳醇なラムに陶然となって、その夜おそくなって、ふらふらした足どりで自分たちのテントへ戻った。

テンジンはすでにクーリーを集めに下っていたので、翌朝彼らが上ってきたとき、われわれはベース・キャンプに別れをつげ、氷河を下った。そして、いまや氷と岩の死の世界からぬけ出し、生命を与える大地に近づこうとしていた。

ロブジェにつくと、無電でさらにうれしいニュースをきいた。一つはヒマラヤ委員会の委員長であるサー・エドウィン・ハーバートからの寛容なメッセージであり、他の一つは妻からの私にとってはとくにうれしい祝電であった。われわれは軽い気持で、例の二インチ臼砲のことを思い出した。それは登路を切りひらく際には使用されなかったけれども、それにふさわしい仕事にありついたようだ。

祝砲を鳴らすことになったからだ。われわれには、インド軍からもらった砲弾が一二あったので、交代にそれをうちあげて、みんなで喜びあった。それから、これも不要になったライフル銃をとり出し、臼砲の予備雷管を標的にして射った。シェルパの何人かもこの射撃をした。暗くなると、シェルパの男女がみな喜びにあふれて踊りをはじめ、それが夜明けまでつづいた。彼らは手をつなぎあって一端には男、一端には女の長い一列を作り、耳なれぬメランコリイな歌をうたいながら、複雑なリズムにあわせて足をふみならした。二、三の隊員が、その仲間に入りこみ、同じような動作に打ち興じた。踊りのとぎれた時は、われわれが『アンクル・トム・コブリイ』や『イルクリイ・ムーア』や『ジョン・ブラウンス・ボディ』などの合唱をやった。

翌日、ロブジェの下ですっかり水嵩をましたロブジェ・コーラを渉らねばならなかったが、ある者は相当川幅の広いところを渉った。ここで一番最後の小さいグレゴリーは、例によってカメラや軽便な計器をクリスマスツリーのようにたくさん身につけていたが、途中まで苦労して徒渉すると、体のバランスを失って泡立つ水にはまりこみそうになった。向う岸へ着いていた一番背の高い、がっしりしているボーディロンに、助けを求めた。だがボーディロンはグレゴリーの窮状に同情も示さず、『僕はいやだ。たった今靴をはいちまったところだもの』と冷淡にいった。幸運にも彼の隊長はあたたかい心の持主で、靴のまま流れに入り、こまっているグレゴリーに救いの手を貸した。

遠征隊がチアンボチェの最初の根拠地に帰り着いたのは、六月四日だった。われわれはまたラマ僧に敬意を表しに行き、僧院の屋根を修理するための喜捨ができたのはうれしかった。約束の舞踊がその晩催されることになっていたので、指定の時間に僧院へ行くと、ようやく夕闇のせまった中庭を見おろす廻廊《かいろう》にすわらせられた。長いこと待つと、法螺貝《ほらがい》が吹き鳴らされ、ついでグロテスクな恰好の人間が、内院の階段を下りてきた。踊りをおどる僧は、色さまざまな衣をまとい、おそろしく醜悪な面をかぶって、奇妙な品位のない恰好で、中庭の中央にたてられた祈禱旗の周りをまわりながら踊った。他の僧は、角笛や鐃鈸《にょうはち》で、いとも原始的な音楽を奏した。それは珍妙な、時には笑いを催すものだったが、美しいものではなく、長時間続いた。私は僧院にいた時、歳とった僧院長に、エベレストに登ったことを話した。彼は明らかにそれを信じなかったが、この疑惑を払いおとすことはできそうもなかった。しかし彼の持前の丁重さからあからさまにそのことは語らずに、われわれが別れる時に、『チョモルンマの頂に接近した』といって愛想よく祝ってくれた。

チアンボチェにいた間、最初の電信がインド無線の中継で届いた。また別な肝要な仕事が登頂の使命が終ったと共に待ち受けているのに気づいた。多くの電信の中で、いちばん心をうたれたのはエジンバラ公からのであり、とくに喜んだのはナムチェの無線局の親切な役人ので、『アドベンチュアの王を征服したすばらしい勝利』を祝うとかいてあった。

翌日、私とグレゴリーとボーディロンの先発隊は、チアンボチェを発して、できるだけ早くカトマンズへ着くことになった。カトマンズではなすべきことがたくさんあると思ったからだ。ヒラリーに託された本隊は、クーリーが集められればすぐ出発することになったが、土民がみんな畑仕事に忙しいこの季節に、それは容易なことではなかった。チアンボチェを出発するとき、エバンズはわれわれと別れた。彼は前から、秋までネパールに頑張る計画をもっており、われわれと一緒に帰って大衆の歓呼に答えたい気持にかられてはいたけれども、やはり心にきめた計画を実行する決心をした。彼の仕事は、エベレスト地域の地図作成のためのデータをさらに集めることで、このため数日間の予定で、われわれがエベレストへ入る前、トレーニングをやった谷々へ戻っていった。アヌルウとダ・テンシンがエバンズと共に残った。

われわれの出発ははなはだ都合が悪かった。酒を飲んで愉快にさわぐこと以上に、シェルパが喜ぶことはないし、そんな機会はこれからすぐ訪れるからだ。第一、酒をのむには、エベレストに登ったということとほど、いいきっかけはない。シェルパ達は、谷を下ってまず最初の部落に着いた時から、すぐ浮かれだした。こんなありさまだったので、彼らの故郷のナムチェ・バザールをぬけ出すのは、なかなか骨が折れた。六月五日、シェルパやクーリーは、われわれをさんざん待たした揚句、追いついたときは、ついにみんな酔っぱらいの状態になっていた。時がたつにつれて、シェルパの酩酊はますます度が進み、やむなく三人の待ちくたびれた『サーブ』は、ほかのシェルパよりまだかなり頭のしっかりしていたダワ・トンデュプ一人をつれてこの村を立ち去った。われわれはひどく先を急いだので――帰還の旅を二つに分けたのもそのためだ――これらのさわぎに思いやりの心を注ぐ余裕がなかったのだ。もう一度この酩酊した連中に会えるとは思わなかったので、私はワイリーに至急便を発して、だれかしっかりしたシェルパを一名、全速力でわれわれに追いつくよう出発させてほしいといってやった。

後できくとこの結果は、次のようになった。ワイリーは静かで頑丈な体格のペンバを選び、早く行けるように小馬をやとってやった。そして、ペンバはワイリーから私宛の至急便をもっていた。翌日、本隊がナムチェへ近づくと、路上であわれな出来事にぶつかった。道ばたに坐ってねじったくるぶしをさすっているのは、ほかでもない酒に酔ってどろんとした眼つきのペンバであり、もう一人のシェルパが道に大の字になって酔いつぶれていた。小馬の姿は見えない。ペンバからアルコールの酔いがまわる前に託されていた任務に忠実な、この倒れた方のシェルパは、むっくと起き上り、ワイリーが昨夜私にあてた至急便をいともうやうやしくワイリー自身に手渡しながら『非常に重大な手紙です、サーブ』といった。

ズード・コーシの流れにそって下ると雨が降りはじめ、先発隊が帰路を急いだ数日間は、毎日、だいたい雨降りだった。道はあきあきするほど長く、深い執拗《しつよう》な霧とたえ間ない雨になやまされながら、なんども大きな尾根を乗り越えた。われわれはしばしば二枚の防雨外套で、簡単な覆いを作りそこに泊った。また、水蛭と雨を避けるため、シェルパの家に一夜の宿を乞い、石と材木の家の二階で、ここちのよい夜を過したことも多かった。進むにしたがい、高所での衰弱は急速に回復し、食慾がしだいに旺盛となった。アン・テンバと共に、再びわれわれのところへ帰ってきたパサン・ダワが料理人で、米、卵、時には鶏肉を食わしてくれたし、残り少ない攻撃用食糧から――「コムポー」はもうずっと前になくなった――ペミカンだのビスケットだのジャム、コーヒー、紅茶などが添えられた。また川に飛び込んで三月ぶりで体をすっかりきれいにした。いつも日暮まで歩いて、二日行程を飛ばし、翌日はまた太陽が出るとすぐ動きはじめた。毎晩われわれは、実に幸福なねむりをむさぼったが、長い間薬に助けられてねむったあとで、これは非常な喜びであった。

モンスーンの雲が、いつも遠望をさまたげたけれども、ときどき雲の切れ目から、信じられないような高く遠いところに、この世のものとも思われぬ高い山々の姿が垣間見られた時は、心のときめきを禁じ得なかった。そしてまたわれわれは、まだ高度四二七〇メートルないし三〇〇〇メートルの地域を行進した初めの数日間は、すぐ近くの風物に、ことのほか喜びを感じたのである。山へ向った時は、道筋の土地がまだ冬枯れていたが、今は緑につつまれていた。道の両側には、紫の蘭、赤や黄のつつじ、橙黄色《とうこうしょく》や淡紅色のシャクナゲの花が点綴《てんてい》し、実をつけた野いちごが一面地をおおっていた。

それからわれわれの国ではとうてい見られない、珍しい鳥を見たこともあった。背中が黄で尾が真っ赤な蜂雀が、調子高くさえずりながらシャクナゲの花の茂みを飛んでいる夢のような光景は、だれの心にも忘れられぬ印象を残したであろう。空を流れる雲は例外なしに北の方角をさし、どっしりと雨気をふくんであとからあとからつづき、いかにも重々しげに見えた。

ズード・コシの流れを離れて、広い山肌を登ろうとした直前、われわれはふと頭上に飛行機の爆音をきき、ついで雲の切れ目にその銀翼をとらえた。北のほう、エベレストへ向うその飛行機は、われわれの登った跡でも求めに行くのかも知れぬと思った。後日、カトマンズで、これはインド空軍が航空写真をとるため派遣したものだとわかったが、司令官は、飛行機の爆音が雪崩を誘発したり、あるいは登山に何か他の妨害をあたえるのを顧慮して、われわれ一行が無事山から撤収しおわるまで、賢明にもその飛翔を許さなかったことも知った。

帰り路の飛脚と日々出っくわし、そのつど、たくさんの電信や最初のお祝いの手紙をうけとった。われわれの成功が、全世界に与えた反響が、こんなに強いとは信じられなかった。丘陵地帯の炎暑の中を、疲れたわれわれ先発隊は、いぜん全速力をもって飛ばし、チアンボチェを立って九日目、六月一三日の夕刻にカトマンズに到着した。イギリス大使のクリストファ・サマヘイズは、心から一行を迎えた。この瞬間を、われわれはかねてから心に浮べていたのだった。

＊

本隊は、数量約一〇〇梱に上る遠征隊の残りの荷物をもっていたため、われわれよりずっとおそい速度で進んだ。彼らもまたナムチェの村を通りぬけるには、たいへん難儀をしたが、それはチャンやロクシ（共に地酒）のためばかりでなく、家庭ではえらい権力がある、シェルパの母親達のためでもあった。エバンズと山に残ったダ・テンシンの息子で、ピュウ博士の熱心な助手をつとめた若いミンマは、一行にくっついて行き、クーンブよりももっと広い世界を見たいと心にきめていた。しかし彼の母親は、おのずからほかのことを考えた。一行がナムチェを出発しようとした早朝、この母親はその場へやってきて、息子を連れて行こうとする連中に罵声をあびせた。『お前方は私の主人を連れていったくせに、今息子までまた私から奪おうとするのかい。ミンマ、行くのはおよし！』。それで一四歳の若いミンマは、不承不承彼の家へ連れもどされた。

だが、サウス・コルへ登った仲間の中で、一番年若の一七歳のアン・ツェリンは、なかなか利口な奴で、ミンマの母親と同じような場面にぶつかったとき、ここから一日行程のガートまで隊について行かしてくれ、そうすればきっと帰ってくるからと母親をうまく説きふせた。彼女は別に疑うことなく息子の申し出を承知したが、あにはからんや、アン・ツェリンは、いまでは他のシェルパと共にダージリンにいる。

本隊は一四日の行進をつづけて、ネパール盆地の東のはずれにあるバネパの村に到着した。

＊

カトマンズに帰りついて一週間後、私はイギリスから空路迎えにやってきた妻と、タイムズのモリスをつれて、ネパールの谷にやってくる本隊を出迎えにいった。そして、それからはもう自動車も通う道となる最後の泊り場のフクセで、彼らと一晩を共にした。谷はどこもかしこも人心が湧きたっていて、彼ら民族の英雄であるネパール人、テンジンをたたえる声にみちていた。翌日は進路にそって、歓呼の叫びがつづき、あげくのはてには沿道にわきたった群衆の中を、花馬車に乗せられて勝利の行進となり、群衆はテンジンやヒラリーや私へ、米や春祭りの赤い粉や銅貨さえまき散らし、ついに宮殿までつれて行かれて、ネパール国王からうやうやしく迎えられた。

歓迎会の光景は、なかなか感動的なものだったが、ちょっと滑稽なところがなくはなかった。そこはわれわれのため、美しく飾られたネパールの宮殿で、遠征隊員の何人かに勲章授与の儀式を取り行なわんとして、国王が王座についていた。一方ここへ招じられた遠征隊員はどうかというと、遠い山から三週間の旅をしてきたため、泥だらけで、ひげもそらず、あかじみて、汗くさい着物——しかも半ズボン、運動靴——をはいていた。すこし後ろに立っていたピュウのごとき、往復の旅に着ふるしたパジャマを着ていたのには、まったく嬉しくなった。

しかし、こうしたお祝いをうけながらも、この善良な人々に、われわれの山登りの意味がかならずしも正しく理解されていないことを知って、私は心を痛めずにはいられなかった。テンジンに対する誇りと歓喜のみが高くて、あの偉大な業績を共にやりとげた他のシェルパや隊員のことがまったく忘れられていたからだ。

荷物梱包や、招宴に出席し、ネパール王家や政府、インド大使館、インド軍事使節団、イギリス大使、その他数々の好意を受ける多忙な四日をおくった後われわれはカトマンズをあとにした。

飛行場でわれわれは仲間のトンデュプ、ダワ・トンデュプ、パサン・ダワ、アン・テンバなどに別れをつげた。彼らはわれわれと一緒にここまで帰ってきたほかの連中と共に、明日ダージリンに行くことになっていた。何人かはすでにクーンブに残っていた。見送りに集まったネパールの多くの友人知己の中には、われわれの成功を非常に喜んでくれたコイララ首相の顔も見えた。

ここで隊が一時分割され、ワイリーとウォードがラクノウまで陸路荷物を運搬するいちばんの大役を引きうけた。荷物はそこで、わざわざボンベイからきてくれた船会社の社員に引き渡された。ヒラリー、テンジン、その家族、それに私と妻は、カルカッタに飛び、そこでわれわれは市長や市の要人から敬意をもって迎えられた。ことにその偉大な市民テンジンは、最大の尊敬のまとになった。残りの隊員はパトナを経てデリーに行き、そこで一行は、六月二七日再び一緒になった。

カルカッタでの三日間は、その市民から熱狂的に迎えられ、どこへ行ってもその親切と友愛に心をうたれたが、なかでも知事とスリマティ・ムーケルジー氏、イギリス高等弁務官代理シャノン氏とその所員、ヒマラヤン・クラブの会員などの好意は、忘れることができなかった。われわれの登山が、多くの一般民衆、ことにベンガルの青年に与えた、まじり気のない興奮はわれわれの心を動かさずにはおかなかった。また、これは私の妻にとっても私にとっても、帰路に当ってのとくに愉快な挿話であった。というのは、われわれは、戦前ベンガルに滞在したことがあり、多くの古いベンガルの知人が訪ねてくれたからである。

ひどい暑さだったが、デリーでの数々の盛大な歓迎会も同様にたのしいものだった。そこでいちばんの盛事は、ラシトラパティ・バァバンでの印象的な儀式で、インド連邦大統領のスリ・ラジェンドラ・プラサド氏からは隊員のある者に勲章が授与され、また全員に彫刻のある銀の楯が贈られた。と同時に、われわれは、総理大臣スリ・ジャワハルラル・ネール氏、イギリス代表のジョージ・ミドルトン夫妻、高等弁務官事務所のウィリアムズ少将、その他多くの人たちの歓待を忘れることができない。

デリーでとくに喜びに堪えなかったことは、一九二二年のエベレスト隊員であり、登攀用酸素に関しては、先駆者であったジョージ・フィンチにまた会えたことだ。いまわれわれが受けているような名誉は、当然、われわれに登頂への路を示してくれた人々にも、同じように分けられねばならない、としきりに思われた際のこととて、ここで彼があらわれてくれたことはなによりだった。フィンチが、ジョージ・マロリーとならんで、一九二二年の遠征時に、山頂攻撃の最も有力な二隊員の一人であったことを知り、また一般の登山界が、酸素の効用を信ぜず、その使用に冷淡だった時代に、強力にそれをすすめた人であったことを知るならば、今日の名誉をうけるべき過ぐる日の代表者として、彼以上にふさわしい人物はなかったからである。われわれは心から彼に敬意を表した。

われわれは遺憾ながら、インドの他の都会からの招待を割愛せざるを得なかった——マドラス、ボンベイ、パトナ、デーラ・ダン、ダージリンなどから正式の招待があったが。エベレスト登頂に対するインド国民の熱狂は、まったく意想外のものであった。しかしわれわれは、一刻も早く母国に帰らねばならなかったし、われわれ自身も、やはりそれを熱望した。

そしてわれわれは、タイムズの厚意により、ＢＯＡＣ機に乗り込んで帰国の途についた。テンジンとその家族が同行したのは非常な喜びだった。飛行機が着陸したカラチ、バーレン、カイロ、ローマ、チューリッヒではどこでも同様な熱狂をうけすべての人に快く迎えられた。とくにチューリッヒでスイスのエベレスト隊員やその後援団体である山岳研究財団のメンバーと会った時の印象が、いちばん心に残った。昨年の遠征でエベレストの頂に肉薄したスイス隊以上に、われわれの成功を正しく評価し得る登山者はないであろう。短い時間ではあったが、われわれはレイモン・ランベールやガブリエル・シュバレーやフォイツらの人々と、お互いに熟知している登攀のさまざまの問題を談じあった。なぜならわれわれの登攀は、その一歩一歩がスイス隊の攻撃ルートとほとんど同じであったからだ。

またこの機会に、もしわれわれが、今年登頂に失敗したら、明年エベレストに挑もうとして準備に専念していたフランスの山仲間からも、心からの歓呼を浴びせられたことを書いておきたい。

七月三日、ロンドン空港に着陸したとき、われわれは待ちに待った歓迎を母国イギリスで、われわれの同胞からうけた。

アドベンチュアは終ったのだ。

反省

どういう理由でわれわれは成功したのだろうか？　なぜこれまでの企てが失敗したのに、われわれが成功したのだろうか？　この第一の問題の解答となる理由の中で、いちばん重要なものは何か、ということを示すために、私は第二の問題を提出したのである。なぜならば、私はここにあらためて、過去の遠征隊の業績を賞讃したいからである。

これまでのあらゆる登頂の企ては、その到達した高度はしばらくおくとしても、一つ一つの試みが、逐次経験を積み重ねたことに大きい意味があるのであって、この経験の集積が、この山の謎がとかれる前に相当の高さに達していたのである。この積み上げられた経験のピラミッドこそ、その成果に対して欠くことのできないものであった。つまり、そのピラミッドがある高さに達した時に、はじめて、登頂ということがそれにふさわしい登山隊の力の範囲内の問題となり得たのである。このように考えるならば、これまでの遠征隊は、けっして失敗どころか、前進をもたらしたのだ。昨年の冬、われわれが再び攻撃の準備をしたときは、彼らの積み上げた経験が、そういう高さまで達していた。また、ちょうどその時に、長い間、エベレストがその攻撃を退けた防禦陣《ぼうぎょ》が何であるかが、はじめて十分にわかってきた。そして残された唯一の問題は、その防禦がなんであるかを学び、それから正しい結論をみちびいて、エベレストに拮抗《きっこう》し得るあらゆる武器――物的にも人的にも――を備えたパーティを送り出すことに局限されたのである。だからわれわれ一九五三年のエベレスト遠征隊に与えられた光栄は、当然これまでの先輩達にも同様に分けられなければならない。

さらにわれわれは、この経験を学びとるということを別にしても、なお先輩達の比類まれな登攀ぶりや、忍耐心や探究精神や、剛毅果断な行為に強く心を打たれた。この執拗な登攀続行の熱意に対し、われわれは何にもまして早期のエベレスト登攀者に感謝しなければならない。

過去に対するこの感謝は、数々の遠征隊を派遣したエベレスト委員会の人々や、これらの派遣を次々に可能にさせた財政上の援助者にも同様に与えられねばならないだろう。

次に、私は順序として周到綿密な計画が、どんなに役だったかを述べよう。エベレストの場合、遠征隊の編成は優に一つの軍事行動にも匹敵する。といって私は、この両者を比較したり、あるいは昨冬エベレスト登頂の計画を軍隊式にたてた事実を弁明しようとは思わない。あらゆる細部にわたっての必要品――先輩の経験に教えられ、われわれが正しく判断したところの――を予見することができたばかりでなく、あらゆる段階で、すなわち山麓行進、高度馴化、アイスフォールの準備、荷上げの第一、第二段階、ローツェ・フェースの偵察と準備、さらに山頂攻撃計画そのものの各段階で実行するプログラムを手許に常備することができたのは、たしかにこの計画の賜物だった。これらは、あらかじめ想定された期日に、その目的を達するよう計画されたもので、われわれはすべてを計画通りに実行した。

私はここにあらためて、われわれの装備の優秀さと、それが山上の峻烈な試練によくたえ、またその要求を十分みたした事実に対し、讃辞を呈したい。労をおしまず必要なあらゆる装備を製作し、しかも多くの場合、きわめて短時日にそれを仕上げた国内国外の多くの会社ならびに熱心な個人に対しても、この勝利は同様に分けられねばならない。

われわれの装備目録の数限りない項目の中から、酸素を選んで特記してみよう。多くの物的な助力は、みな重要なものだったが、私の考えでは、成功に不可欠のものは酸素だけであった。われわれの希望をみたすため酸素の部門で作業した人々は、他の部門の人々にくらべると、時日不足のため、いちばん困難な仕事をしたであろう。万一、長足の進歩をとげた酸素補給器が入手できなかったとしたら、頂上に達することはたしかにできなかったであろう。

大きなヒマラヤ遠征隊では、登攀者の健康悪化が原因となって、成功のチャンスを逸するような場合がこれまでもよくあった。この点を考慮して、もし非常に多人数の隊を編成するならいざ知らず、そうでないならば、病気というこのハンディキャップを取りのぞくことがいちばん大切なことのように思われる。われわれの隊の人数は、私が考えた計画を遂行するのに十分な数ではあったが、多くの余裕があったわけではない。実際行なわれた計画は、ほとんど全隊員がこの山の高所で協同作業をするという野心的の方法だったから、攻撃のチャンスが到来したとき、かりにその中の数名が病にたおれていたとしたら、頂上に達せられたかどうかははなはだ疑わしい。われわれが非常に健康にめぐまれた第一の原因は、隊員の選考が注意深く行なわれたことだ。また山に入ったはじめの頃、かねて割当てられた期間に訓練と高度馴化をやったことは、きわめて立派な成功であった。優れた滋養ある食物を準備してくれた人々、ならびに山にいる間、とくに高所にあっては毎日多量の飲み物をとる必要がある、と注意を与えてくれた人々に対し、われわれは感謝したい。と同時に、われわれの医師から受けた注意も忘れるわけにいかない。

酸素の使用と結びあったこの良好な健康状態を、二、三の数字をもって説明するのは、無意味ではなかろう。隊員の中でサウス・コルへ達した者は九人の多きに上り、そのうち三人は、二度もコルへ登っている。コルへ達した九人のうちで、七人は南東山稜上八二三〇メートルの高度に達し、四人は八七五〇メートルのサウス・サミットに登り、二人が登頂した。その九人のうち三人は八〇〇〇メートル以上に四日四晩滞在し、他の三人は三日三晩滞在した。アドバンス・ベースへの帰路、これらのある者は、非常に衰弱したが、すっかり参ってしまった者はなかった。

食物の問題についてはもう一つ、われわれの携行食が士気にあたえた影響について、ひとことつけ加えなければならない。われわれのような大遠征隊で、荷物の中味に相当余裕がもてる場合でさえ、食物の点で、個人個人の嗜好を十分満足させることはむつかしいという事実を考慮にいれるなら、今回の注意深く計算され準備された携行食は、われわれの健康維持に密接な関係があったばかりでなく、さらに全般的の満足をあたえたものだと確信している。

さらに、われわれの隊が、パーティとして渾然《こんぜん》一体のものであった点をとくに強調したい。これは疑いもなく最後の結果をもたらしたいちばん大きい唯一の要素であったにちがいない。なぜならば、エベレストの登頂は、おそらく他の多くの冒険《ベンチユア》よりも、はるかに高い没我の協同動作を必要とするのであって、この点でかりに弱いところが現われれば、どんなに装備や食糧を完備したところで、なんら役に立たないのである。われわれの隊より、もっと団結したチームを求めることはおそらく困難であったろう。起居を共にした四カ月の間、時には困難な環境も多かったが、隊員相互の間では短気を起したり怒ったような言葉が発せられたのを私は一度も聞かなかったのだ。このことは特記に値する事実であろう。このことはまた私自身の仕事を非常にらくにさせた。各隊員の任務を、輸送や支援にまわるものと、攻撃にまわるものに決定しなければならない時期が到来した時は、とくに、そうであった。山頂攻撃の任務を全隊員に与えるわけにはいかない。だからある者にとっては、ことに彼らの健康が高所によく適した場合ならなおのこと、失望があるかもしれない。しかし隊員はいずれも、自分は少なくもチームの中から二人の隊員を山頂へ送るために不可欠の任務を遂行するのだ、という正しい信念をもった。この精神があったからこそ、隊員はみんな各自の仕事——たとえそれがローツェ・フェースのルート発見と準備、シェルパを率いてサウス・コルへの攻撃用荷上げ、最高キャンプへの重い荷上げ、アドバンス・ベースで調達やその他の雑事を監督しながらベース・キャンプとの連絡を維持するような、あまり目立たぬ仕事であっても、各自の任務を遂行したのだった。すべてこれらのことは、なんの不平もなく、また立派に行なわれた。こうした中に、またシェルパの働きの中に、われわれの成功の秘訣《ひけつ》がひそんでいる。

たしかにシェルパたちはすばらしく優秀であった。全パーティに不可欠のチーム・ワークの中でのシェルパの協力行動や、彼ら自身の個人的行動は、どんな賞讃も遠く及ばないであろう。このことは、ウエスタン・クーム以上の作業に選ばれた総員二七名のシェルパのうち、実に一九名がサウス・コルに登り、さらにそのうち六名は二度もコルへ登ったということだけでも、十分証明されるであろう。荷上げという一点を取り上げても、彼らのお蔭でわれわれは約三四〇キロの物資を八〇〇〇メートルの高所に運ぶことができたのだが、攻撃隊員がその高所で元気に過すことができ、予想以上の長期間、高度衰退におかされなかったのもひとえにその物資のためであった。シェルパと隊員とのうるわしい友情は、隊員残らずがもたらしたものだが、ことにテンジンとワイリーに負う所が多かった。

シェルパと隊員との結合された行動は、高度八五四〇メートルの直下に最高キャンプを設置したとき、最高潮に達した。これは、山頂攻撃隊の二人をサポートする最高の試みであって、五月二六日と二八日の二日間になされたシェルパとサーブの仕事は、もはやシェルパが補助的のものではなく、まったくサーブと同一の地位にあるものだった。全員がまったく同じ重量を担ぎ、まったく同じ装備をもち、まったく同じ登攀と高度からくる困難を分けあった。われわれがついにやりとげた、このシェルパと隊員の結合ということは、ノートンとロングスタッフが最後の成功への欠くことのできない第一歩であるといって、早くから強調していたことでもあった。

最後に、天候がわれわれの成功に大きく関係したことも省くわけにいかない。天候は四月八日から五月一四日に至る五週間、ほとんど毎日降雪をみたので、準備の大きな障害となったが、五月の後半は落ちついて晴天がつづいた。しかし、この期間ならどんな日でも攻撃に絶好の日和であったかというと、かならずしもそうではなかった。というのは、風が強かったからで、風はいつ吹きだすともわからなかったからだ。登頂した二人が比較的静穏な日に頂に達したことは、まったく偶然であったが、これに先だつ期間は、状況は不可能であったし、その後にも必ず同じような悪天候がきたのに相違ないのである。

われわれに勝利をもたらした要素は、これまでエベレストに登攀した人々、計画立案とその他の諸準備、登山装備の優秀性、シェルパと隊員、恵まれた天候などであるが、ではそれがどんな割合で関係したかはたいして重要なことではない。最後に、もう一つ大切なものを付け加えたい。それは無形のもので評価することのむつかしいものだ。つまり、われわれの成功を心から期待してくれた多くの人々の願いと祈りがそれである。われわれは常にこのかくれた力を身辺に感じ、それに元気づけられずにはおられなかった。

＊

これはやるに値することだったろうか？　この遠征に参加したわれわれにとっては、この疑問を発する余地がまったくない。われわれは至高の奮闘を共に分ちあい、壮麗無比な光景を眺め、相互の間に不滅の友情を築き上げ、その友情の実が熟してこの成果となったのを目撃したからである。われわれはあの山上における素晴らしい生活のこうした瞬間を忘れないだろう。

エベレスト登頂の物語はチーム・ワークの物語である。われわれの登頂の背後に、単に肉体的な偉業をやったというような一時的な感動だけではなくもっと深い、もっと永続する語り草が残るとしたら、それはたしかに友情と、それを一体となって創造した諸々の徳との価値であるにちがいない。友情は高い山々で、山登りに打ちこんだものが直面する困難や危険や、その努力を結集して山頂に到達しようという熱望や、互いに分けあう大きなアドベンチュアの感動を経験することにより、人種も宗教も超越してますます固いものとなる。

それならこの登山に参加しない他の者はどうであろうか？　他の者にも何か価値があるのだろうか？　もし、アドベンチュアが人間の住むこの世の中で要求されるとするならば、またもしアドベンチュアが、ただ山とか物質上のことに限らず、多くの分野で見出し得るといえるならば、われわれの登頂に価値がないとは思えない。エベレスト登攀の意味がなんであるか、もし答える必要があれば、結局それは、われわれが先輩達によってふるい起されたように、エベレスト登頂によってふるい起される人々が、彼ら自身の『エベレスト』を求めることにあるということができるだろう。われわれの成功のニュースがイギリスおよび英連邦のみならず、他の多くの国々に与えた反響を見るならば、アドベンチュアへの欲求がまだ到るところに生きているのを知る。遠征の前、その間、ことにその後で、われわれは世界のあらゆるところから、上は政府の高官、下は無名の人々から、散文や詩で記された親善と喜びにあふれた無数のメッセージや贈り物を受けた。それらのメッセージの中には青少年からのがずいぶん多かった。エベレストの登頂は、あらゆる人間の心にひそむアドベンチュアの精神をかきたてたように思われる。

この精神の胎動が、恒久的な形をとる兆候も現われている。この一例として次の話を述べよう。われわれがカルカッタに滞在中、州首相のスリ・B・C・ロイ氏は、ダージリンの近くに一つ特殊な訓練学校を建て、そこでは一流のシェルパ登山家が、あらゆる身分の少年たちに登山の逸話や技術を教えるようにする、という計画を話したことがある。それはわれわれのエベレスト登頂の記念として、またシェルパの多くがベンガルに住んでいるところから、とくに彼らへの賞讃のしるしとして計画されたそうである。イギリスの登山訓練をおこなう学校に類似のこうした設立の趣旨は大いに称讃に値しよう。

＊

未来はどうであろうか？　エベレストが登頂されたことによって、失望がおこるような根拠はまったくない。山登りの分野だけについていえば、エベレストがもはやわれわれに挑戦するような未知の山でなくなったことに、簡単には取り去れない失望を感じる人があるかもしれないが、エベレストが今夏登頂されたことは、よかったし、またその時を得ていたと私は考える。エベレストの魅力は、とかく探検登山を振興するために利用し得る力を、この一点に集めすぎる結果を招いた。すでにその山頂がきわめられた今日、多くの実行力ある探検家や登山家が、登山や他の興味を求めて、ヒマラヤやその他の、もっと遠く広い地域に出かけて行くのを実際的に奨励することも可能となる。

エベレストが再び登られる日が、いつかは来るであろう。現在ではまだその成功はおぼつかないにしても、酸素を使わないで、登頂を試みるのもよかろう。また北側からエベレスト山頂へ達するルートはまだきわめられていないから、ネパールとチベット間の国境が開かれ、南北両側からの登山が可能となったときを考えるのもおもしろいではないか。一方の山稜を登り、他方の山稜を下って、エベレストの山頂を横断する企てが、夢物語ではなくなるような時代がこないとはいえない。こうした可能性を考えると、地球上のこの一つの小地域の中にも、まだまだアドベンチュアの余地はたくさんのこっている。

そして、われわれは、なお多くの巨峰が戦を挑んでいるのを無視するわけにはいかない。マロリーの言葉を借りていえば、エベレストにほとんど匹敵するような山々が、まだ『そこに』ある。その山々がわれわれを招くのだ。そしてわれわれは、それらの挑戦をうけてたつまでは、休むことはできない。

さらに、われわれの周囲には、なお数多くのアドベンチュアが求められるであろう。山でも、空でも、海上でも、地球の内部や大洋の底でも、はたまた月の世界へ達することでも、それは到るところにあるであろう。そしてどんな高さでも、どんな深さでも、より高き聖霊にみちびかれた人間の精神ならば、きっと到達することができるにちがいない。

遠征日誌

ウィルフリッド・ノイス編

一九五二年

9・1　ワイリー、組織委員として遠征業務に着手。
10・8　遠征隊長ハント、ロンドンに到着。
10・30　第一回装備連絡会議。
11・5　隊員選考終了。
11・17　第一回アルプス実験連絡会議。
第一回全隊員集合。
隊員の衣類等の寸法をとる。
11・25　第二回アルプス実験連絡会議。
11・28　第二回装備連絡会議。
12・1〜10　パリ訪問、およびアルプスのユングフラウヨッホにおける装備試験の実行（ハント、ワイリー、ピュウ、グレゴリー参加）。
12・15　第三回装備連絡会議。
第二回全隊員集合。

一九五三年

1・前半　エバンズおよび実行委員等による梱包計画立案。

1・後半　ラスク商会の倉庫において梱包開始。
1・17〜19　ノース・ウェールズのヘリーグにおける酸素補給器の試験。
1・20　最終装備連絡会議。
　　　ラスク商会における衣類等の試験。
　　　第三回全隊員集合。
1・22　ファーンバラにおける低圧室試験。
1・25〜26　ハント、エバンズのチューリッヒ訪問。
2・5　最終全隊員集合。
2・12　本隊および隊荷、ストラスデン号にてインドへ出港。
2・20　先発隊（エバンズ、グレゴリー）空路カトマンズへ。
2・28　本隊ボンベイ着。
3・8　遠征隊全員および隊荷、カトマンズに集結。
3・10　第一隊およびクーリー一五〇名カトマンズ発。
3・11　第二隊およびクーリー二〇〇名カトマンズ発。
3・26　第一隊チアンボチェ着。
3・27　第二隊チアンボチェ着。
3・29〜4・6　高度馴化第一期。
4・9〜17　高度馴化第二期。
4・12　アイスフォール隊ベース・キャンプ（五四五〇メートル）着。

4・13　アイスフォール隊アイスフォールへ向う。
4・15　ヒラリー、バンド、ロウ、第二キャンプ（五九二〇メートル）設置。
4・17　同隊第三キャンプサイト下方の氷塊地に着。
4・21　隊荷の前半部チアンボチェよりベース・キャンプ着、「タイムズ」のモリスが加わる。
4・22　隊荷の後半部チアンボチェよりベース着、攻撃用酸素を持参したロバーツ少佐同行。
第三キャンプ、アイスフォールの頂（六一六〇メートル）に設置さる。
ベース・キャンプは、クーンブ氷河（五四五〇メートル）に設置さる。
4・24　低地輸送、第三キャンプに向って開始さる。
4・24〜25　ウェスタン・クームの偵察、スイス隊の第四キャンプ（六四六〇メートル）に至る。
4・26〜5・1　第三、第四キャンプ間の高地輸送が行なわれる。
5・1　ハント、ボーディロン、エバンズにより第四キャンプ（六四六〇メートル）設置さる。
5・2　ハント、ボーディロン、エバンズによるローツェ・フェースの予備的偵察。
5・2〜5　輸送隊の休養期間。
5・3　偵察隊第五キャンプ（六七一〇メートル）へ。
5・4　ボーディロン、エバンズは、ウォード、ワイリーのサポートの下に、第六

5・5 キャンプ（七〇一〇メートル）に登り、ローツェ・フェースの偵察。
ボーディロン、エバンズは第六キャンプ上方の偵察。
輸送作業はアイスフォールおよび（5・8には）ウェスタン・クームで再び開始され、第五キャンプに至る。
5・6 ローツェ・フェース偵察隊ベースに帰る。
5・10 ローツェ・フェースの登路開拓のため、ロウとシェルパ四名、第五キャンプへ上る。
5・11 ロウ、アン・ニマは第六キャンプを根拠としてローツェ・フェースに着手。
ウェストマコットとシェルパ三名は第五キャンプでサポート。
5・16 ロバーツ少佐酸素を持ってベース着、「タイムズ」のモリス同行。
5・17 ロウ、ノイス、第七キャンプ（七三一〇メートル）設置。
ウォードは第七へ上り、ロウ、ダ・テンシンと共に残る。
5・18 最後の低地輸送。第四キャンプがアドバンス・ベースとなる。
5・20 ノイス、シェルパ八名、第七キャンプへ上り、下降中のロウ、ウォード、ダ・テンシンに会う。
5・21 ノイスとアヌルウはジェネバ・スパーを越えてサウス・コルへのルートを完成。ワイリーとシェルパ九名、第七キャンプへ着。
5・22 ヒラリー、テンジンが先頭となり、ワイリーとシェルパ一四名、サウス・コルへ荷上げ。シェルパ一名落伍。

5・24　ボーディロン、エバンズ、ハント、ダ・ナムギャル、アン・テンシン（別名バル）よりなる第一次攻撃隊、サウス・コルへ着。

5・25　第一次攻撃隊サウス・コルに停滞。
第二次攻撃隊、第七キャンプへ着。

5・26　**第一次山頂攻撃**　ボーディロン、エバンズ、サウス・サミットに達す。

ハント、ダ・ナムギャルは南東山稜八三四〇メートルまで荷上げ。

ヒラリー、テンジン（第二次攻撃隊）およびサポートのグレゴリー、ロウ、ペンバ、アン・テンバ、アン・ニマ、サウス・コル（第八キャンプ）着。

（ダワ・トンデュプ、トプキイ、アン・ノルブ、アヌルウ、ダ・テンシン、コルへ荷上げ）。

ウォード、ノイス、サポートのため、第七キャンプへ。


5・27　シェルパ七名、サウス・コルから下る。

ハント、エバンズ、ボーディロン、アン・テンバ第七キャンプへ下る。

第二次攻撃隊は烈風のためサウス・コルに停滞。

エバンズ、ウォード、アドバンス・ベースへ下る。

ワイリー、シェルパ三名、サポートのため第七キャンプへ。

5・28　**第二次山頂攻撃**　ヒラリー、テンジン、グレゴリー、ロウ、アン・ニマは、八五一〇メートルに山稜キャンプ（第九キャンプ）を設置。後者三名サウス・コルへ下る。

5・29　ヒラリー、テンジンは山稜キャンプから頂上をきわめサウス・コルへ下る。ノイス、シェルパ三名、サポートのため第七キャンプを発し、ノイス、パサン・プタール、コルに達す。

5・30　グレゴリー、ペンバ、アン・ニマ、第四キャンプへ下る。ヒラリー、テンジン、ノイス、ロウ、パサン・ブタール第四キャンプへ着。アイスフォールの登路を確保していたウェストマコットとモリス（タイムズ）はすでに上って登頂の報をもって下る。

5・31　サーブ五名とシェルパの一隊を残し、全員ベースに下る。荷下しのため、最後の輸送隊第三キャンプへ。

6・1　ワイリーとシェルパ隊（第三キャンプにいる）をのぞき、全員ベースへ下る。

6・2　全員、ベースに集合。

6・3　全員、ロブジェに着。

6・4　全員、チアンボチェ着。

6・5　先発隊（ハント、ボーディロン、グレゴリー）チアンボチェ発。

6・7　本隊、チアンボチェ発。

6・13　先発隊、カトマンズ着。

6・20　本隊、カトマンズ着。

訳者解説

望月達夫

一九五三年五月二九日に成し遂げられたエベレスト登頂は、登山界というような狭い範囲の出来事ではなく、二〇世紀における人類の一つの記念すべき業績であったことは、今日あらためて述べる必要もないであろう。しかも、その記念すべき業績の報告であるハントの『エベレスト登頂』が、一言にしていえばまことに至れり尽せりの書物であり、エベレスト登頂そのものが細かい計画のもとに、冷静に遂行されたことをそのまま反映するかのように、その叙述も落ち着いた、そしてきわめて謙虚な報告であった点は特記しなければならないことと思う。

ハントの叙述がきわめて謙虚であることは、本書を一読した者がひとしく感じるであろうが、世界最高峰登頂という三〇年来の懸案を解決した報告のなかに、なお第一八章「反省」（本書では「第六部」）の一項を付け加えていることなどは、とくにその顕著な現われで印象に残る点だし、心憎いほどと言わねばなるまい。しかも、この反省の一章が本書にどれほどの重みを加えているかは言うまでもないであろう。そのなかでハントは、

これまでのあらゆる登頂の企ては、その到達した高度はしばらくおくとしても、一つ一つの試みが、逐次経験を積み重ねたことに大きい意味があるのであって、この経験の集積が、この山の謎がとかれる前に相当の高さに達していたのである。この積み上げら

れた経験のピラミッドこそ、その成果に対して欠くことのできないものであった。つまり、そのピラミッドがある高さに達した時に、はじめて、登頂ということがそれにふさわしい登山隊の力の範囲内の問題となり得たのである。このように考えるならば、これまでの遠征隊は、けっして失敗どころか、前進をもたらしたのだ。昨年の冬、われわれが再び攻撃の準備をしたときは、彼らの積み上げた経験が、そういう高さまで達していた。

と書き、彼らの先輩たちがエベレストで示した数々の貴い経験を高く評価し、

だからわれわれ一九五三年のエベレスト遠征隊に与えられた光栄は、当然これまでの先輩たちにも同様に分けられなければならない。

と結んでいる。

また、この章のなかには登頂成功の原因となったものが、今述べた先輩たちの業績をも含めて八つほど掲げられている。どれもこれも読んでみてもっともなことばかりだが、おそろしく分析が冷静で、客観的なことに打たれるのである。エベレスト登頂の鍵は、あるいはこうした点にあったのではないかとさえ思える。山が大きくなり、またむずかしくなればなるほど、これにぶつかって行く者はますます謙虚で客観的でなければならないのだが、その意味でも、ハントの隊はまさにそれの手本のようなものだし、本書はその点をも遺憾なく伝え

ているのである。

本全集に収めるに際し、いろいろの都合から原書に付された八つの付録を割愛しなければならなかったが、それらも本文同様どれもかゆいところに手の届くように記述されている。こうした見事な、完璧というより外に評しようのない報告書を、ハントはエベレストから帰国後僅か一カ月間に書き上げたそうだが、これはたしかに超人的と言ってさしつかえない。ロンドン・タイムズの記者は、サー・ジョンは山登りも達者だが、話も上手である、本が出てみると書くことも達者だということがわかったと評したそうだが、まことにその通りである。


さて、話を少し前に戻し、ハントも述懐しているように、エベレスト登頂の鍵の一つが、過去にこの山にたち向った先輩たちの業績にあるのだから、われわれとしては『エベレスト登頂』が生まれるまでの、過去のいくつかの報告書を振り返ってみる必要があろう。エベレスト登頂後に、多くのエベレスト関係の書物が出版され、それらは過去のものも含めて、今ではエベレスト本（Everest Books）というような呼び名までできたほどだが、しかし、そのなかで最も重要なものは、何回かの遠征の公式報告書であるのは言うまでもない。そのうち一冊を除いては、まだ邦訳されていないし、今日原書を求めることは必ずしも容易ではないが、さらに深く探究をこころざす人々のために、そのことを少し書いてみよう。

エベレスト登頂の計画が遠くさかのぼって、一九二一年からの歴史をもつものであることは、今さら説明の要はなかろう。しかし、一九二一年に突如としてこの計画が生まれたのではなく、それよりさらに三〇年前の一八九二年には早くもクリントン・デント（イギリスの著名な登山家・第一一代アルパイン・クラブ会長）がある雑誌に「エベレストは登頂可能なりや？」という一文を寄せて、その可能性を説いたと言われているし、またその翌一八九三年にはチトラルで、チャールズ・ブルース（後年のエベレスト隊長・第二三代アルパイン・クラブ会長）とサー・フランシス・ヤングハズバンド（著名なヒマラヤ探検家・後年イギリス地学協会会長）の二人がチベットを横断してエベレストへ登ろうではないかと相談し合ったと伝えられている。さらにブルースは当時のアルパイン・クラブの気鋭の登山家トム・ロングスタッフ（ヒマラヤの先駆者・第三一代アルパイン・クラブ会長となる）やアーノルド・マム（後年アルパイン・クラブ副会長）と語らって、一九〇七年にはエベレスト登頂の計画をたてた。その年はたまたまアルパイン・クラブの創立五〇周年にあたっていたのでその記念の意味もあり、この計画はクラブの支持をうけたことは当然だったし、イギリス地学協会からも協力を得た。しかし、外交上の問題からイギリス政府の許すところとならず、ロングスタッフらはガルワールに目標をかえ、トリスル（七一二〇メートル）の初登頂をなしとげることで溜飲をさげた。

その後第一次世界大戦が勃発したため、エベレスト遠征は延引を余儀なくされたが、戦火がおさまると間もなく第一回の遠征が、ハワード・ビュリーを隊長としてくり出されることになった。それが一九二一年である。

このときはマロリーらがノース・コルを発見し、その後永い間チベット側からの登路となったいわゆる北方ルートをさぐり出し、さらにエベレスト周辺の地形を調べ、地図を作るなど、偵察遠征としての成果を十二分に挙げたのだが、その報告書は隊長ビュリー（C. K.

Howard-Bury）およびその他の隊員により次の題名で刊行されている。

Mount Everest: The Reconnaissance, 1921. (London, Edward Arnold, 1922)

この本には当然のことながら当時の地学協会会長で、またエベレスト委員会の委員長でもあったヤングハズバンドが序文を書いている。この委員会は、エベレスト登山がアルパイン・クラブと地学協会の共同の企てであることを如実に示すように、両者からそれぞれ委員を選出しており、クラブ側からはママリーの僚友であったノーマン・コリー（当時のアルパイン・クラブ会長）などが名をつらねていた。

第二回の遠征隊はいよいよ登頂を第一の目的として翌一九二二年に送られた。前年通りにチベットを横断してノース・コルに登り、北方ルートによって攻撃したが、ついに登頂はできなかった。しかしこの時第一次隊のマロリー、ノートン、サマベルらが酸素の力をかりずに登った八二二五メートルの高度は、一九〇九年にアブルッツィがチョゴリザでたてた七四九八メートルの記録を七〇〇メートル以上も引きはなしたばかりでなく、人類として初めて八〇〇〇メートル以上の高度に登り得た記録であったし、また第二次隊のフィンチとジェフリ・ブルースは、酸素補給器を使って第一次隊よりさらに高い八三二六メートルの高度まで到達したのだった。この報告書は前回同様隊長のチャールズ・ブルース（C. G. Bruce）およびその他の隊員の手によって、

The Assault on Mount Everest, 1922. (London, Edward Arnold, 1923)

として刊行されている。序文は今回もヤングハズバンドが書き、全体の紀行を隊長ブルースが、第一次と第三次の攻撃をマロリーが、第二次攻撃をフィンチが書き、他にサマベルと

ロングスタッフがそれぞれ一章ずつを受け持っている。

第三回目の遠征隊は一年おいた一九二四年に、同じくブルースを隊長としてくりだされたが、彼がマラリヤで倒れたため、ノートンが隊長の代理をつとめた。この遠征時にはまず六月四日、激しいせきになやまされたサマベルを途中に残し、ノートンが酸素補給器も使わずに単身八五七二メートルの高度まで達したことが、特記すべきことだった。この到達高度はその後三〇年間破られることがなかった。しかし、この遠征でなんとしても忘れられないことは、第二次隊のマロリーとアービンが六月八日頂上に向ったまま、ついに戻ってこなかったことである。

この時の報告はやはり前二回を踏襲し、隊長代理のノートン（E. F. Norton）およびその他の隊員の筆になり、次の題名で刊行された。

The Fight for Everest, 1924. (London, Edward Arnold, 1925)（山崎安治訳『エヴェレストへの闘い』〈ヒマラヤ名著全集3〉一九六七年、あかね書房）

序文は今回もヤングハズバンドが書き、第一部の紀行はブルース、ノートン、ジェフリ・ブルース、オーデル、ビーサムなどの隊員が分担している。第二部は亡くなったマロリーの手紙で、この遠征時にマロリーがその妻に宛てたもの一〇通が収録されている。第三部は科学報告その他となっている。この本で忘れられないことは、隊員サマベルによる水彩画が八枚色刷で入っていることである。サマベルは二二年と二四年の二回、登攀隊員として加わり、目ざましい活躍をしたかたわら、音楽の才もあって余暇があればチベットの曲を五線紙にノートしていたそうだが、また一方絵の腕前も素人の域を脱し、本書に見られるような素晴らしい作品を幾つか残している（本書では不採用）。

以上三冊の報告書がまず初期に属するものである。ここで遠征の方も一息つく時期に入り、約九年間エベレストに挑む者は絶えるのである。

一九三二年、チベット政府はひさびさに門戸を開いてエベレスト登山を許した。そこで早速翌一九三三年に遠征隊をくり出すべく準備が進められた。隊長には永くガルワールに滞在し、インドの辺境事情に詳しく、自らもヒマラヤに何度か足を入れたラトレッジが推されたが、九年間の空白はさすがに初期のエベレスターから隊員に加わる者をなくし、スマイス、シプトンをはじめ隊員はすべてエベレストに初見参をする新進の登山家だけであった。この時はウィン・ハリスとウェージァが八五七二メートルまで、またスマイスが単身でほぼそれと等しい高度まで到達したが、頂上はついに打ちとれずに終っている。この報告書は、隊長ラトレッジ（Hugh Ruttledge）により、

Everest 1933. (London, Hodder & Stoughton, 1934)

と題して刊行された。序文は依然としてヤングハズバンドが筆をとり、第一部の紀行は第八章をスマイスが書いたほかは、すべてラトレッジが書いている。その中の最終、第一一章の「回顧と展望」は過去のエベレストでの経験と将来の可能性を述べた、それまでの決算報告のようなもので、本書のなかで最もよみごたえのあるものであり、いくつかの報告書のなかで、ハントのものを別にすれば本書は一九二四年のノートンのものと並んで、まさに双璧と言っても過言でない。第二部には医学上の問題とか天候とかの科学的報告が各隊員によって執筆されていることは従来と同じである。

一九三五年にはチベットからの入国許可がおそく来たため、本格的な遠征隊を出すのに間に合わず、シプトンを隊長とする小さな隊が、翌年の企ての準備と偵察を目的として派遣された。この隊は最初から登頂を勘定に入れてなかったけれども、ノース・コルへ登ったほかに六〇〇〇メートル以上のピークを二六(七〇〇〇メートル以上が三)も登り、小遠征隊の特色と利点をあますところなく示し、一九三八年のティルマン隊の先駆をなした。このシプトン隊の行動は一本にまとめられなかったが、次に述べる報告のなかに一章があてられている。

一九三六年は三三年と同様、ラトレッジが隊長となり、強力な隊員と大がかりな準備をもって行なわれた。しかし、この年は異常に早く襲来したモンスーンのため、隊は早くから深雪になやまされつづけ、前進根拠地であるノース・コルへ達するのがせいぜいであった。そして登攀の点ではまったくなすすべなく敗退したのであった。エベレストという山は、いちど天気運に見はなされたら最後、どんなに強豪を揃え、どんなに完璧な準備をしても、まったく歯がたたないことを、この遠征ほど示したものはない。それにもかかわらず、

Everest: The Unfinished Adventure. (London, H. & S., 1937)

と題されたラトレッジの手になるその報告書は、こうした遠征が必ずしも、登攀記録としてすぐれていることだけによって評価がきまるのでなく、隊員の質と水準とによって、失敗した遠征もやはり立派な業績たりうることを如実に示しているのである。

内容は三部に分かれ、第一部が紀行でその最終の第七章には反省という見出しで三〇ページがあてられているのが目をひく。著者はここで、パーティ、ポーター、運行、装備、食糧、将来の問題の六つの観点から検討を加えている。第二部は科学的報告等で、第三部は写真で

ある。従来の報告書は、写真が本文中にところどころ挿入されていたが、本書では巻末にひとまとめにされて、それだけで言えばアルバムのような役目をしている。それと、巻頭に隊員の似顔がピーター・オリバーの鉛筆によるスケッチで示されている点に特色がある。

一九三六年につづく一九三八年の遠征は、チベット側からする最後の試みとなったものだ。隊長のティルマンがシプトンと同じように少数精鋭主義をとり、遠征隊としても小さなものを主張するやり方なので、この年の隊は今までに比べてぐっとこぢんまりしたものであった。しかし、天候はこの年も幸いせず、約一カ月も早く始まったモンスーンのため、八二九〇メートルに第六キャンプを設けて二回頂上攻撃が行なわれたが、従来の最高到達高度を越えることはできなかった。この報告書はティルマン(H. W. Tilman)により、

Mount Everest 1938. (Cambridge, U. P. 1948)

として刊行された。従来の五冊が四六倍判、三百余ページの重厚な大冊であったのに反し、本書は菊判一六〇ページと、型も厚さも、さながらティルマンの隊が軽快であったのを示すように軽快になっている。この本が発行された一九四八年という時代が、まだどこの国も第二次大戦の傷が深く、ぜいたくな出版ができなかったことに一つの原因があったのだが、エベレストの報告書も六冊目となり、その叙述の仕方にも大きな変化があらわれたと見られないことはない。

ここで戦前の遠征はいちおう幕をとじることとなるのだが、遠征隊の形式としては古典的正統的ともいうべき大遠征隊主義と、ティルマン、シプトンらの小遠征隊主義のいずれによるか、またルートしては、北側からのエベレストの最後の三〇〇メートルは最初考えられた

よりもよほどむずかしそうだから、できれば別の側からのルート探索の可能性をつかみたい、というような点が、ごく大まかに言って戦争直後の情況であった。そこへネパール開国とチベット閉鎖という外的事情が相ついで起こってきた。

そして一九五一年にははやくもシプトンを隊長とする踏査隊が、南側すなわちネパール側からクーンブ氷河を登路として接近した。そして従来までむずかしいと思われていたアイスフォールを乗りきって、ウェスタン・クームの末端にとりついたことは、エベレストへの新しいルートに大きな光明をともしたことになった。

この報告はシプトン（E. Shipton）により、従来とはまったく形をかえたなかばアルバム形式の大型本として刊行された。

The Mount Everest Reconnaissance Expedition, 1951. (London, H. & S., 1952)

というのがそれである。菊倍判本文五五ページ、写真七〇ページで、エベレスト南面およびその周辺の珍しい写真がふんだんに収められたみごとな出来であった。

この遠征の結果南方ルートが明らかになったので、スイス隊は早速このルートからエベレストをうかがうことになった。スイスとても多年エベレストに実績をつけたイギリスを、なんの挨拶もなく出しぬくことはできない。最初は両国の合同登山を提唱し、真剣に検討されたのだったが、それが不可能となったため一九五二年にはまずスイスがやり、一九五三年にイギリスというふうにきまった。

一九五二年という年は、だからエベレストの登山史上閑却できぬ年でもある。つまり、イギリス以外の国がはじめてこの山に真剣にいどみ、しかももう一歩で頂上というところまで達した年だったからだ。

スイス隊は登攀隊員の中に専門のアルプス・ガイドを多く揃え、春秋二回にわたって執拗な攻撃を行なった。その報告はディテール（R. Dittert）、シュバレー（G. Chevalley）、ランベール（R. Lambert）らの共著として、

Avant-Premières à L'Everest. (Paris, Arthaud, 1953)

という題名で刊行され、英訳はサー・ジョン・ハントの序文をつけて、

Forerunners to Everest, the story of the Two Swiss Expeditions of 1952. (London, George Allen & Unwin, 1954)

として刊行されている。

この二回の企てに対してハントは大いなる讃辞を呈し、スイス隊の人々がハントに宛てた登頂成功の祝電にこたえて「この光栄の半分は貴方がたがうけるべきだ」とスイス隊の功績をたたえているほどである。

かくして最後にくるのが『エベレスト登頂』だ。原書の題名は、

The Ascent of Everest. (London, H. & S., 1953)

書物の大きさも一九三八年と同じ菊判で、山の世界だけでなく多くの人々に読んでほしいことを示すような、ごく当り前の出版である。ただし、写真製版と原色版印刷は戦後の技術の進歩を反映してまことに素晴らしい。

さて、ハントの『エベレスト登頂』を読んだ人はいちばん何を感じるだろう。山の仲間だったら、強く打たれるところはほとんど枚挙にいとまがない。しかし、もっと広い一般の

人々が感じるものは、人の心を根底からゆすぶる何物かが一貫して流れていること、それであろう。常に新しいものを求める心、より深いもの、より高いものを求める心、これこそ人間の本性そのものにつながるものであり、探検とか登山とかはひっきょうこうした求める心の現われにほかならない。こうしたものこそ、常に新しく人の心を打つのであり、ウィンパーの『アルプス登攀記』が、また槇有恒の『山行』が今日なお多くの人に読まれ感激を与えているように、『エベレスト登頂』も永くそうした書物として残るであろう。すなわち、この本こそ最初から古典たるの資格を備えたものと言えるのである。

なお、この本には少年版、青年版があり、少年版の方は松方三郎訳『エヴェレストをめざして』(岩波少年文庫86)と題して、一九五四年一二月刊行された。また隊員のグレゴリー(A. Gregory)による《The Picture of Everest》と題する見事なカラー写真集が一九五四年に出版されている。

一九五三年のイギリス隊によるエベレスト初登頂からすでに二十余年を経過したが、世界最高峰への憧憬は依然として絶えず、各国からの登山隊が踵《きびす》を接して登頂をこころみている。次にその概要を述べてみよう。

一九五二年、頂上間近まで迫りながら成功し得なかったスイス隊は、一九五六年エベレストの第二登と世界第四位のローツェ(八五〇一メートル)の初登頂を目ざした。まず五月一八日、ローツェに初登頂の凱歌をあげ、五月二三日、シュミートとマーメットの二人は八四〇〇メートルの第七キャンプから頂上に向い、午後二時登頂に成功(第二登)して一時間も滞在した。つづいて翌二四日、ライストとフォン・グンテンの二人は、一一時に頂上に立った。その報告書は隊長のエグラー（Albert Eggler）によって、《Gipfel über den Wolken; Lhotse und Everest, 1956》（横川文雄訳『雲表に聳ゆる峰々』一九五八年、朋文堂）として刊行されている。

次はエベレストの第三登であるが、それは中国登山隊で、北面すなわちチベット側の旧ルートによるものであった。史占春を隊長とする二一四名の大きな隊で、隊員の三分の一はチベット人であった。一九六〇年五月二四日、王富洲、屈銀華、劉連満、コンブ（チベット人）の四人がアタック隊となり八五〇〇メートルのキャンプを発した。途中想像に絶する苦労をかさね、頂上に達したのは翌二五日午前四時二〇分だったと伝えられている。しかし、この登頂には各国の登山界で疑問がもたれ、イギリス山岳会誌『アルパイン・ジャーナル』は一九六一年五月号に史占春の報告を載せたが、同じくらい長いノートをつけて真偽の追及をしている。

一九六三年にはアメリカの登場となる。ノーマン・ディーレンファースを隊長とする大規模な登山隊で、一行はまずサウス・コルからのルートによって五月一日、ウィッテカーとナワン・ゴンブ（シェルパ）の二人が登頂に成功（第四登）、つづいてアメリカ隊は西稜からの新ルートによる登頂も企画していたので、そこから一隊を頂上に向かわせ、またサウス・コルからも一隊を出して頂上で合流させようとした。この新しい試みは五月二二日に行なわれ、西稜隊はアンソールド、ホーンベインの二人、東南稜隊はジャースタッドとビショップの二人だった。東南稜隊の二人が頂上に達したのは午後三時二〇分、三週間前に彼らの仲間が樹てたアメリカの国旗は、そのまま残っていた。二人は四五分滞頂して、エベレスト山頂では初めての映画をとった。しかし、いくら見つめても西稜隊が現われないので、四時過ぎ頂上をあとにした。一方西稜隊は、全く初めてのルートであったため、思わぬ時間を費し、山頂に到達したのは六時一五分であった。一五分後は東南稜を下りはじめたが、疲労と迫る夕闇に速度はおそかった。また先に下った南東稜隊も南峰を越えたころ酸素がきれ、疲労で倒れそうになったため、ついにこの二つのパーティは夜の九時半ごろ合流し、四人は着のみ着のまま辛いビヴァークを余儀なくされた。翌日下方からサポートに登ってきた隊員にたすけられて九死に一生を得たが、三人の凍傷は重症で、西稜に払った代償は決して小さくなかった。

この報告書は同行した登山家で作家のラムゼイ・アルマン（J. R. Ullman）により《Americans on Everest》（丹部節雄訳『エヴェレスト登頂記―一九六三年アメリカ隊―』一九六五年、ベースボールマガジン社）として発行されたが、さらにホーンベイン（T. F. Hornbein）によって《Everest; the West Ridge》というカラー写真を基にした見事な写真集も刊行されている。

インドからは、先に一九六〇年、一九六二年の二回も登山隊をおくり、頂上に迫った経験を得たが、まだ成功しなかった。そこで一九六五年には是が非でもという意気込みであった。そして見事登頂に成功したが（第五登）、五月二〇日ゴンブ、チーマ、二二日ギャツォ、ワニギャール、二四日C・P・ヴォーラ、アニ・カミ、三〇日アールクリア、ラワト、プー・ドルジェの四パーティが登頂という輝かしい記録であった。隊長のコリー（M. S. Kohli）による《Nine Atop Everest》に詳しい。

日本もエベレスト登頂の希望を早くからもっていたが、実行に移されたのは一九六九年のことであり、日本山岳会がマナスルにつづいて総力を結集した。それは南壁（正確には南西壁）からの登頂も計画に加えられていたからである。一九六九年には二回にわたる偵察隊が出され、険悪無比なエベレスト南壁へ人間が初めて足跡を印したのであった。つづいて本隊は一九七〇年、松方三郎を隊長としておくり出されたが、南壁は五月一〇日、八〇五〇メートルの地点で退却のやむなきに至った。東南稜からは五月一一日松浦輝夫、植村直己の二人が登頂、ついで一二日には平林克敏とチョタレー（シェルパ）が登頂した（第六登）。

日本隊の報告は日本山岳会エベレスト登山隊編として『一九七〇年エベレスト登山隊報告書』二巻が一九七〇年に刊行されたが、さらに毎日新聞社から写真集『エベレスト』が出版されている。

右の登山と前後してエベレスト・スキー隊が日本から派遣され、隊長の三浦雄一郎が五月六日サウス・コルからスキー滑降をして世界の耳目をあつめた。三浦雄一郎『エベレスト大滑降』（一九七〇年、文芸春秋新社）に詳しい。

日本が先鞭をつけた南壁の登攀は、一九七〇年以降エベレスト最大の課題となった。一九七一年春の国際登山隊（隊長N・ディーレンファース）にはわが国から植村直己、伊藤礼造が参加したが、八三〇〇メートルで撃退され、一九七二年春の国際隊（隊長K・ヘルリッヒコッハー）は八二五〇メートルまでしか達せられなかった。つづいて同年秋にはイギリス隊（隊長ボニントン）が南壁で八三五〇メートルに達し、一九七三年秋には日本南壁隊（隊長湯浅道男）が八三八〇メートルまで達したが、完登にはまだ遠かった。

しかし、その時東南稜から石黒久、加藤保男の二人が登頂に成功したが、一九七三年の春イタリア隊（隊長ギド・マンジーニ）による第七登（五月五、六日）につづいて第八登になったばかりでなく、今迄の登頂がすべてプレ・モンスーン期（春）であったのに対し、初めてポスト・モンスーン期（秋）に登られたことが特記される。この隊に報道隊員として参加した藤木高嶺は『ああ南壁』（一九七四年刊）を世におくった。

さて一九七五年はエベレスト登山史でも画期的な年となった。それはこの年の春に日本エベレスト女性登山隊（隊長久野英子）が、世界で初めて女性だけの隊で登頂に成功したことである（第九登）。登頂者は田部井淳子とシェルパのアン・ツェリンの二人で、五月一六日の午後〇時三〇分であった。この快挙はまだわれわれの記憶にあたらしい。日本女子登山隊著『私たちのエベレスト——女性初登頂の全記録』（一九七五年、読売新聞社）はそのときの記録を述べたものである。それにつづいて中国隊は、北方チベット側のルートから女性一人（副隊長パントク）を含む九人の隊で、五月二七日午後二時半登頂に成功した（第一〇登）。一シーズンに南北両方面から二隊が登頂し、しかもそれぞれに女性が含まれていたこともきわめて珍しいことであった。

さらに一九七五年の秋には、最大の課題であった南壁が初めてイギリス隊（隊長ボニントン）の二人、ドガール・ハストンとダグ・スコットによって完登された（第一一登）。登頂は九月二四日午後六時であったが、八三〇〇メートルの第六キャンプからアタックが行なわれ、登頂後二人は南峰附近でビヴァークして、二五日第六キャンプを経て第二キャンプまで無事帰還した。同隊はベースキャンプを設けてから三三日という、驚異的な短時日に南壁を登りきったのである。これでエベレスト最大の課題も解決されることになった。

この報告書は C. Bonington《Everest, The Hard Way》(London, 1976) として刊行されたが、

その邦訳『エベレスト南西壁——英国隊初登頂の記録』（大浦暁生・平林克敏訳）も刊行された。

最後に著者について一言ふれておく必要があると思うが、ジョン・ハントは一九一〇年に生まれ、父と同様に陸軍軍人を志して軍人となった人である。登山を始めたのは少年の頃からで、一九三五年カラコルムのサルトロ・カンリー（七七四〇メートル）の頂上近くまで達し、同年コラホイ（五四二五メートル）の南壁を登って頂上に達し、三七年には晩秋カンチェンジュンガ（八五八五メートル）の東面ゼム氷河地域をさぐった。エベレスト登頂の功によりサーの称号を与えられ、またその後アルパイン・クラブの会長となった。しかも登山の方は依然続けており一九五八年にはイギリスから三〇余年ぶりのカフカス遠征隊を率い、英登山界と因縁の浅くないカフカスの雄峯に登りソ連登山家との交わりを深めた。さらにソ連登山家との合同登山は一九六二年にハントが率いてパミールで行なわれたが、その時エベレストで活躍したW・ノイスはガルモ峰下降に際し遭難死した。ハントはその後ロードに叙せられたので、現在はLord Hunt of Llanvairが正式な名称である。

『エベレスト登頂』の邦訳は昭和二八年秋朝日新聞社の依頼により、前半を田辺主計が後半を私が訳したが、なお万全を期するため松方三郎、島田巽両氏の協力を仰いだ。そして初版は昭和二九年四月朝日新聞社から発行された。特装本と並製本の二種があるが、後者には付録がはぶかれている。その後、朋文堂版・世界山岳全集（第六巻・昭和三五年一月）に収めるに際し、横文字のかな書きなど若干の訂正を行ない、また原書及び初版に用いられた標高のフィートをメートルに変更した。なお、さらにあかね書房版・世界山岳名著全集（第九巻・

昭和四一年七月）にも収載されている。今回は右のものをほとんどそのまま採用した。本全集に入れることを快諾された朝日新聞社に対し謝意を表したい。

一九七七年五月

参考文献

エベレスト登山の主要な文献については、すでに解説のなかで一通りふれておいたが、初期のものは現在入手がむずかしいので、一九二一年以来の登山を解りやすく述べたものを次に挙げておこう。

Francis E. Younghusband: The Epic of Mount Everest. (London, Arnold. 1926)

田辺主計訳『エヴェレスト登山記』（一九三〇年・第一書房）

W. H. Murray: The Story of Everest, 1921–1952. (London, Dent & Sons. 1953)

山崎安治訳『はるかなるエヴェレスト』（一九六三年・二玄社）、なお一九六六年あかね書房刊『世界山岳名著全集』第九巻にも収載されている。

Eric Shipton: The True Book about Everest. (London, Muller. 1955)

深田久弥訳『エヴェレストへの長い道』（一九五八年・東京創元社）

深田久弥の大著『ヒマラヤの高峰』全三巻（一九七三年・白水社）は、ヒマラヤの高峰百数十座について主として登山史的に詳述した労作であり、関係文献についてもよく網羅されているので、ヒマラヤを研究する場合には是非目を通していただきたい。エベレストに関しては、その第一巻に約五〇ページがあてられている。

また深田久弥『ヒマラヤ登攀史―八千メートルの山々―』〔第二版〕（一九六九年）は岩波文庫の一冊で入手も容易であり、一般向けに解りやすく書かれている。

エベレスト登山に加わった隊員が自分の立場で綴ったものも、公式報告には見られない興味がある。その三点を挙げておく。

F. S. Smythe: Camp Six, An account of The 1933 Mount Everest expedition. (London, Hodder & Stoughton. 1937)
伊藤洋平訳『キャンプ・シックス』(一九五九年・朋文堂)

W. Noyce: South Col. One man's adventure on the ascent of Everest, 1953. (London, Heinemann. 1954)
浦松佐美太郎訳『エヴェレスト—その人間的記録—』(一九五六年・文藝春秋新社)

Edmund Hillary: High Aeventure. (London, Hodder & Stoughton. 1955)
松方三郎・島田巽共訳『わがエヴェレスト』(一九五六年・朝日新聞社)

またヒラリーと共に初めてエベレストの頂にたったテンジンの伝記も一読に値しよう。

J. R. Ullman: Man of Everest. The autobiography of Tenzing, told to J. R. Ullman. (London, Harrap. 1955)
井上勇訳『ヒマラヤの男—テンジンの生きてきた道—』(一九五五年・紀伊國屋書店)

以上主としてエベレストを中心に述べてきたがヒマラヤ全体の登山史的書物としては、既述の深田久弥『ヒマラヤの高峰』全三巻を第一に挙げよう。また編年体の概説書としては、K. Mason: Abode of Snow, A History of Himalayan Exploration and Mountaineering. (1955)〈田辺主計・望月達夫共訳『ヒマラヤ—その探検と登山の歴史—』(第二版一九七五年・白水社)〉がすぐれている。右の訳書には主要なヒマラヤ文献について、邦訳されているもの、また更に日本人による著作等が表示されている。一九五六年になされたマナスル発登頂以来、日本人によるヒマラヤ登山は極めて数が多い。それらの文献をいちいち取り上げる余裕はないが、徳岡孝夫『ヒマラヤ―日本人の記録―』（一九六四年・毎日新聞社）は少し古くなったが、概説書としてすすめられる。

最近十数年の成果は、各登山隊によって個別に刊行されている報告書、日本山岳会機関誌『山岳』、山岳雑誌『岩と雪』等によって見られたい。やや研究的なものとしては日本山岳会編『高所登山研究』（一九七五年・山と渓谷社）などが刊行されている。

なお文献目録としてすぐれているのは薬師義美編『ヒマラヤ関係図書目録』（一九七二年）で、現在これ以上詳細なものは海外でも現われていない。

（望月記）

ジョン・ハント（1910 － 1998）

英領インド生まれ。軍人で登山家。10歳からアルプスで休暇を過ごすうちに登山を覚える。サンドハースト陸軍士官学校卒業後、インドに赴任し、ヒマラヤの山々を登り始める。1952年秋、第9次エベレスト遠征隊の隊長となり、翌年4月エベレストへの南側ルートであるクーンブ氷河を経て、同年5月29日、世界最初のエベレスト登頂に成功した。その後、青少年の体験活動奨励制度である「エジンバラ公賞」の活動にたずさわる。1966年にはバロンの爵位を、1979年にはイングランドの最高勲章であるガーター勲章を授与される。

田辺主計（1895 － 1989）

1918年同志社大学英文科卒業。日本山岳会会員。訳書にフランシス・ヤングハズバンド『エヴェレスト登山記』のほか、ケニス・メイスン『ヒマラヤ』、パウル・バウアー『カンチエンジユンガをめざして』（ともに望月達夫との共訳）など。

望月達夫（1914 － 2002）

東京都生まれ。1933年東京商科大学（現一橋大学）卒業。日本山岳会会員。著書に『忘れえぬ山の人びと』、『遠い山 近い山』、訳書にトム・ロングスタッフ『わが山の生涯』など。

［監修］ 井上靖・梅棹忠夫・前嶋信次・森本哲郎

［ブックデザイン］ 大倉真一郎
［カバー装画・肖像画・地図（見返し）］ 竹田嘉文
［編集協力］ 清水浩史
［地図（本文）］ 株式会社 ESSSand（阿部ともみ）

本書は『世界探検全集 15 エベレスト登頂』（1977年、小社刊）にナビゲーションを加え復刊したものです。本書には、今日の人権意識では不適切と思われる表現が使用されています。しかし、差別助長の意図がなく、資料的・歴史的価値が認められること、および著者が故人であるため表現の変更ができないことを考慮し、発表時のままといたしました。また、地名・人名をはじめとする固有名詞や用語に関しては、当時と現在とでは呼称に一部相違があるものの、前掲の事情を考慮して発表時のままといたしました。望月達夫氏のご連絡先がわかりませんでした。著作権継承者もしくは関係者にお心当たりがある方は、編集部までご一報ください。（編集部）

THE ASCENT OF EVEREST
by John Hunt, 1953

世界探検全集 15
エベレスト登頂

2023 年 5 月 20 日　初版印刷
2023 年 5 月 30 日　初版発行

著　者　ジョン・ハント
訳　者　田辺主計、望月達夫
発行者　小野寺優
発行所　株式会社河出書房新社
〒151-0051
東京都渋谷区千駄ヶ谷 2-32-2
電話 03-3404-1201（営業）
03-3404-8611（編集）
https://www.kawade.co.jp/

印　刷　株式会社亨有堂印刷所
製　本　加藤製本株式会社

Printed in Japan
ISBN978-4-309-71195-9

世界探検全集

01 **東方見聞録**
マルコ・ポーロ　青木富太郎（訳）

02 **三大陸周遊記**
イブン・バットゥータ　前嶋信次（訳）

03 **アジア放浪記**
フェルナン・メンデス・ピント　江上波夫（訳）

04 **カムチャツカからアメリカへの旅**
ゲオルク・ヴィルヘルム・シュテラー　加藤九祚（訳）

05 **ニジェール探検行**
マンゴ・パーク　森本哲郎・廣瀬裕子（訳）

06 **アマゾン探検記**
ウィリアム・ルイス・ハーンドン　泉靖一（訳）

07 **天山紀行**
ピョートル・セミョーノフ＝チャン＝シャンスキイ
樹下節（訳）

08 **アフリカ探検記**
デイヴィッド・リヴィングストン　菅原清治（訳）

09 **黄河源流からロプ湖へ**
ニコライ・プルジェワルスキー　加藤九祚（訳）

10 **世界最悪の旅**
アプスレイ・チェリー＝ガラード　加納一郎（訳）

11 **恐竜探検記**
ロイ・チャップマン・アンドリュース
斎藤常正（監訳）　加藤順（訳）

12 **ゴビ砂漠探検記**
スウェン・ヘディン　梅棹忠夫（訳）

13 **中央アジア自動車横断**
ジョルジュ・ル・フェーヴル　野沢協・宮前勝利（訳）

14 **コン・ティキ号探検記**
トール・ヘイエルダール　水口志計夫（訳）

15 **エベレスト登頂**
ジョン・ハント　田辺主計・望月達夫（訳）

16 **石器時代への旅**
ハインリヒ・ハラー　近藤等・植田重雄（訳）

THE ASCENT OF EVEREST

John Hunt